60대 부부의

PORTUGAL

한 달 살기

포르투와 리스보아,
그리고 근교 소도시

60대 부부의

PORTUGAL

한 달 살기

포르투와 리스보아, 그리고 근교 소도시

글 · 사진 | 김영화

에세이스트

일러두기

이 책에서 포르투갈의 고유명사 또는 인명은 포르투갈어로 표기하였다(예: 우리에게 익숙한 리스본Lisbon
은 포르투갈어인 리스보아Lisboa로 표기함). 포르투갈어 표기는 국립국어원의 한국어 어문 규범 외래어 표
기법을 따랐다. 예외적으로 우리에게 잘 알려진 고유명사나 인명에 대해서는 현행 외래어 표기법과 다르더
라도 기존의 표기법을 따른 경우도 있다(예: Amália Rodrigues는 현행 표기법상 아말리아 호드리그스로 표
기해야 하나 우리에게 익숙한 아말리아 로드리게스로 표기함). 포르투갈어가 처음 언급될 때는 한글로 표기
하고 바로 이어 포르투갈 원어를 병기하였고, 이후에는 한글로만 표기하였다.

5년 전인 2018년 연구년을 이용하여 11월 한 달간 피렌체Firenze와 토스카나Toscana를 중심으로 남편과 '이탈리아 한 달 살기'를 하였다. 3주는 피렌체에 머물며, 피렌체의 문화유적을 꼼꼼하게 둘러보고, 사이사이 인근 토스카나 중세 소도시를 당일로 다녀왔다. 마지막 한 주는 '죽기 전에 반드시 가 봐야 할 곳 1순위'라는 남부 아말피Amalfi 해안과 동남부 바리Bari 주변의 마테라Matera와 알베로벨로Alberobello를 여행하고 돌아왔다. 한 달간의 너무도 소중한 경험을 기억에 남기고 싶기도 했고, 한 달 살기를 계획하는 사람들과 우리의 경험을 공유하고 싶기도 하여 「60대 부부의 피렌체와 토스카나, 그리고 남부 이탈리아 소도시 한 달 살기」라는 제목의 책을 발간하기도 하였다. 발간 첫해에는 이 책에 관심들이 꽤 많았으나, 연말부터 코로나19 사태가 시작되어 여행 수요가 줄면서 주춤하더니, 요즈음 다시 판매 부수가 늘어나고 있다. 단체여행이나 여러 곳을 주마간산走馬看山 식으로 돌아다니는 자유여행에 식상한 여행자들이 대안으로 한곳에 오래 체류하며 그 지역을 깊이 있게 체험하는 생활형 여행에 관심을 보이는 것이 아닐까 싶다. 특히 은퇴 후 시간 여유가 많아진 나이 든 세대의 관심이 커지고 있는 듯하다.

2022년 여름으로 예정된 은퇴를 앞두고 이런저런 생각을 많이 하면서도 딱히 거창한 은퇴 계획을 손에 쥘 수 없었지만, 한 가지 분명한 계획은 다시 한번 남편과 '한 달 살기'를 해 보아야겠다는 것이었다. 텔레비전에 우리가 이탈리아에서 방문한 곳이 나올 때마다 내가 쓴 책을 다시 들춰보며 감회에 젖곤 하면서, 한 번 더 이런 체험을 해 보고 싶다는 생각을 자주 했다.

　이번에 우리가 한 달 살기 지역을 선택하기 위해 고려한 몇 가지 조건이 있다. 우선 체류 근거지의 전체적인 경관과 분위기가 좋아야 한다. 특별히 거창한 문화유적이나 유명한 볼거리가 많지 않아도 도시에 운치가 있어야 한다. 두 번째, 피렌체와 인근의 토스카나 중세 소도시들처럼 근거지 주변에 가볼 만한 도시 또는 마을들이 있어야 한다. 유럽 도시는 대부분 크지 않아 한 도시에만 머물러 있으면 너무 단조로울 수 있으므로 볼거리가 있는 다른 지역을 오갈 수 있어야 한다. 세 번째, 우리는 둘 다 운전하기를 싫어하기 때문에 이런 곳에 기차나 버스 등 대중교통으로 접근할 수 있어야 한다. 네 번째, 이번에는 관광객이 북적이는 피렌체와 달리 번잡하지 않은 곳에서, 돌아다니느라 체력을 너무 많이 소모하지 않고, 맛있는 음식을 먹으며, 전망 좋은 곳에서 커피나 와인을 마시며, 느긋하게 시간을 보내기에 적합한 곳이어야 한다. 마지막으로 물가가 너무 비싸지 않아야 한다.

　이 기준에 적합한 도시로 포르투갈의 포르투Porto를 선택했다. 내가 사람들에게 포르투갈 여행계획을 말하면 대부분 왜 포르투갈에 가려고 하는지 의아해했다. 포르투갈은 이탈리아처럼 문화유적이 많은 곳도 아니고, 알프스를 낀 중부 유럽처럼 자연경관이 빼어난 곳도 아니어서 한국에서는 그동안 관광지로 그다지 주목받지 못했던 곳이기 때문일 것이다. 포르투갈은 유럽 국가 중에서도 낙후되어 있고 물가가 저렴하다는 정도로 알려져 있고, 축구선수 호날두Ronaldo 외에는 특별히 유명한 점이 없는 나라이기도 하다. 그중에서도 포르투는 더욱 생경한 도시이다. 보통 '리스본Lisbon(Lisboa)'은 알아도 포르투는 잘 모른다. 그래서 포르투갈 체험은 스페인 여행 때 잠시 리스보아Lisboa 인근을 둘러보는 정도로 끝나는 경우가 많다.

우리도 약 15년 전인 2007년 뜨거운 8월 스페인/포르투갈 단체 여행 때 2박 3일간 리스보아와 인근의 신트라Sintra, 땅 끝 마을로 알려진 카보 다 호카Cabo da Roca를 방문한 적이 있다. 11일 일정이었는데, 마드리드Madrid-세고비아 Segovia-바르셀로나 Barcelona-몬세랏 Montserrat-리스보아Lisboa-신트라-카보 다 호카-세비야Sevilla-론다Ronda-말라가Málaga-그라나다Granada-꼬르도바Córdoba-톨레도Toledo 순으로 이베리아반도를 알차게 둘러보았다. 그때 리스보아 알파마Alfama 지구에 늘어서 있던 낡은 파스텔 톤 건물들과 그 건물들 사이에서 바람에 흩날리던 빨래가 애잔한 분위기를 뿜어내고 있었고, 나는 이 독특하고도 애잔한 풍광에 매료되었다. 과거 대항해 시대에 전 세계를 선도적으로 탐험하면서 식민지를 개척했던 제국의 영광을 뒤로 하고 쇠락해가는 나라의 단면을 보여주고 있다는 생각을 했었다.

당시 우리를 안내했던 가이드는 내가 만난 가이드 중 최고의 전문성을 갖추고 있었고 안내하는 태도 역시 대단히 열정적이었는데, 이 가이드가 포르투갈 북쪽에 위치한 포르투라는 곳이 매우 아름답다고 꼭 가보라는 조언을 했다. 스페인의 한 대학원에서 공부하고 있던 이 엘리트 가이드는 버스를 타고 장거리를 달려야 할 때는 여행지 관련 영상이나 음악을 틀어주기도 하는 등 여행객들에게 최고의 서비스를 제공해 주려고 열의를 다하였고 그래서 퍽 신뢰가 갔다. 그때 포르투라는 곳을 기억해 두었는데, 최근 포르투 여행 경험을 올린 블로그들을 심심치 않게 발견하게 되었다. 그중에는 한 달 살기 경험 후기도 있었다. 아드님이 포르투 여행 경험이 있는 동료 교수님이 전해주신 바에 의하면, 포르투는 물가도 매우 싸다고 하였다.

포르투는 포르투갈에서 리스보아 다음으로 큰 도시이다. 그러나 리스보아에 비해 더 운치가 있고 아름답다고 했다. 어느 블로그에 의하면 스페인의 세비야, 체코의 프라하와 함께 유럽에서 가장 로맨틱한 도시로 손꼽히며, 온화한 날씨, 바다와 강, 강변의 일몰과 같은 자연경관과 다양한 볼거리가 어우러져 여행자들의 호평이 끊이지 않는다고 했다. 최근 한 달 살기도 유행하는 곳이라고도 했다. 더욱이 기차나 버스로 한 두 시간 거리에 아베이루Aveiro, 코스타 노바Costa Nova, 코임브라Coimbra, 브라가Braga, 기마랑이스Guimarães 등 볼거리가 있는 소도시들이 위치해 있어 우리가 정한 기준에 맞았다. 포르투를 근거지로 정하여 3주 머물고, 15년 전 방문한 적이 있는 리스보아에서 마지막 일주일을 체류하기로 계획을 세웠다. 그러나 이탈리아 여행 때처럼 미리 일정을 세밀하게 짜지 않고 두 도시에 머물면서 마음 내키는 대로 유유자적하게 시간을 보내기로 했다. 진정 '살기'에 방점을 둔 여행을 즐기고 싶었다.

이탈리아에서 한 달 살기를 했을 때는 마지막 일주일을 남부 아말피 해안과 동남부 바리 주변의 소도시를 여행하기로 계획을 세웠기 때문에 장거리 이동에 대한 부담이 컸다. 이탈리아는 교통편이 남북 간 이동에는 편리하게 잘 되어 있는데, 동서 간 이동은 다소 불편하다. 특히 마지막 여행지인 마테라는 접근성이 좋지 않다고 하여 걱정을 많이 했다. 실제로 별 어려움은 없었지만, 피렌체에 체류하면서도 마지막 주 여행에 대해 계속 부담스러워했었다. 이번에는 장거리 이동은 리스보아-포르투 간 왕복 기차 이동 한 번만 있으므로 이탈리아 여행 때와 비교하면 마음이 한결 가벼웠다. 시기는 여행하기 가장 좋은 계절인 5월로 잡았다.

여행지에서 매일 여행기를 작성했다. 책을 집필한다는 생각을 확실하게 갖지 않고 떠났던 이탈리아 한 달 살기와 달리, 이번에는 처음부터 책을 발간할 계획을 세우고 떠났다. 이탈리아 한 달 살기 책에 대한 반응이 좋았고, 이 책을 보신 지인들이 이번에도 책을 내라고 독려하셨다. 요즈음 건강하고, 체력도 좋고, 은퇴 후 시간적, 경제적 여유가 있는 60대들에게 한 달 살기가 로망이 되어가고 있다는 느낌을 자주 받는다.

이탈리아 여행 때에 비해 시간적 여유가 많았으므로, 현지에서 여행 기록을 더 충실하게 남길 수 있었다. 돌아와서 방문한 도시와 명소에 대한 정보를 확인하고 보완하느라 시간을 들였을 뿐, 현지에서 집필한 여행기로 책을 펴 내기에 큰 무리가 없었다. 날짜별로 방문한 도시, 명소, 문화예술, 식당과 식사, 카페와 바의 커피와 와인, 에피소드, 느낌 등을 자유롭게 기술했다. 명소에 대한 설명은 주로 현지에서 수집한 리플릿과 명소 앞에 게시되어 있는 설명문, 그리고 방문 명소의 홈페이지와 위키피디아Wikipedia, 네이버 지식백과, 비지트 포르투갈Visit Portugal(visitportugal.com) 등의 인터넷 검색 결과와 포르투갈에 관해 집필한 서적을 참고했다. 특별히 상세하게 설명해야 할 필요가 있는 주제는 글상자로 묶어 제시하고 출처를 표시하였으나, 이 책은 학술 도서가 아니므로 그 외에는 별도의 출처 표시를 하지 않았다.

차례

프롤로그

I 여행준비

II 포르투와 근교 소도시

III 리스보아와 근교 소도시

에필로그

I

여행
준비

항공편 예약

우리는 그간 주로 이용해 오던 항공사의 마일리지를 집중적으로 적립하기 위해 웬만하면 대한항공을 이용한다(거기에는 국적기를 이용해 준다는 자그마한 애국심도 포함되어 있음을 부인할 수 없다). 신용카드도 가능하면 대한항공 마일리지를 적립할 수 있는 카드를 소지한다. 그런데 이번에는 본의 아니게 아랍 에미레이트Arab Emirate 항공편을 이용하게 되었다.

한국에서 포르투갈까지는 직항이 없어서, 도시 하나를 경유하는 노선을 이용해야 한다. 처음에는 암스테르담Amsterdam을 경유하여 리스보아에 도착하는 대한항공 편을 마일리지로 예약할 계획이었다. 대한항공 마일리지는 비수기 보너스 항공권 구입에 사용할 때 가성비가 가장 높다. 그래서 지난번 이탈리아 여행 때는 마일리지로 비즈니스석 보너스 항공권을 끊어 유류할증료만 지불하고 항공편을 해결했었다. 그러나 이번에는 사정이 많이 달라졌다. 코로나 사태가 진정되고 여행객이 급증했기 때문인지 비즈니스석 보너스 항공권을 구할 수가 없었다. 장장 18시간 걸리는 장거리 여행이므로 일반석은 체력이 버텨줄 것 같지 않았다. 하는 수 없이 눈물을 머금고 거금을 투자하여 비즈니스석 항공권을 구입했다. 환승 시간이 두 시간이 채 안 되는 데다가, 셍겐Sengen 조약 미가입국에서 출발했기 때문에 종착지인 리스보아가 아니라 첫 셍겐 조약 가입 입국지인 암스테르담에서 입국 수속을 마쳐야 하는 상황이어서, 시간이 아슬아슬할 것 같았다. 걱정이 되어 같은 경로로 여행한 사례들을 샅샅이 검색하여 환승 팁을 얻었다.

그런데 이런 걱정도 필요 없게 되었다. 올해 1월 초에 대한항공으로부터

귀국편 리스보아발 암스테르담행 항공편 비행 일정이 바뀌어 연결편인 암
스테르담발 인천행 비행기 출발 시간이 지나서야 암스테르담에 도착한다는
메시지를 받았다. 결국 암스테르담에서 하루를 기다려야 한다는 말이었다.
발상의 전환이 필요한 순간이었다. 어차피 마일리지 이용도 못 하는 데 굳
이 대한항공을 고수할 필요가 없다는 판단이 섰다. 검색해 보니 아랍 에미
레이트 항공이 대안으로 떠올랐다. 두바이Dubai 경유 노선인데 환승 시간
도 여유가 있고(사실 아랍 에미레이트는 셍겐 조약 가입국이 아니어서 입국 수속도 필요 없으므로
환승 시간이 길 필요가 없었다), 가격도 더 저렴했다. 대한항공으로 마일리지 전환도
가능했다. 이전에 에티오피아로 몇 차례 출장 갈 때 이 항공을 이용해본 경
험에 의하면 기내 서비스도 매우 좋았다.

이번에 알게 된 사실인데 아랍 에미레이트 비즈니스석 항공권을 구입하
면 출발지에서 공항까지, 공항에서 도착지까지 차와 운전기사를 제공해 주
는 쇼퍼chauffeur 서비스도 있다. 한국에서의 서비스 지역은 서울과 수도권
으로 나누어져 있는데, 서울의 경우 차 한 대당 A지역(기본구역, 80킬로미터 이내)
은 무료이고, B지역은 2만2천원, C지역은 3만3천원을 지불하면 된다. 수도
권의 경우 다섯 구역으로 나누어져 있고 구역에 따라 무료에서 5만5천원까
지 요금이 부과된다. 대한항공 노선은 비행기가 리스보아에 밤늦게 도착하
기 때문에, 리스보아에서 하루 묵고 다음 날 포르투로 출발해야 했으나, 아
랍 에미레이트 항공은 낮에 도착하므로 도착 당일에 기차를 타고 포르투로
이동할 수 있다.

서둘러 대한항공 항공편을 취소하고 아랍 에미레이트 항공권을 구입했
다. 항공편을 일찍 예약하니 이런 돌발 변수가 생긴다는 것을 알게 되었다.
포르투갈 당국과 리스보아까지 직항 노선 운행을 검토 중에 있다는 보도가

있어서 우리가 떠날 때까지 직항이 생기려나 기대했는데, 아직도 감감무소
식이다.

숙소 예약

숙소는 이탈리아 여행 때와 마찬가지로 숙박 공유 플랫폼 에어비앤비
Airbnb를 이용했다. 포르투에서 22박23일, 리스보아에서 8박9일 머물 곳
을 구했다. 포르투의 경우 평점이 매우 높고(4.97/5.0) 특히 한국인들이 극찬
해 놓은 아파트 한 채를 망설임 없이 예약했으나, 리스보아는 숙소를 정하
기까지 우여곡절이 있었다. 리스보아에서도 처음에는 평점이 높고 리뷰가
긍정적인 훌륭한 숙소를 찾았다. 집이 넓고, 햇볕도 잘 들고, 인테리어도 전
통적이고, 냉난방이 되어 있고(포르투갈의 날씨는 온화한 편이므로 냉난방 시설이 잘 안되어
있는 곳이 많다), 넷플릭스까지 사용할 수 있는 집이라고 하였다. 사진으로도 멋
져 보였다. 다만 우리 식으로 치자면 5층에 위치해 있어서, 지난번 이탈리아
여행을 위해 똑같이 5층에 있던 피렌체 숙소를 구할 때처럼 고민을 많이
해야 했다. 피렌체에서는 처음 짐을 가지고 올라갈 때 남편이 고생을 많이
하기는 했지만, 별문제는 없었다. 짐 없이 올라다닐 때는 오히려 운동이 되
어 좋다고 생각했었다. 그러나 이번에는 남편도 다섯 살이 더 늘었고, 허리
도 종종 문제가 생기는 상황이라 처음 짐을 가지고 올라갈 때 괜찮을까 우
려가 많이 되었다. 천천히 쉬엄쉬엄 올라가면 괜찮을 거라는 남편의 판단에
따라 이 숙소로 결정했다.

그러나 2월 중순에 리스보아 숙소 호스트로부터 우리가 체류하는 기간에 해당 건물의 계단 리모델링 계획이 있다는 연락을 받았다. 공사로 인한 소음, 먼지, 페인트 냄새 등으로 불편할 수 있으니 취소하려면 취소하라는 공지였다. 집 자체는 훌륭한 것 같아 취소하기 아쉬웠다. 한참을 망설이던 끝에 계단을 올라다닐 상황이 여전히 부담되었고, 결정적으로 가장 최근인 2월에 다녀간 한 한국인의 체류 후기가 상당히 부정적 영향을 미치게 되어 결국 다른 숙소를 구하기로 했다.

여행 출발 날짜가 임박할수록 숙소가 얼마 남아있지 않아 선택의 폭이 줄어든다. 아주 만족스럽지는 않았지만, 최종적으로 슈퍼호스트가 운영하는 평점 4.9/5.0인 숙소를 선택했다. 리스보아라 그런지 숙박비는 오히려 포르투 숙소의 숙박비보다 더 비쌌다. 새로운 숙소를 정하고 보니 이 숙소는 리스보아 관광 핵심지인 상 조르즈 성Castelo de São Jorge 안에 위치해 있었다. 이것은 집이 언덕 꼭대기에 있다는 것을 의미한다. 처음 도착할 때는 택시가 집 앞까지 데려다주겠지만 그 이후에는 외출할 때마다 5층 계단 대신 높은 언덕을 오르내려야 한다는 뜻이다. 리뷰를 보니 언덕 아래에서 언덕 위까지 운행하는 엘리베이터가 있다고 하여 다소 안심했다.

그러나 또 한 가지 문제가 있었다. 리뷰에 의하면 성안으로는 거주자나 통행증이 있는 차량 외에는 일반 택시(우버 택시는 안됨)만 진입할 수 있는데, 택시들이 성문 앞까지만 오고 그 안으로 들어가기를 거부하는 경우가 종종 있다는 것이다. 호스트에게 물어보니, 승차 전에 운전기사에게 주소를 보여 주고 갈 수 있는지 확인한 후, 갈 수 없다면 다음 택시를 타라고 했다. 간다고 해 놓고 성 앞에서 내리라고 하면 어떻게 하나 신경이 쓰였다. 귀국할 때 쇼퍼가 픽업을 오기로 되어 있는데, 통행증이 있어야만 집 앞으로 들어올 수 있다니, 쇼퍼가 통행증을 가지고 있는지도 우려해야 하는 상황이 되었다. 께름칙한 사안들이 있었으나, 대안이 마땅치 않아 이 숙소로 확정 짓고 숙소 문제는 일단락지었다.

남편은 이번 여행에서 항공편도 숙소도 모두 처음 뜻한 대로 되지 않은 것에 대해 찜찜한 눈치였다. 처음 항공편은 환승 시간이 짧았던 문제가 있었고 처음 리스보아 숙소는 5층 계단의 문제가 있었는데, 이 문제들을 해소할 수 있는 기회로 생각하자고 남편을 다독였다.

기차 예약

리스보아에서 포르투까지는 기차를 이용해야 하므로 출발하기 전 서울에서 미리 기차표를 예매했다. 포르투갈 열차는 AP(Alpha Pendula: 알파 펜둘라), IC(Inter Cidades: 인테르 시다드스), IR(Inter Regional: 인테르 헤지오날), R(Regional: 헤지오날), U(Urbano: 우르바누) 등 크게 다섯 등급으로 분류된다. AP와 IC 등급은 온라인으로 좌석을 지정하여 예매할 수 있고, 예매하면 할인 혜택도 있어서 기차표를 보다 저렴하게 구입할 수 있다.

포르투갈에서 가장 빠르고 좋은 열차는 초특급 AP 등급 열차이다. 물론 가격도 가장 비싸다. 일등석에서는 음료수와 간단한 간식, 이어폰과 신문까지 준다고 한다. 브라가-포르투-코임브라-리스보아-파루Faro 경로로 포르투갈 남북을 연결한다. 정차역이 적어서 매우 빠르다. 특급 열차인 IC는 AP보다 정차역이 많고 다소 느리다. IR은 자유석으로 운행되며, 기차표는 예약 필요 없이 현장에서만 발행한다. R은 가장 낮은 등급으로 노선에 따라 미리 승무원에게 말하지 않으면 정차하지 않는 경우도 있다고 한다. U등급은 리스보아와 포르투 근교만 연결하는 기차로 역시 예약은 필요 없다.

AP와 IC 열차는 출발일 2개월 전부터 기차표 예매가 가능하다. 일찍 예매해야 할인된 표를 살 수 있다고 하여 예매 사이트가 열리자마자 예매했다. 우리는 일등석을 이등석 정가보다 낮은 가격인 할인가promo 22.5유로에 구매할 수 있었다(이 책에서 제시되는 금액은 특별한 언급이 없는 한 1인당 금액이다). 기차표를 예매하려면 먼저 CP(Comboios de Portugal) 앱을 깔거나, CP 사이트(www.cp.pt)에 접속해야 한다. 영어를 사용하는 것이 편하므로 사용 언어를 영어로 전환하여 진행할 것을 권한다. 앱의 경우 좌측 위에 있는 메뉴를 클릭하고 중간쯤에 보이는 Definições(설정)를 클릭하면 Idioma(언어)가 나오는데 Português로 되어 있는 것을 English로 바꾸면 된다. CP 사이트에서는 우측 위에 PT와 EN이 있으므로 EN을 선택하면 이후 영어로 진행된다.

Lisbon(리스본)을 입력하면 여섯 개의 역이 나오는데, 그 가운데 포르투로 갈 때는 공항과 가까운 Oriente(오리엔트) 역을 선택하고, 포르투에서 리스보아로 돌아올 때는 우리 숙소에서 가장 가까운 Santa Apolónia(산타 아폴로니아) 역을 선택했다. 종착지로 Porto(포르투)를 입력하면 Campanha(캄파냐)와 São Bento(상 벤투)가 나온다. 포르투에서는 캄파냐 역에서 내려 택시로 이동하거나, 시내 중심지에 있는 상 벤투 역행 기차로 갈아탈 수 있다. 리스보아에서 캄파냐 역까지 운행하는 열차는 AP 초고속열차와 IC 급행열차 두 가지가 있는데 출발 시간대가 서로 교차하고 걸리는 시간도 다르다. 캄파냐까지 AP는 2시간 50분, IC는 3시간 15분 정도 걸린다. AP가 IC보다 다소 비싸다. 캄파냐 역에서 상 벤투 역으로 가는 열차는 일반 완행열차이다. 종착지를 캄파냐 역으로 하든 상 벤투 역으로 하든 기차표 가격은 동일하고, 캄파냐 역에서 상 벤투 역까지 기차표를 따로 끊을 필요 없이 동일한 기차표를 이용하면 된다.

다음에 출발 날짜를 입력하고 Search(검색)를 클릭하면 기차 운행 일정이 나온다. 적절한 시간대, 탑승 인원수, 등급(1등석/2등석), 기차표 종류(정상가/할인가)를 선택한 후 Buy(구입)를 누른다. 다음으로 승객 정보를 여권 정보까지 입력하고, 좌석을 선택한다. 순방향/역방향, 한 방향을 보고 앉는 자리/마주 보고 앉는 자리 등을 고려하여 선택한 후 결제한다. 좌석 배치 현황이 그림으로 제시되어 있으므로 그림을 참고하여 선택하면 된다. 햇빛이 얼굴에 비치는 것이 싫다면, 이때 태양의 위치를 고려하는 것이 좋다. 오전에는 해가 동쪽에 있으므로 북쪽으로 올라갈 때 서쪽, 즉 왼쪽에 좌석을 잡는 것이 좋고, 오후나 남쪽으로 내려갈 때는 그 반대이다.

포르투갈에서 철도 파업이 일어나서 고생한 이야기들이 인터넷에 심심찮게 등장하더니 포르투갈 철도 파업 상황이 이메일로 여러 차례 전달되었다. 우리의 이동 날짜와는 겹치지 않는 것으로 나오는데, 이후 또 어떤 변수가 생길지 몰라 우려가 되기는 했다. 기차가 운행하지 않아 포르투까지 버스를 타고 갔다는 여행 후기도 눈에 띄어 버스에 대한 정보도 검색해 보았다. 이메일 내용이 포르투갈어로 되어 있어 번역기를 돌려 읽어보았는데, 포르투갈어는 한국에서 많이 사용되지 않는 언어라 그런지 한국어 번역이 매끄럽지 못해 내용을 이해하기 어려웠다. 이럴 때는 포르투갈어를 영어로 번역해서 읽는 것이 의미가 더 정확하게 전달되어 편리하다.

해외여행자보험과 환전

해외여행자보험은 장기 여행이므로 신뢰할 수 있는 대형 보험회사 표준형으로 들었다. 지난번 이탈리아 여행 때는 나와 남편 각자 보험을 들었으나, 이번에는 한 사람이 가입하고 동반자를 등록하면 추가 요금이 거의 발생하지 않는 보험 상품이 있어 가입비가 절약되었다. 이탈리아 여행 때도 여행 보험을 사용할 일이 없었고, 설마 무슨 큰일이 있으랴 싶어 절약형으로 들고 싶었으나, 건강염려증이 심한 남편의 권유에 못 이겨 비용을 세 배나 더 지불하고 표준형으로 가입했다.

경비는 일종의 체크카드인 글로벌 멀티카드에 3분의 2, 현찰로 3분의 1을 준비했다. 글로벌 멀티카드는 여러 나라의 화폐를 환전하여 예치해 놓은 후 필요할 때 체크카드처럼 사용할 수 있는 카드이다. 전신환으로 환전이 되기 때문에 현찰 환전보다 매수 가격이 낮다. 신용카드와 달리 결제하는 즉시 예치해 놓은 외화로 지불되기 때문에 환율 변동에 신경 쓸 필요도 없다. 환율이 유리할 때 사서 예치해 놓으면 된다. 다만 환전할 때 환율 우대는 없다.

우리는 지난번 이탈리아 여행 때의 환율을 염두에 두고, 한참 높아진 유로 환율이 떨어질 때를 기다리다가, 거꾸로 환율이 걷잡을 수 없이 올라 거의 최고점에 도달했을 때 환전하게 되었다. 해외여행을 자주 할 계획이 있다면 장기적으로 접근하여 환율이 유리할 때 틈틈이 외화를 환전해 예치해 놓는 것도 생각해 볼 필요가 있다.

로밍과 유심칩

이탈리아 여행 때보다 해외 로밍 상품 가격이 많이 저렴해졌다. 나는 30일간 4기가바이트와 음성통화 무제한인 엘지유플러스 상품을 3만9천 원에 구입했다. 남편은 포르투갈에서 가장 대중적으로 사용되는 보다폰Vodafone 유심칩을 사용하려 했는데, 한국에서 구입하려니 최대 28일까지 사용할 수 있는 유심칩밖에 없고, 한국에서 구입하면 테스트해볼 수가 없어서 불량품을 걸러낼 수가 없다고 하여, 현지에서 구입하기로 했다. 리스보아 공항에도 보다폰 유심칩매장이 있으나 많이 기다렸다는 경험들이 인터넷에 올라와 있어 시내에서 구입할 작정으로 포르투 숙소 호스트에게 연락해보니, 집 근처에 보다폰 유심칩매장이 있다고 하였다.

여행 가방 꾸리기

리스보아에서 포르투 사이를 기차에 직접 여행 가방을 싣고 이동해야 하므로 최대한 가볍게 꾸렸다. 이탈리아 여행 때와 같이 큰 가방 하나와 중간 크기 가방 하나를 준비했다. 현지 음식을 즐기는 편이라 단기 여행 때는 한국 음식을 전혀 가지고 다니지 않지만, 장기 여행이라 된장, 고추장, 참기름, 미역, 김, 라면, 즉석 카레, 즉석밥 등 기본적인 한국 음식을 준비했다. 이탈리아 여행 때는 체력을 안배하기 위해 대체로 저녁 전에 귀가할 수 있도록 일정을 잡았기 때문에, 아침뿐만 아니라 저녁을 집에서 해먹은 날이 많았다. 그래서 준비해 간 한국 음식을 다 소진하고도 아시안 마켓에서 필요한 음식을 더 구입했었다. 포르투갈 음식은 맛있기로 소문나있고 우리나라 사람들의 입맛에도 맞는다고 하므로 이번에는 가능한 대로 밖에서 먹기로 했다. 특히 집에서 식사를 자주 준비하는 남편은 식사 준비에서 해방되고 싶어 외식을 단호하게 주장했다. 그러나 어찌 한 달 동안 느끼한 외국 음식만 먹을 수 있겠는가? 아마 이번에도 저녁은 집에서 해 먹는 날이 많을 것 같아 기본 양식을 준비해 갔다.

이탈리아 여행 때와 달라진 것은 약이 많이 늘었다는 것이다. 우리가 평상시 복용하는 약도 늘었고, 상비약도 이것저것 많이 준비했다. 심지어 체온계까지 꾸렸다. 이탈리아 한 달 살기 후 불과 5년이 지났는데, 건강에 대한 자신감이 줄었다는 증거다. 나이 듦에 코로나19 사태까지 겹쳐서 건강염려증이 지나치다 할 정도로 심해진 것 같다.

한 달 살기 동안 시간을 여유롭게 보낼 계획이었기 때문에 아무래도 숙소에 머무는 시간이 많을 터였다. 집에서 시간을 보낼 거리가 필요했다. 나는 틈틈이 여행기를 작성할 계획이어서 노트북을 지참했다. 읽을 책도 한 권 넣었다. 일본어 강좌를 수강하고 있던 남편은 한 달간 결석하게 되었으므로 일본어 교재를 지참하여 독학할 준비를 했다. 우리 부부가 참여하고 있는 교회 찬양대에서 성탄절 칸타타로 존 루터John Rutter의 글로리아Gloria를 선정하고 연습을 시작했는데, 곡이 어려워 많은 연습이 필요하다. 한 달간 진도를 맞추려면 우리도 독자적인 연습이 필요할 것 같아 악보를 넣었다. 요즈음은 유튜브에서 다양한 합창단의 공연을 띄워 놓기 때문에 연습하기 편리하다.

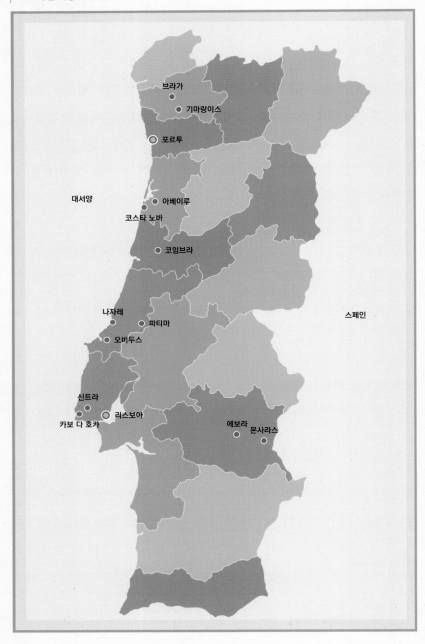

브라가

기마랑이스

포르투

대서양

아베이루

코스타 노바

코임브라

나자레

파티마

오비두스

스페인

신트라

리스보아

카보 다 호카

에보라

몬사라스

II

포르투와
근교 소도시

5월 4일 목요일

📍 포르투갈로 출발

4일 밤 23시 55분 출발 예정. 두바이까지 9시간 반, 두바이에서 환승 대기 3시간, 두바이에서 리스보아까지 8시간 10분, 리스보아에서 포르투행 기차 환승 대기 3시간, 기차 3시간 13분. 인천 공항 출발 후 27시간 가까이 걸려서 숙소에 도착하는 일정이다. 연휴 시작 바로 전날이라 그런지 집에서 인천공항까지도 길이 막혀 2시간이 걸렸다. 지금까지 경험해본 여행 중 가장 장시간 여행이다. 이처럼 긴 시간 이동해야 하는 여행은 적어도 한 달은 머물러야겠다는 생각이 든다. 일주일 남짓 머물다 떠난다면 이렇게 고생한 보람과 의미를 찾을 수 없을 것 같다.

밤 비행기는 동남아 여행할 때 몇 번 이용해본 적이 있다. 동남아는 시간이 오래 걸리지 않기 때문에 이코노미석을 이용하는데, 잘 시간에 공항에서 기다리는 것도 힘들고, 비행기 안에서 앉아 오가는 것도 힘이 든다. 비즈니스석의 최대 장점은 누워서 잠을 잘 수 있다는 것. 잠을 자다 보면 시간이 빠르게 지나가기 때문에 장거리 여행은 오히려 밤 비행기가 좋은 점이 많다.

서두르지 않아도 되고 여유가 있다는 것도 좋은 점이다. 아들네가 어버이날 시간을 같이 보내지 못한다고, 떠나는 당일 점심 식사를 제안해 같이 시간을 보냈다. 신경 써 주어 기특하고 감사한 마음이다.

포르투 숙소의 호스트 조제파Josepha는 한국에서 출발하기도 전에 숙소 인근의 식당, 빵집, 마켓 정보를 보내왔다. 매우 조직적으로 일한다는 생각

60대 부부의 포르투갈 한 달 살기

이 들었다. 4일 저녁부터 비바람이 몰아친다고 하여 비행기가 제대로 뜰 수 있을까 걱정했는데, 다행히 인천에는 이륙 시간이 가까워서야 비가 내리기 시작했다. 무사히 출발할 수 있었다.

포르투갈Portugal

포르투갈은 유럽 대륙에서 가장 서쪽에 위치한 나라로, 정식 명칭은 헤푸블리카 포르투게자República Portuguesa(포르투갈 공화국)이다. 이베리아반도의 서부와 대서양의 아소르스Açores, 마데이라Madeira 및 셀바젱스Selvagens 제도 등으로 이루어져 있다. 동쪽과 북쪽은 스페인과 접해 있으며, 서쪽과 남쪽은 대서양을 맞대고 있다. 국토의 총면적은 한반도의 5분의 2로 대한민국 영토의 면적과 유사하나, 인구는 1천34만 명(2021년 기준)으로 대한민국 인구의 5분의 1에 불과하다. 즉, 인구밀도가 대한민국의 5분의 1에 지나지 않는다. 수도는 리스보아이다. 가톨릭이 국교는 아니지만, 가톨릭 신자가 전체 인구의 85퍼센트 정도를 차지하고 있다. 종족 구성은 이베리아족, 켈트족, 로마족, 게르만족, 무어족 등이다.

■ 기후

포르투갈은 지중해성 기후대에 속하며, 유럽 국가들 가운데 기후가 가장 온화한 나라 중 하나이다. 가을과 겨울은 보통 바람이 많이 불며, 비가 많이 내리고 선선하다. 중부와 북부 지방에서 가장 추우며, 이 가운데 일부 지역에서는 가장 추운 기간에는 온도가 영하로 내려가기도 한다. 산악지대에서 눈은 흔한 편이다. 그러나 포르투갈 남부

지방에서는 온도가 영하로 내려가는 일이 드물며, 대체로 5℃ 정도에서 머문다. 봄과 여름에는 날씨가 맑다. 온도는 건조한 7월과 8월에 가장 높은데, 심한 날에는 포르투갈 대부분의 지역에서 종종 최고 온도가 40℃를 넘으며, 알렌테주Alentejo 지방 내륙에서는 이러한 고온 현상이 더욱 빈번히 발생한다.

■ 역사

포르투갈의 초기 역사는 기원전 700년까지 거슬러 올라간다. 그 당시 켈트족Celts이 이베리아반도에 정착하기 시작했고, 켈트족은 후에 로마공화정에 통합되었다. 기원전 1세기에 이 지역은 제2차 포에니 전쟁 이후 이베리아반도로 세력을 확장한 로마의 속주가 되어 로마의 지배 아래 놓이게 된다. 그 당시 현재 포르투갈의 대부분에 해당하는 지역은 루지타누Lusitano라는 부족이 산다고 하여 루지타니아Lusitânia로 불렸다. 이후 이 지역에는 수에비족Suevi과 서고트족Visigoth 등 게르만족Germani이 정착했다. 8세기에 이슬람계 무어족Mouros이 지브롤터Gibraltar 해협을 건너와 지배하기 시작한 후, 12세기까지 4백 년간 무어족의 지배가 계속되었다. 무어족의 지배를 받던 포르투갈은 북부의 여러 왕국을 모아 국토를 되찾으려는 독립운동을 전개했으며, 1139년 아폰수 1세 엔히크스Afonso I Henriques가 상 마메드São Mamede 전투에서 승리한 후, 포르투갈의 건국을 선언하고 스스로 초대 국왕으로 즉위했다. 1143년 자모라 조약Tratado de Zamora에 의해 포르투갈 왕국으로서 독립적 지위를 공식적으로 인정받게 되었다.

포르투갈은 15~16세기에 대항해 시대의 첫 문을 과감하게 열고 바다로 나아가 세계 제국으로 성장했다. 16세기 중반까지 포르투갈의 배는 유럽에서 가장 크고 빨랐으며, 이것은 항해왕 엔히크Henrique 왕자의 열성적인 연구와 지원, 그리고 바스쿠 다 가마Vasco da Gama와 같은 대탐험가들의 진취적인 기상에 힘입은 바 크다. 대항해를 기회로 포르투갈은 서양에서 영향력을 확대하고, 남아메리카, 아시아, 아프리카를 아우르는 제국을 건설하였으며, 18세기까지 전 세계에서 경제, 정치, 군사적으로 가장 중요한 강대국의 지위를 유지하였다.

그러나 포르투갈은 16세기 말부터 19세기 초까지 스페인과의 왕위계승 전쟁, 포르투갈 회복 전쟁, 리스보아 대지진, 나폴레옹 침략, 식민지 브라질의 독립, 내란 등 잇따른 위기에 봉착하게 되었다. 특히 19세기 초에 브라질이 독립한 후 포르투갈의 위상은 크게 하락하였다.

1910년 전제 군주제 철폐와 민주 공화국 수립을 기점으로 상황이 호전되기 시작했으나 민주 공화국도 잠시, 1926년에 안토니우 드 올리베이라 살라자르Antonio de Oliveira Salazar가 군부 쿠데타를 일으켰고, 1968년 그가 사망하기까지 포르투갈에서는 암울한 독재가 이어졌다. 그의 재위 동안 억압 정치와 국력을 무의미하게 소모한 아프리카 침략 전쟁으로 국민의 불만은 가중되었으며, 포르투갈은 유럽의 중심 세력 밖으로 내몰렸다. 결국 1974년 4월 25일 자유와 민주주의 쟁취, 그리고 소모적인 식민지 전쟁 종식을 외치며 리스보아의 좌익 군부가 주도한 크라부스 혁명Revolução dos Cravos(카네이션 혁명)이 발발하였으며, 이 혁명이 성공하여 대의 민주주의가 회복되었고, 포르투갈 식민지 전쟁도 종식되었다. 1974~1975년에 아프리카 기니비사우Guinea-Bissau, 모잠비크Mozambique, 카보베르데Cabo Verde, 상투메 프린시페São Tomé and Príncipe, 앙골라Angola의 잇따른 독립, 1976년 동티모르東Timo의 인도네시아 병합, 1999년 마카우Macau의 중국 반환 등으로 포르투갈은 해외 영토를 잃게 되었다.

1970년대와 1980년대의 포르투갈은 정치적으로는 좌익과 우익의 대립, 경제적으로는 이어지는 파업 및 정부와 민간 자본가들 간의 대립이라는 혼란의 역사로 점철되었다. 설상가상으로 1970년대 중엽 아프리카 식민 국가들이 포르투갈로부터 독립을 선언하면서, 백만 명이 넘는 포르투갈 난민들이 본국으로 돌아와 사회적, 경제적으로 혼란이 가중되었다.

포르투갈은 1986년 유럽경제공동체EEC(유럽연합EU의 전신) 가입을 계기로 경제발전과 현대화를 추진하였으나, 최근에 이르기까지 여러 차례의 경제 위기로 어려움을 겪어 왔다.

■ 경제

포르투갈의 주요 산업은 섬유와 관광, 농업이지만, 최근 비즈니스 서비스의 비중이 확대되고 있다. 1인당 국민소득은 2021년 기준 2만3천730달러로 우리나라의 3만4천980달러에 비해 상당히 낮다. 1인당 국민소득 순위로는 우리나라가 23위, 포르투갈이 32위이다(출처: 통계청 KOSIS). 포르투갈의 1인당 국민소득은 27개 유럽연합 회원국 중 여덟 번째로 낮으며, 노동 생산성도 라트비아, 폴란드, 불가리아, 그리스에 이어 다섯 번째로 낮다.

포르투갈은 1인당 국민소득이 상대적으로 낮기는 하지만 선진국 중 하나로 인식되고 있다. 세계적으로 최고 수준의 의료시스템을 갖추고 있고 물가가 유럽에서 가장 저렴하여, 삶의 질이 세계 19위(2005년 기준)에 달할 정도로 살기 좋은 나라에 속한다.

■ 문화

포르투갈의 융성기인 16세기에 건축에서는 마누엘 1세^{Manuel I}의
이름을 딴 마누엘 양식이 유행했다. 이 양식은 당대를 풍미했던 개발
과 개척 정신을 반영했는데, 장식에 트위스트와 소용돌이를 주제로
사용하는 것이 특징이다. 장식용 타일인 아줄레주^{Azulejo}는 포르투갈
의 대표적인 타일 공예품이다. 원래 무어족에게서 전수받은 것으로
포르투갈 전역에서 쉽게 볼 수 있고, 리스보아에는 아줄레주 국립 박
물관^{Museu Nacional do Azulejo}도 있다(46~47쪽, 286~289쪽 참조). 작은 돌조
각으로 규칙적인 무늬를 넣어 모자이크 형태로 포장한 보도 칼사다
포르투게자^{Calçada Portuguesa}(203~204쪽 참조), 나무 조각물에 얇게 편
금박을 입힌 조각 기법 탈랴 도라다^{Talha Dourada}(61쪽 참조) 모두 포르
투갈의 문화유산이다. 운명, 숙명을 뜻하는 파두^{Fado}는 가장 잘 알려
진 포르투갈 음악 장르이다. 그 기원은 19세기 초인 것으로 알려져 있
다. 바다의 고된 삶, 가난한 자들의 삶을 표현한 노래로 우수, 갈망, 그
리움, 향수, 상실감 등 사우다드^{saudade}(우리나라의 '한恨'과 근접한 개념으로 해
석되고 있다)로 포섭되는 감정이 깊이 서려 있다. 우리에게도 잘 알려진
아말리아 로드리게스^{Amália Rodrigues}는 최고의 파두 여가수이다. 파
두는 2011년 유네스코 인류무형문화유산으로 등재되었다.

포르투갈 사람들은 고유문화에 대한 집착이 강한 편이다. 가톨릭 전
통의 종교적인 축제나 휴일을 엄수하는 등 보수적이고 종교적인 기질
을 나타내며, 전통적인 포크 댄스는 여전히 포르투갈 사람의 자존심으
로서 전수되고 있고, 각 지방에서는 축제의 전통도 잘 지켜지고 있다.

출처: Wikipedia〉Portugal; 두산백과〉포르투갈;
주포르투갈대사관〉정책〉포르투갈 개관

1일차: 5월 5일 금요일

📍 포르투 도착

인천에서 두바이행 비행기는 기종이 에어버스 A380이다. 2층 전체가 일등석과 비즈니스석인데, 기내에 들어서면 좌석이 **빽빽**이 차 있는 느낌이 든다. 그러나 최대 장점은 기내에 간단한 음료와 간식을 먹으면서 이야기를 나눌 수 있는 작은 라운지가 따로 마련되어 있다는 것이다. 비행 도중에 가서 몸을 움직일 수도 있고 기분 전환을 할 수도 있다. 아랍 에미레이트 항공은 기내 서비스도 좋은 편이다. 타자마자 좌석에 침대용 매트를 깔아 주었다. 식사도 품질이 우수하다.

시차를 고려해보니 두바이까지는 자면서 가고, 두바이에서 리스보아까지는 깨어있는 채로 가는 것이 시차 극복에 좋을 것이라는 판단이 섰다. 다행히 편하게 잠을 잘 수 있었다.

두바이 공항은 허브 공항답게 매우 크고 화려하다. 이른 새벽이었는데도 면세점들이 다 문을 열어 놓았다. 면세점에서 자외선 차단제를 하나 사려고 했는데 인천공항에서는 문을 열어놓은 화장품 판매점이 없어서 사지 못했고 이곳에서 구입했다. 대비가 되었다. 리스보아행 탑승을 위해서는 터미널 사이를 운행하는 트램을 타고 구역을 이동해야 하므로 환승 시간에 여유가 있어야 한다. 몇 해 전 에티오피아 출장 때 환승 시간이 짧아 마구 뛰었던 기억이 떠올랐다. 두바이 공항 A구역 비즈니스 라운지는 매우 크고, 게이트별로 분리되어 있으며, 라운지에서 곧바로 게이트로 연결된다. 따로 탑승 공지가 없고 시간에 맞추어 자신의 게이트 번호가 적혀있는 문을 나가면 탑승을 위한 연결 통로를 만나게 된다. 라운지의 음식이 좋은데 기내에서 식사를 하고 내렸기 때문에 먹을 수가 없어 아쉬웠다. 두바이에서 리스보아행 비행기는 기종이 보잉 777이다. 역시 기내에서 식사가 두 번 제공되고 식사의 품질도 좋았으나, 여전히 배가 고프지 않아 거의 먹지 못했다.

리스보아 공항에 도착해서 입국 신고장으로 가니 줄이 길었다. 창구는 많았으나 우리가 이용할 수 있는 창구는 단 두 개만 열려 있어서 시간이 꽤 걸렸다. 출국장을 나서니 검은 정장을 쏙 빼입은 핸섬한 쇼퍼가 우리 이름이 적힌 팻말을 들고 기다리고 있었다. 포르투행 기차를 탈 수 있는 오리엔트 역까지 15분 정도 걸렸다.

오리엔트 역은 1998년 리스보아 엑스포에 대비해 리스보아시에서 국제 공모전을 열어 선정한 스페인 건축가 산티아고 칼라트라바Santiago Calatrava가 설계한 건축물이다. 시는 이곳을 도시의 새로운 중심지로 만들 계획이었으나, 이러한 목표를 이루지는 못했다고 한다. 역사 내부 천장은 해양생물의 뼈대를 연상시키기도 하고, 거대한 강철 야자수 나무처럼 보이기도 한다는 글을 읽었는데, 매우 독특한 형태인 것이 정말 그렇게 보였다. 어딘가에서는 외부에서 보면 범선 모양이라고도 했다. 역사의 모습은 독특하고 멋졌으나, 바람 소리가 지속적으로 매우 크게 들렸다. 남편은 건축 설계에 문제가 있다고 했다. 환승 시간이 세 시간이 넘으므로 우선 역사를 둘러본 후 음료를 마시며 기다렸다. 지상에서 시원한 바람을 쐬며 주위를 둘러보는 동안 장시간 비행기 여행으로 쌓인 피로가 풀려갔다.

| 리스보아 오리엔트 역

　기차 일등석은 제일 마지막 차량이었다. 제일 앞 차량일 것이라 생각하여 진행 방향의 맨 앞에서 기다리다가 뒤로 이동하느라 고생했다는 여행 후기를 읽고, 안내 센터에서 확인까지 한 후, 마지막 구역에서 기다리다가 승차하였다. 차량 끝에 짐 보관 공간이 따로 있긴 했으나 너무 좁아 이미 짐들로 채워져 있었다. 중간 크기 가방은 위 선반에 올리고 큰 가방은 옆에 놓고 이동했다. 서로 마주 보고 앉는 한 줄 좌석을 예약했기 때문에 가방을 옆에 두어도 사람들이 이동하는데 별 지장을 주지는 않았다.

　리스보아에서 포르투로 가는 길은 별로 인상적인 것은 없었다. 물결치는 구릉, 도열한 사이프러스 나무, 옹기종기 모여 있는 올리브 나무, 질서정연한 포도밭이 어우러져 몽환적이기까지 했던 토스카나의 풍광 같은 것은 없었다. 올리브 나무들도 관리하에 재배되고 있다기보다는 야생에서 마구 자라고 있다는 인상을 주었다. 포르투가 가까워지면서 바다가 보이기 시작했다. 대서양이다. 바닷가를 사람들이 편하게 걸어 다닐 수 있도록 만든 긴 덱deck도 보였다(그때는 나중에 우리가 그 위를 걸으리라고는 짐작도 하지 못했다).

포르투 캄파냐 역에서 내려 숙소까지 택시를 탔다. 포르투는 포르투갈 제2의 도시라고 하는데도 아담하고 정겨운 느낌을 주는 전형적인 유럽의 구도시라는 느낌을 받았다. 직선도로보다 휘어진 골목길이 많아 차량 운행도 길 찾기도 쉽지 않을 것 같았다. 언덕길이 많아 걸어 다니기도 쉽지 않아 보였다. 그럼에도 포르투의 첫인상은 마음을 설레게 하기에 충분했다.

길이 많이 막혀 숙소까지 대략 15분 정도 걸렸다. 택시비는 8.5유로. 우리와 연락을 취하던 숙소 호스트 조제파는 북쪽에 거주하는 어머니 집에 머물고 있어서 대신 공동 호스트 칼라^{Carla}가 숙소 앞에서 우리를 맞이하였다. 조제파는 메시지를 주고받을 때 완벽한 영어를 구사했는데, 포르투갈어로 메시지를 보내오던 칼라는 짐작한 대로 영어가 유창하지 않았다. 그러나 의사소통에는 지장이 없었다.

칼라는 숙소에 들어가기 전에 먼저 숙소 앞 광장에 놓여 있는 쓰레기 수거함과 쓰레기 분리수거부터 안내했다. 이탈리아에서도 쓰레기 수거함이 광장이나 길거리 한가운데 여기저기 놓여 있어 미관상 좋지 않다고 생각했는데, 포르투갈도 마찬가지이다. 우리나라에서는 대단지 아파트가 많아 단지 안에 쓰레기 수거함을 비치하지만, 유럽의 구시가지는 주거지 대부분이 4~5층 건물이므로 어쩔 수 없이 길거리에 수거함을 비치할 수밖에 없는 듯하다.

집은 침실 두 개에 거실, 주방, 욕실이 있는 아파트 2층(우리식 3층)으로 4층 건물인데도 엘리베이터가 있고, 로비가 목재로 깔끔하게 마감되어 있었다. 에어비엔비 사이트에는 침실이 하나만 있는 것으로 소개되어 있는데, 실은 트윈 베드가 갖추어진 침실이 하나 더 있어서 네 명까지 숙박이 가능하다. 침실에는 작은 나무 의자 두 개와 테이블이 놓인 발코니가 딸려 있다. 넓이가 80제곱미터라니 우리나라 30평 아파트 정도 된다. 집은 리모델링 한 지 오래 지나지 않은 것으로 보였다. 깨끗하고 무엇보다 햇볕이 환하게 들어오는 것이 마음에 들었다. 주요 관광지와 그리 멀리 떨어져 있지 않으면서도 주택가에 위치해 있어 조용하다. 포르투 관광의 핵심 지역인 도루Douro 강변 히베이라 광장Praça da Ribeira까지 도보로 15분 정도 걸리며, 웬만한 볼거리에는 걸어서 15분 내로 갈 수 있다. 중심가에서 집으로 돌아가려면 경사진 길을 올라가야 하므로 다소 부담될 수도 있으나, 하체 근력을 단련시키기에는 도움이 될 것이다. 호스트로부터 이러저러한 설명을 듣고 정보도 얻고 나니 기진맥진. 나가서 저녁 먹을 힘도 없어서 가져간 라면에 즉석밥을 말아서 간단히 요기하고 샤워한 후 잠자리에 들었다.

포르투의 숙소
(에어비엔비 사이트에 게시된 사진을 호스트의 허락을 받아 게재하였음)

60대 부부의 포르투갈 한 달 살기

숙소 근처의 담벼락 예술

포르투Porto

　항구라는 뜻을 지닌 포르투는 포르투갈에서 리스보아 다음으로 큰 제2의 도시이다. 포르투갈 북부의 도루강Rio Douro을 따라 위치해 있으며, 대항해 시대에는 해양 무역의 거점이 되었다. 시 자체의 인구는 2021년 기준으로 약 23만2천 명 정도이지만, 인근의 도시화된 지역 인구까지 포함하면 170만 명 정도 된다. 포르투의 역사 지구는 1996년에 유네스코 세계문화유산으로 지정되었다.

　포르투갈의 유명한 디저트 와인인 달달한 포르투 와인Vinho do Porto은 포르투의 이름을 딴 것이다. 포르투 일대가 와인의 생산과 수출을 담당하고 있다. 포르투 와인은 포도주가 완성되기 전에 숙성을 중단하고 알코올을 강화한 주정강화 와인의 하나로 와인에 독한 술인 브랜디를 첨가해서 알코올 함량을 18~22퍼센트 정도로 높인 것이다. 이름은 포르투에서 유래되었지만, 실제 포도가 재배되는 곳은 도루강 상류 계곡 지역이다. 이곳에서 수확한 포도를 재료로 도루강 건너편에 있는 빌라 노바 드 가이아Vila Nova de Gaia에서 와인을 만든 후 포장하여 수출한다.

　기후는 온화한 편이다. 연중 평균 최저기온이 1월 6℃, 평균 최고기온이 7~8월 25℃이다. 겨울은 우기이고 여름은 건기이다.

출처: Wikipedia〉Porto

2일차: 5월 6일 토요일

보다폰 매장 ⋯ 핑구 도스 ⋯ 쿨투라 포르투게자 ⋯
상 벤투 역 ⋯ 동 루이스 1세 다리

이른 새벽 3시경에 눈이 떠졌다. 그래도 다섯 시간 정도 숙면을 취할 수 있어 다행이다. 이탈리아 여행 때는 밤에 전혀 잠을 못 잔 채로 며칠을 보내어 시차 적응에 고생을 많이 했었다. 이번에는 전조가 좋다. 밖에서 아침을 먹고, 유심칩을 사고, 시장을 보기로 했다.

날씨는 전형적인 우리나라 5월 날씨다. 포르투의 5월은 일반적으로 최저 10℃, 최고 20℃ 정도라고 한다. 우기가 아닌데도 아침에 약간의 비가 흩날리다가 곧 개었다.

공항까지는 마스크를 착용한 사람들이 이따금 눈에 띄었으나, 포르투 시내에서는 전혀 보이지 않았다. 우리도 숙소에 도착한 후부터 마스크를 벗어버렸더니, 외출할 때마다 뭔가 빠뜨린 듯 허전한 느낌이 한동안 계속되었다.

아침 식사를 하러 조제파가 소개한 집 근처 브런치 식당에 갔다. 우리가 첫 손님. 코로나19 국면에서 주문 방식을 비대면으로 전환한 것인지 안내하는 사람이 아무도 보이지 않았다. 테이블에 쌓아놓은 메뉴를 보고 키오스크에서 원하는 음식을 주문하도록 되어 있었다. 음식마다 선택적으로 추가하는 것이 많아 주문이 어려웠다. 우리가 헤매고 있으니 직원이 나와서 설명하며 도와주었다. 오믈렛을 먹고 커피를 마셨다. 26유로를 지불하고 나왔

60대 부부의 포르투갈 한 달 살기

다. 결론은 서울에 비해 음식값은 비싸고 커피값은 싸다는 것. 포르투갈에서 처음 마셔본 커피는 진하고 묵직했다. 값이 저렴할 뿐 아니라 맛도 마음에 들었다.

숙소 근처에 보다폰 매장이 있어서 10기가바이트를 30일간 사용할 수 있는 유심칩을 25유로에 구입했다. 남편은 포르투갈에서 음성통화할 일이 거의 없고 통화가 필요하면 카톡의 보이스톡을 이용하면 되므로 데이터만 사용할 수 있는 상품으로 선택했다. 한 사람만 해외 로밍을 하고 다른 사람은 현지에서 유심칩을 구입하기로 한 것은 잘한 결정이었다. 포르투에는 공항과 시내 곳곳에 보다폰 유심칩 판매장이 있고, 유심칩을 판매원이 직접 갈아 끼워 주며, 불량품이 아닌지 테스트도 할 수 있기 때문이다. 다만 보다폰 단독 상품 판매장을 찾아가야 여러 대안이 있다는 것을 유념할 필요가 있다. 리스보아의 오리엔트 역에도 유심칩 판매장이 있었으나 다양한 브랜드를 취급하고 있어, 30일간 이용할 수 있는 보다폰 유심칩으로는 5기가에 음성통화 가능한 상품 한 가지만 있었고 가격도 비쌌다.

숙소의 북쪽으로 15분 거리에 있는 핑구 도스^{Pingo Doce}라는 슈퍼마켓에 가서 당장 필요한 식품과 물건 몇 가지를 샀다. 우유, 빵, 생수, 요구르트, 달걀, 토마토, 바나나, 샴푸, 화장지, 밀폐용기 등. 실내 슬리퍼는 돌아오는 길에 잡화점에 들러서 사가지고 왔다. 신선한 과일과 야채가 가득한 매장을 상상했는데, 식품과 물건이 많지 않았다. 며칠 후 볼량 시장^{Mercado do Bolhão}이라는 재래시장에 가 봐야겠다. 다행스럽게도 외식 물가에 비해 마켓 물가는 상당히 저렴한 편이다.

집에 돌아와 물건을 정리한 후 시내를 한번 돌아보기로 했다. 우선 조제파가 추천해 준 코르크 제품매장인 **쿨투라 포르투게자**^{CULTURA Portuguesa}를 찾아갔다. 포르투갈은 코르크가 유명한 곳이다. 전 세계 코르크의 절반 정도를 포르투갈에서 생산한다. 코르크는 우리가 흔히 생각하듯 병마개 정도로만 사용되는 것이 아니라 가방, 신발 등 패션 제품을 만드는데도 다양하게 활용되고 있다. 내구성도 좋고 물이 닿아도 문제가 없다고 한다. 매장에는 예쁜 상품들이 많았다. 아들과 며느리에게 선물로 사다 주어도 좋을 것 같아 미리 양해를 구하고 괜찮아 보이는 신발, 슬리퍼, 가방들 사진을 찍었다. 아들과 며느리에게 사진을 보내주고 의향을 물어 사다 줄 요량이었는데, 나중에 쿨투라 포르투게자 온라인 쇼핑 몰 사이트가 있는 것을 알게 되어 이 사이트를 전해주었다. 물론 나도 한두 가지 사고 싶은 것을 찜해 놓았다.

| 쿨투라 포르투게자의 코르크 제품

| 상 벤투 역

코르크 제품매장이 관광 중심지에 위치해 있어서, 발걸음 가는 대로 걷다 보니 세계에서 가장 아름답다는 맥도날드 매장과 세계에서 가장 아름다운 기차역으로 알려진 **상 벤투 역**을 둘러볼 수 있었다. 상 벤투 역은 19세기 말 화재로 소실된 아베 마리아의 상 벤투 수도원Convento São Bento da

Ave Maria 자리에 세워진 건축물이다. 1904년에 건축을 시작하여 내부 장식이 완성될 때까지 13년이 걸렸다. 상 벤투 역사 내부는 아줄레주 벽화로 유명하다. 당시의 유명 아줄레주 화가였던 조르즈 콜라수Jorge Colaço가 1905년부터 1916년까지 11년간 제작한 아줄레주로서, 포르투갈의 역사적 사건을 2만여 개의 타일에 이야기식으로 표현한 작품이다. 1996년 유네스코 세계문화유산으로 등재되었다. 포르투 근교로 여행할 때 이 기차역에서 출발해야 하므로 우리는 이 기차역을 수시로 드나들 것이다.

아줄레주Azulejo

아줄레주는 '광택을 낸 돌맹이'라는 뜻의 아랍어에서 유래된 용어로 타일에 주석 유약을 사용해 그림을 그려 만든 포르투갈의 도자기 장식 타일이다. 마누엘 1세가 그라나다Granada의 알람브라Alhambra 궁전을 방문했을 때 장식 타일에 매료되어 이를 신트라 왕궁의 장식에 처음 사용하도록 했는데, 이것이 포르투갈 전역으로 퍼져 나갔다. 초기에는 여러 색깔의 타일을 만들어 자른 후 타일 조각들을 기하학적 무늬가 만들어지도록 다시 이어 붙이는 모자이크 방식이 사용되었다. 그러다가 타일 표면에 직접 그림을 그리고 이 그림 타일을 이어 붙이는 방식으로 발전해 갔다.

포르투갈의 성당이나 궁전과 같은 역사문화적 건물의 아줄레주는 흔히 푸른색과 흰색의 조합으로 이루어져 있어서 아줄레주는 푸른색인 것으로 오해하고 있는 사람들이 많은데, 아줄레주에 사용되는 색상은 다양하다. 또한 반복적인 기하학적인 무늬나 단순한 꽃 모양에 국한되어 있던 타일 예술이 타일 작품을 통해 특별한 이야기나 심지어 감성을 전달하는 방식으로 진화해 왔다.

아줄레주는 성당이나 왕궁 같은 명소뿐 아니라 일반 가정집, 학교, 식당, 기차역, 지하철역 등 대중적인 곳의 장식에도 사용되고 있다. 리스보아에서는 거의 모든 지하철역이 아줄레주로 장식되어 있다. 아줄레주는 장식 예술이지만 내구성이 좋고, 위생적이며, 건물 외벽에 붙여 놓으면 여름에 더위를 막고 겨울에 추위와 습기를 막는 데 도움이 되므로, 건축용으로도 사용된다.

궁전이나 성당, 관공서 등 유명 건물에는 하얀 타일을 여러 장 이어 붙여 캔버스처럼 활용해 하나의 커다란 그림을 완성하는 방식으로 수작업한다. 이 경우 제작비가 많이 든다. 반면 일반 건물에 쓰이는 아줄레주는 같은 형태의 타일을 대량 생산하여 벽지처럼 이어 붙이므로 비용이 적게 든다.

아줄레주는 5세기 넘게 생산되어오면서 포르투갈 문화의 정수精髓 중 하나가 되었다. 또한 라틴 아메리카와 필리핀, 동티모르, 마카오 등 옛 포르투갈과 스페인 식민지에도 아줄레주 생산의 전통이 전래되었다.

출처: Wikipedia〉Ajulejo; 최경화(2020). 포르투갈, 시간이 머무는 곳(개정판). 모요사, 88-100.

발걸음을 돌려 동 루이스 1세 다리 Ponte de Dom Luís I 로 향했다. 시내 도처에 관광객들이 정말 많았다. 게다가 상 벤투 역 앞을 비롯해 시내 곳곳에서 큰 공사들이 많이 진행되고 있어서 길도 막히고 복잡했다. 다리 초입까지만 갔다가 나중에 다시 오기로 하고 돌아섰다.

아침을 배불리 먹어서 한 끼를 거르고 점심 겸 저녁을 먹기로 했다. 아침에 브런치 식당을 나서면서 옆에 케밥 식당이 있는 것을 발견했다. 이탈리아 여행 때 남동부 바리에서 케밥과 샐러드를 너무나 맛있게 먹던 기억이 있어서 점심 겸 저녁은 이곳에서 해결하기로 했다. 그러나 음식은 그때 그 맛이 아니었다. 우리가 잘못 주문한 탓도 있었던 것 같다. 기호에 따라 주문하는 방식이 다양한데, 우리가 주문한 방식은 우리가 원하던 음식에 적합한 것이 아니었다. 식사를 마치고 나오면서 주문하는 방식에 대해 자세히 설명을 듣고, 다음에는 성공적인 식사를 할 수 있기를 기대하며 발걸음을 옮겼다.

식후 소화도 시킬 겸 한국 식품매장을 찾아 나섰다. 한국 식품점은 시내 중심가에서 다소 떨어져 있었다. 맛국물을 우려내는데 필요한 마른 멸치를 가져오지 않아 마른 멸치도 사고 쌀도 사려는 생각이었으나, 포장한 즉석식품만 취급하고 있었고 우리가 원하는 식품은 없었다. 핑구 도스 마켓 근처에 아시안 마켓이 있으니 그곳에 한번 가봐야겠다.

저녁이 되니 카페와 식당에 사람들이 매우 붐볐다. 토요일 저녁이라 즐기러 나온 모양이다. 오늘은 좀 쉬려고 했으나, 역시 강행군. 쉬려면 집을 나서지 말아야 한다. 한번 발동이 걸리면 쉬엄쉬엄 다니기 어렵다.

이탈리아 여행 때 만 해도 구글 지도에서 음성 안내가 제공되지 않던 시절이어서 남편이 작은 스마트폰 화면을 들여다보느라 고생했었다. 그러나 이번에 보니 구글 지도도 자동차 내비게이션처럼 음성 안내가 가능해져서 길 찾기가 정말 수월해졌다. 종이 지도를 선호하던 남편도 이번에는 구글 지도에 의존한다. 구글 지도는 정말 혁명적인 발명품이다.

3일차: 5월 7일 일요일

📍 조제파가 소개한 '피콜로 카마페우'에서 비싼 저녁 식사

오늘도 정확히 새벽 3시에 눈을 떴다. 남편은 더 일찍 일어나 스마트폰으로 맛집을 검색하고 있었다. 오늘은 하루 종일 집에서 쉬다가 호스트가 소개해 준 집 근처의 식당에서 저녁 식사를 하기로 했다.

아침 식사는 달걀 프라이, 빵, 우유, 토마토, 그릭요거트로 해결했다. 아침은 특별한 경우가 아니면 매일 이렇게 해먹을 작정이다. 저녁에 근사한 식사를 할 것이므로 점심은 가볍게 한국에서 가져온 카레로 덮밥을 만들어 먹었다.

남편은 넷플릭스를 보며 피로를 풀고 있고 나는 여행기를 작성하고 있다. 창밖에서 따스하고 밝은 햇볕이 가득 들어온다. 창밖으로 초록색 잎이 무성한 나무들이 내다보인다. 야자수도 보이고 노란 레몬과 주황색 열매가 가득 열린 나무들도 보인다. 하얀 갈매기가 날아다니고 이따금 개 짖는 소리만 들릴 뿐 참으로 고요하고 평화롭다. 아래층 발코니에서 바베큐를 하고 있어 소시지와 고기 굽는 냄새가 고기를 좋아하는 남편의 식욕을 자극한 모양이다.

내일 재래시장에 갈 때 소시지라도 사 와서 간식으로 먹어야겠다고 한다.

저녁 식사를 할 식당인 피콜루 카마페우Piccolo Camafeu는 조제파가 할아버지, 할머니를 생각나게 하는 소박하고 작은 식당이라고 소개해 주었는데, 검색을 해 보니 저녁 7시 이후에 문을 여는 저녁 전용 식당으로 평가가 좋았다. 자리가 몇 개 되지 않아 예약하는 것이 좋다고 하여 오전에 채팅으로 예약을 신청했다. 잠시 후 전채와 주요리, 후식, 와인 한 병까지 포함된 세트 메뉴만 있고, 인당 40유로인데 괜찮겠느냐는 연락이 왔다. 둘이 와인한 병을 다 마실 수도 없거니와 소박한 식당치고는 너무 비싸다는 생각에 망설이다가 한 번 정도는 가봐야 할 것 같아 예약했다.

집에서 3분 거리. 구글 지도의 안내에 따라서 가보니 식당 이름이 Camafeu가 아니라 Cameo였다. 이름이 왜 다를까 궁금하여 번역기를 돌려보니 포르투갈어 카마페우가 영어 카메오라는 뜻이다. 검색기에서는 어느 것을 넣어도 동일한 식당이 검색된다. 주인 할아버지는 영어 발음으로 미루어보건대 미국인이 아닐까 싶었다. 할아버지가 홀에서 손님을 접대하고, 할머니가 주방에서 음식을 만드는 듯 보였다. 우리가 도착했을 때는 4인용 둥근 테이블에 나이가 지긋한 여성 세 명이 이미 식사를 하고 있었다. 2인용 테이블에 자리를 잡고 메뉴 설명을 들었다. 말을 너무 빨리하여 여러 번 되물어 확인하고 음식을 선택했다. 전채로 남편은 닭고기 볼을 토마토소스에 익힌 요리, 나는 콩을 익혀 으깨서 크게 썬 오이와 당근을 찍어 먹을 수 있게 만든 요리를 주문했고, 주요리로 남편은 돼지의 볼살 요리, 나는 버섯 파스타를 주문했다. 와인은 포르투의 도루 강변에서 생산된 와인을 추천해 주었는데, 주정강화한 포르투 와인은 아니고, 일반 레드 와인이었다. 전채는 두 음식 모두 매우 만족스러웠고, 나는 전채로 이미 배가 불러왔다.

| 카마페우에서 저녁 식사

남편의 주요리인 돼지 볼살의 경우 장조림처럼 퍽퍽하여, 기름이 많고 부드러운 부위를 좋아하는 남편은 썩 만족스러워하지는 않았으나, 워낙 고기를 좋아하는 사람이기에 그릇을 다 비웠다. 나는 배가 부르기도 했고 너무 짜서 절반 정도만 먹었다. 이곳 음식은 전반적으로 짠 경향이 있다. 후식으로는 케이크 한쪽을 생크림과 함께 둘이 같이 먹도록 내놓았다.

우리가 식사하는 동안 관광객으로 보이는 남녀 커플들이 계속 들어와 2인용 네 테이블을 모두 채웠다. 한 커플은 기다리다가 3인 여성 손님들이 나간 후 곧바로 들어와 자리를 잡았다. 소셜미디어의 위력을 다시 한번 실감했다. 소셜미디어가 아니었다면 이렇게 작고 소박한 식당을 어떻게 알고 찾아오겠는가.

우리는 음식이 그런대로 괜찮기는 했으나, 가성비는 낮다는 결론을 내렸다. 듣던 대로 외식 물가가 솟아오르고 있는 모양이다. 서울 외식 물가와 비교해 보아도 비싼 편이다. 더욱이 1인당 국민소득의 차이를 감안해 보면 매우 비싸다고 할 수 있다. 2021년 기준으로 1인당 국민소득은 우리나라가 약 3만5천달러, 포르투갈이 약 2만4천달러였다. 비교물가수준은 포르투갈이 우리나라의 86퍼센트 수준이라는데 외식 물가는 그동안 많이 오른 한국 물가에 비해서도 결코 더 낮지 않은 것 같다. 호스트 조제파가 애용하던 식당이었다는 것을 보면 원래는 현지인들 대상으로 단품도 제공했던 것 같다. 그러다가 코로나19 사태가 끝나고 관광객이 몰리면서 관광객을 상대로 비싼 가격에 세트 메뉴만 제공하는 방식으로 바꾼 것이 아닐까 하는 추측을 해 보았다. 남편과 다음에는 단품 위주의 식당을 찾아가자는 데 의견의 일치를 보고 식당을 나섰다. 어쨌든 아침, 점심 가벼운 식사로 배가 고팠던 우리는 든든하게 배를 채웠다는 사실에 행복해했다.

4일차: 5월 8일 월요일

📍 알마스 예배당 … 📍 산투 일데폰수 성당 … 📍 카페 마제스틱 …
📍 볼량 시장 … 📍 동 루이스 1세 다리 … 📍 모후 정원 … 📍 맥도날드 매장

아침에 가까운 슈퍼마켓에서 식용유와 쌀, 생수를 사놓고 남서쪽으로 발걸음을 옮겼다. 아줄레주로 유명한 성당 두 곳과 카페 마제스틱Café Majestic에 들렀다가 볼량 시장에서 점심을 먹고 장을 보기로 했다. 알마스 예배당Capela das Almas과 산투 일데폰수 성당Igreja de Santo Ildefonso은

모두 성당 외벽이 푸른색 아줄레주로 장식되어 있어 아름답다. **산투 일데폰수 성당**은 1730년대에 기존에 있던 성당의 폐허 위에 재건축된 성당으로 건물 외벽에 장식된 1만여 개의 아줄레주는 20세기 초반에 덧붙여진 것이다. 아줄레주는 일데폰수 대주교의 일생과 복음서에 나오는 비유적인 이미지들을 표현했다고 한다. 일데폰수 성당은 월요일에는 오후 3시부터 문을 연다고 하여 외관만 보고 돌아왔다.

| 산투 일데폰수 성당

알마스 예배당을 내부까지 둘러본 후, 카페 마제스틱에서 커피와 나타Nata를 먹었다. 나타는 '크림 케이크'라는 뜻으로 한국에서는 에그 타르트로 불린다. 예전에는 수도원에서 수도사들의 수도복에 달걀흰자로 풀을 먹였는데, 노른자가 남자 이 남은 노른자를 활용하여 만든 것이 바로 나타라고 한다.

| 알마스 예배당

| 카페 마제스틱

카페 마제스틱은 1921년 엘리트Elite라는 이름으로 문을 열었다가 곧 프랑스 분위기를 풍기는 '마제스틱'이라는 이름으로 개칭하였다. 당시 정치, 문화, 예술 분야의 유명인들이 자주 찾아오고, 이러한 주제에 관해 토론과 대화를 나누던 장소로 많이 사용되면서 포르투 사람들의 문화 중심지가 되었다. 1960년대에 문화예술 활동이 위축되면서 문을 닫았다가 1994년에 다시 문을 열었다. 요즈음에도 시 낭송, 피아노 공연, 회화 전시, 출판 기념회 등이 열린다. 조앤 롤링Joan K. Rowling이 「해리 포터Harry Potter」의 첫 번째 책을 집필할 때 종종 이 카페에서 글을 썼다고 한다.

카페가 가까워지자 줄 서 있는 사람들이 보였다. 많이 기다려야 하나 생각했는데 몇몇 사람들이 문 앞에 전시되어 있던 메뉴를 보고는 돌아섰다. 포

60대 부부의 포르투갈 한 달 살기

르투갈에서 외식 물가는 비싸지만 커피는 아직 저렴하다. 일반 커피는 대체로 1.0~2.5유로 정도면 마실 수 있다. 그런데 이곳에서는 6유로나 한다. 너무 비싸다고 느껴 돌아선 모양이다. 우리는 그래도 들려보아야 한다고 생각하여 기다리다가 자리를 잡았다. 매우 넓은 공간인데 사람들이 줄 서 있을 정도이니 그 인기를 짐작할 수 있다. 내부는 아르누보 양식으로 장식되어 있어서 고풍스러웠다. 종업원들도 호텔 직원 같은 유니폼을 말끔하게 차려입고 있어서 고급스러운 분위기를 풍겼다. 커피 맛도 괜찮았고, 포르투갈에서 처음 먹어보는 나타도 상당히 달기는 했지만 괜찮았다. 한국에서 먹는 에그 타르트보다 가운데 크림 부분이 더 말랑말랑하다. 커피 가격이 비싸도 그 가치를 하고 있으므로 들려볼 만하다.

볼량 시장은 20세기 초에 문을 연 포르투의 대표적인 재래시장으로 1층에 채소, 과일, 꽃, 생선, 육류, 빵, 통조림, 견과류 등 온갖 식재료를 판매하는 매장이 있고, 2층에는 식당이 있다. 최

| 볼량 시장 표지판

근 재건축을 진행하느라 몇 년간 문을 닫았다가, 새롭게 단장하여 재개장한지 얼마 안 되었다고 한다. 피렌체의 중앙시장Mercato Centrale과 비슷한 콘셉트인데, 피렌체의 중앙시장은 2층에 거대한 푸드코트가 자리잡고 있는 반면, 볼량 시장은 1층의 식재료 매장이 크고, 2층은 중정식으로 되어 있어 식당이 많지 않다.

볼량 시장 식당에서 점심을 먹기로 했다. 남편이 문어를 좋아하므로 메뉴에 문어 요리가 있는 식당 한 곳을 찾아 들어갔다. 예약 좌석이 많아 간신

볼량 시장

히 자리를 잡았다. 영어를 할 줄 아는 직원이 한 명뿐인 듯, 음식에 관해 물어보려니 그 직원이 시간이 나기까지 계속 기다리라고 했다. 주문받기까지 시간이 오래 걸렸고, 음식이 나오기까지는 더 오래 걸렸다. 남편은 문어 밥인 아호스 드 폴부Arroz de Polvo를 맥주 한 병과 함께, 나는 대구 요리인 필레트스 드 바칼라우Filetes de Bacalhau를 화이트 와인 한 잔과 함께 주문했다. 문어 밥은 밥이라기보다는 죽에 가까웠고, 대구 필레는 야채, 밥, 감자 칩을 곁들여 나왔는데 얇게 저민 대구를 기름에 튀긴 것으로 생선전과 같은 맛이 났다. 대구 필레는 만족스러웠고, 문어 밥은 짠 것을 빼고는 괜찮았다. 모두 합한 가격은 20유로로 합리적이었다.

1층에 내려와 오이, 상추, 토마토, 견과류, 미역국에 넣을 냉동 홍합을 샀다. 불량 시장 맞은편 슈퍼마켓에서 규모가 큰 육류매장을 발견하여, 돼지고기 목살도 샀다. 1킬로그램에 6유로가 채 안 되었다. 외식 물가가 비싼 것이지, 식재료 물가는 매우 싸다는 것을 다시 확인했다. 이것은 여행경비를 절약하려면 집에서 식사 준비를 위해 노동력을 투입해야 한다는 것을 의미한다.

오늘 시내를 돌아다녀 보니, 포르투는 피렌체처럼 눈부시거나, 화려하지 않지만 잔잔한 매력을 지닌 도시임이 분명하다는 생각이 들었다. 피렌체처럼 문화역사적 의의가 큰 유적이나 박물관도 거의 없고, 명품 가게도 많지 않다. 코로나 시국 때문이었는지 중심지에서 벗어난 지역에서는 문을 닫은 상점들과 노숙인들이 적지 않게 눈에 띄었다. 그렇지만 많은 관광객이 거리를 메우고 있었다. 종종 한국말이 들리는 것을 보니, 이제 포르투도 한국 사람들에게 낯선 곳은 아닌 것 같다. 유럽 도시들의 고풍스러운 분위기가 물씬 풍기고, 외식 물가가 비싸다고는 해도 유럽의 다른 나라에 비해서는 여전히 물가가 싼 도시인만큼, 전통적인 유럽 분위기에 젖어보고 싶은 사람들에게는 좋은 여행지가 될 것으로 보인다.

한 가지 아쉬운 점은 포르투도 이제 번잡한 관광지로 변해버렸다는 것이다. 이번 여행은 관광보다는 '살기'에 방점을 찍었으므로 조용한 분위기를 기대했었다. 피렌체만큼은 아니지만 관광객들이 넘치고, 더욱이 여기저기 대형 공사가 진행되고 있어 미관이 좋지 않다. 거리 통제가 많아 걸어 다니기도 불편한 곳이 많다.

집에 돌아오니 오후 3시. 이후 시간은 휴식을 취하고, 저녁은 시장 봐온 재료를 가지고 집에서 해 먹기로 했다. 아직 장시간의 이동으로 인한 여독과 시차가 완전하게 극복되지 않아 이번 주까지는 집에서 늦게 나서거나, 일찍 귀가하여 컨디션을 회복하고 체력을 비축해야 할 것 같다.

오늘 시장에서 사 온 홍합을 넣어 미역국을 끓이고, 한국식 찰진 쌀로 냄비 밥을 하고, 돼지 목살을 구워, 상추와 한국에서 가져온 볶음 고추장을 곁들여 모처럼 한국식으로 만족스러운 저녁 식사를 했다. 에너지가 충전되니 쉬어야겠다는 생각은 저 멀리 사라져 버렸다. 소화도 시킬 겸 도루강 건너 **모후 정원**Jardim do Morro에 다녀오기로 했다. 모후 정원은 동 루이스 1세 다리를 건너자마자 보이는 언덕에 자리한 정원인데, 여기서 바라보는 포르투의 전경이 가장 아름답고, 특히 야경이 멋진 것으로 알려져 있다. 이 정원에는 늘 버스킹busking이 진행되고 있어 젊은이들이 많이 찾는다고 했다.

도루강과 동 루이스 1세 다리

모후 정원

60대 부부의 포르투갈 한 달 살기

모후 정원에서는 역시 어느 남성의 버스킹이 진행되고 있었고, 언덕의 잔디 위에는 젊은이들이 촘촘히 앉아 버스킹을 즐기고 있었다. 아마 포르투에 머물 동안 여러 번 오겠지만, 밤늦게 와야 야경을 볼 수 있으므로, 오늘 야경을 보겠다는 기대를 하고 나선 길이다. 이곳은 일몰 시각이 9시 가까이 되기 때문에 아직 불빛을 볼 수 없었다. 다리에 들어서면서부터 불어오던 기분 좋을 정도로 쌀쌀한 바람을 맞으며, 우리도 잔디 위에 앉아 젊은이들 틈 사이에서 잠시 시간을 보냈다. 그러나 좀처럼 어두워지지 않았다. 야경을 보려면 한참을 더 기다려야 할 것 같아 다음을 기약하고 다시 동 루이스 1세 다리를 건너 귀갓길에 올랐다.

1886년에 완공된 **동 루이스 1세 다리**는 포르투와 도루강 건너 빌라 드 가이아를 연결하는 다리이다. 2층으로 되어 있는데 아래층, 위층 모두 걸어서 건널 수 있다. 다리 위층에는 전철이 다닌다. 동 루이스 1세 다리는 동쪽, 즉 도루강 상류 쪽으로 1킬로미터 떨어진 곳에 9년 먼저 건설된 도나 마리아 피아 다리Ponte de Dona Maria Pia와 종종 혼동되기도 한다. 파리 에펠탑을 건설한 구스타프 에펠Gustave Eiffel이 설계하고 그 제자가 건설한 다리는 도나 마리아 피아 다리이다.

다리에서 아래 강변까지 걸어서 오르내릴 수 있는 계단이 있긴 하지만 다리가 워낙 높아 다니기가 수월하지 않아 보였다. 대신 바탈랴Batalha까지 푸니쿨라Funicular를 운행하고 있다. 돌아오는 길에 남편은 푸니쿨라를 어디서 탈 수 있는지 확인해야겠다며 여기저기 돌아다니다가 결국 탑승구를 찾아냈다. 가격은 편도 4유로, 왕복 6유로이다. 산타 클라라 성당Igreja de Santa Clara이 인근에 있어 찾아 나섰으나, 표지판만 보이고 정작 성당은 찾을 수 없었다. 다음날 낮에 와서 찾아보아야겠다.

바로 길 건너에 조명을 받아 빛나고 있는 **포르투 대성당**Sé Catedral do Porto이 보였다. 근처에 온 길에 들려보기로 하고 발걸음을 옮겼다. 회랑의 아줄레주, 본당 앞 넓은 광장, 광장에서 내려다보이는 포르투의 전경 모두 아름다웠다. 내부의 탈랴 도라다Talha Dourada도 볼만하다고 하여 개방 시간에 다시 올 생각이다.

포르투 대성당의 야경

포르투 대성당 회랑의 아줄레주

포르투 대성당 광장에서 내려다 보이는 포르투 야경

60대 부부의 포르투갈 한 달 살기

탈랴 도라다 Talha Dourada

탈랴 도라다는 나무로 조각한 후 그 위에 얇은 금박을 두드려 입히는 조각 기법이다. 나무는 대리석과 같은 재료에 비해 가격이 저렴하고 다루기가 쉽다. 돌을 깎는 것보다 작업 시간이 훨씬 단축되고, 표면에 금박을 씌우니 화려하면서도 전체를 순금으로 만드는 것보다 경제적이다.

금박 조각 장식은 아줄레주와 함께 17~18세기 포르투갈 북부에서 바로크 양식의 중요한 특징적 요소 중 하나가 되었다. 특히 성당과 예배당의 제단과 기둥, 천장 등을 장식하는 데 많이 사용되었다. 17세기 후반에 식민지였던 브라질에서 금광이 발견된 이후 포르투갈에 금이 풍부해지자, 성당의 중앙제단이나 예배당 하나 정도에 사용하던 금박 장식을 성당 전체를 꾸미는 데 사용하는 곳이 많아져 포르투갈의 성당은 점점 더 화려해졌다.

출처: Wikipedia〉Talha Dourada

성당 관련 용어

포르투갈에서 가톨릭 성당을 지칭하는 용어는 바질리카basílica, 카테드랄catedral, 세sé, 이그레자igreja 등 다양하다.

바질리카는 대성전大聖殿을 지칭한다. 역사가 오래되었거나, 존경받는 성인의 유해를 모셨거나, 기적과 같은 역사적 사건이 일어났거나 등 종교적, 역사적으로 중요한 의미를 지녀, 국제적인 예배 중심지의 역할을 하는 특정 성당 건물에 교황이 바질리카라는 칭호를 내린다. 그리고 교황과 추기경, 총대주교를 위해 대제단을 보유할 수 있는 권리와 특별사면권 등 특권을 부여한다. 파티마의 호자리우의 성모 바질리카Basílica de Nossa Senhora do Rosário de Fátima가 이에 해당한다.

카테드랄은 주교좌主敎坐 성당을 의미하며, 대성당으로 번역된다. 주교가 상주하는 성당으로 제단 위에 주교의 전용 좌석이 놓여 있다. 기마랑이스의 상 페드루 대성당Catedral de São Pedro을 예로 들 수 있다.

세는 교구와는 구별된 이전 지방 행정(교)구civil parish에서 대표가 되었던 성당으로 대부분 카테드랄이다. 포르투 대성당Sé do Porto, 브라가 대성당Sé de Braga, 에보라 대성당Sé de Évora 모두 카테드랄이다. Sé Catedral do Porto와 같이 Sé 다음에 카테드랄을 붙여 부르기도 한다. 리스보아 대성당Sé de Lisboa은 카테드랄로 표기된 곳이 많으나, 자료에 따라서는 바질리카Basílica de Santa Maria Maior나 이그레자Igreja de Santa Maria Maior로 표기된 곳도 있다.

이그레자는 영어의 'church'에 해당하며, '성당'으로 번역된다. 포르투갈에서 성당을 지칭할 때 가장 일반적으로 사용되는 용어이다. 카르무 성당Igreja do Carmo이 여기에 해당한다.

모스테이루mosteiro는 주로 수도사가 기도하며 공부하고 신앙생활을 하는 수도원을 의미한다. 수도원은 성당과 기숙사, 회랑, 대식당, 도서관, 목욕탕, 병실 등으로 이루어져 있다. 코임브라의 산타 크루스 수도원Mosteiro da Santa Cruz을 예로 들 수 있다.

카펠라capela는 영어의 'chapel'에 해당하는 예배당을 의미한다. 소성당으로 번역되기도 한다. 성당, 수도원, 학교나 병원 등에 부속되어 있는 예배 공간으로서 제대祭臺가 있다는 점에서 기도만을 위한 공간인 기도실과 구별된다. 나자레의 메모리아 예배당Capela da Memória처럼 독립 건물로 지어진 예배당도 있으나, 성당 내의 벽면 쪽에 개인적으로 예배를 드릴 수 있는 여러 개의 예배당이 설치되어 있는 경우가 많다. 우리나라에서는 예배당을 교회와 같은 의미로 사용하기도 하지만 포르투갈 등 유럽에서는 성당 속의 작은 성당을 의미한다고 보면 될 것 같다.

자료: 김영화(2919). 60대 부부의 피렌체, 토스카나, 그리고 남부 이탈리아 소도시 한 달 살기. 바른북스, 56-58.

집으로 돌아오는 길에 세계에서 가장 아름답다는 **맥도날드 매장** 앞을 지나쳤다. 포르투갈에는 세계에서 가장 아름답다는 곳이 많다. 포르투의 렐루 서점, 상 벤투 역, 맥도날드 매장, 그리고 코임브라의 코임브라대학교 조아니나 도서관이 모두 세계에서 가장 아름다운 곳으로 알려져 있다고 한다.

모후 정원만 잠시 다녀오겠다고 나선 길이었는데, 여기저기 들리느라 시간이 많이 소요되었다. 집에 돌아오니 10시가 지나고 있었다. 식후 산책 덕분에 숙면을 취할 수 있었다.

세계에서 가장 아름다운 맥도날드 매장

5일차: 5월 9일 화요일

📍 프란세지냐 시식 ···📍 카르무 성당과 카르멜리타스 성당 ···
📍 클레리구스 탑과 성당 ···📍 올리베이라스 정원 ···📍 카페 산타 글로리아

새벽 4시에 눈을 떴다. 기상 시간이 조금 느려진 것을 보니 시차에 적응되고 있는 것 같다. 오늘은 점심으로 포르투의 대표적 음식인 **프란세지냐**Francesinha를 먹기로 했다. 프란세지냐는 '작은 프랑스 공주'라는 뜻이다.

샌드위치 속에 구운 돼지고기와 햄, 소시지 등을 겹겹이 채우고 마지막에 치즈를 올려 녹인 다음 일종의 토마토 소스인 프란세지냐 소스를 끼얹어 내온다. 위에 달걀 프라이를 올리기도 하며, 감자 칩을 곁들여 내오기도 한다.

남편이 며칠간 프란세지냐 맛집을 열심히 검색하여 관광 중심지에서 상당히 떨어진 식당 하나를 찾아냈다. 아버지와 딸이 운영한다는 프란세지냐 전문점이다. 관광객보다는 현지인들이 주로 가는 것 같다고 했다. 관광 중심지에 한국 관광객들이 가장 많이 추천하는 식당이 하나 있는데, 남편 소견으로는 그 식당보다는 이 식당이 더 나을 것 같다고 했다. 식당 이름은 부페트 파즈Bufete Fase. 우리가 식사할 동안 식당에 들어온 사람들은 우리가 짐작한 바와 같이 모두 현지 직장인처럼 보였다.

프란세지냐 전문 식당 부페트 파즈

프란세지냐는 사이즈가 크고 고칼로리여서 두 사람이 가면 절반으로 나누어 먹는 것이 좋다는 정보를 얻었다. 절반으로 나누어달라고 요청하고 맥주와 생수를 같이 주문했다. 순한 맛과 매운맛 중 우리는 매운맛을 선택했다. 감자 칩이 곁들여 나왔다. 먹는 동안에 소스가 빵에 배어들어 소스가 없어지면서 빵이 촉촉해진다. 주변 손님들에게는 소스를 별도의 용기에 담아 주는 것을 보니, 요청하면 추가로 소스를 주는 모양이다. 다소 느끼하긴 하지만 매운맛이 느끼한 맛을 상쇄했다. 야채가 곁들여지면 좋을 것 같은데 이 식당에는 야채 메뉴가 없다. 그러나 우리 둘 다 충분히 즐길 수 있는 음식이었다. 양도 적당했다. 값은 음료까지 합하여 16.4유로로. 역시 합리적이었다. 우리가 식당을 나설 때 한 아저씨가 들어오다가 혹시 '심장마비heart attack'를 일으키지 않았느냐고 농담했다. 매운 것을 잘 먹었느냐고 안부를 묻는 것이다. 포르투갈 사람들도 매운맛을 즐기는 모양이다.

점심 후 **카르무 성당**Igreja do Carmo과 **카르멜리타스 성당**Igreja dos Carmelitas으로 걸음을 옮겼다. 수녀가 거주했던 카르멜리타스 성당은 17세기 초에, 수도승이 묵었던 카르무 성당은 18세기 중반에 세워졌는데, 두 성당이 하나의 건물처럼 나란히 붙어있다는 점이 특징적이다. 정면에서 보았을 때 왼쪽에 위치한 바로크 양식 건물이 카르멜리타스 성당이고 오른쪽의 화려하게 장식된 로코코 양식 건물이 카르무 성당이다. 카르무 성당 외벽은 1912년에 제작된 아줄레주로 장식되어 있는데, 카르멜 수도회 수사에게 성모 마리아가 발현한 이야기를 묘사하였다고 한다.

| 카르무 성당(우)과 카르멜리타스 성당(좌)

두 성당 사이에 작은 창문 두 개와 문이 한 개 있는 1미터 너비의 매우 좁은 건물이 끼어 있다. 이 건물을 '숨겨진 집'이라는 뜻의 카자 에스콘디다Casa Escondida라고 부르는데, 관광 가이드들은 이 '숨겨진 집'을 포르투에서 가장 좁은 건물로 소개하고 있다고 한다. 이 성당의 유래에 대해서 성당이 배포하는 설명서에는 그 용도를 알 수 없다고 기술되어 있으나, 일부 자료에 의하면 당시 교회법에 의해 남성 수도원인 카르무 수도원과 여성 수도원인 카르멜리타스 수도원이 붙어 있을 수 없었기 때문에 가운데 좁은 건물을 세웠다는 이야기도 전해진다.

'숨겨진 집' 카자 에스콘디다

내부 관람을 하려면 입장권을 사야 한다. 입장권은 5유로다. 성당 내부는 금박 장식으로 가득 채워져 있었다. 금빛이 검게 변해 있어서 진짜 도금인지 의심이 가긴 했다. 먼저 '숨겨진 집'으로부터 관람을 시작했다. 설명서를 보니 '숨겨진 집'의 존재에 대해 극히 일부 사람들만 알고 있었고, 일반 시민들은 오랫동안 모르고 있었다고 한다. 그래서 다양한 행정 위원회가 프랑스 침입이나 자유주의 운동, 포르투 점령, 공화국 선언 등과 같은 급변기에 비밀스러운 회의 장소로 사용하였다고 한다. 매우 좁은 계단을 올라가니, 단순한 집기들이 전시된 방들이 나왔다.

관람 루트가 카르무 성당으로 연결되어 다양한 방과 지하 무덤을 관람할 수 있었다. 흥미롭게도 제단 뒤쪽으로 예수 조각상의 발에 입 맞출 수 있는 공간이 마련되어 있었다. 신자들은 검은 커튼을 열고 '주님의 강단'에 들어가 보라색 옷 사이로 나와 있는 못 자국 난 '주님의 발'에 입 맞추고 나올 수 있다.

성당 전시실의 전시품들은 대부분 단순하고, 보존 상태도 좋지 않았다. 시의 예산이 부족한 것인지, 문화유적의 보존에 대한 관심이 부족한 것인지, 이탈리아와 비교가 많이 되었다. 카르무 성당 출구로 나와 다시 카르멜리타스 성당으로 입장했다. 카르멜리타스 성당은 본당만 관람하게 되어 있어 볼거리는 많지 않았으나 본당 내부의 탈랴 도라다는 금빛이 찬란하여 매우 화려했다.

| 카르무 성당 본당 | 카르멜리타스 성당 본당

| 카르무 성당 주님의 강단

인근에 렐루 서점Livraria Lello e Irmão이 있어 위치만 확인하고 돌아가려 했더니, 바로 앞에 서 있는 **클레리구스 탑**Torre dos Clérigos이 눈에 들어왔다. 그냥 지나칠 수 없어 들러보기로 했다. 이 탑은 18세기 전반에 세워진 바로크 양식의 탑으로 어디에서나 보이는 포르투의 랜드마크이다. 높이는 75.6미터로 건축 당시에는 이 도시에서 가장 높은 건물이었다고 한다. 240개의 계단을 올라가면 탑 꼭대기에서 포르투 시내와 도루강, 강 건너 빌라 노바 드 가이아의 풍경을 볼 수 있다. 입장료는 10유로이다. 클레리구스 성당 입장료도 10유로이고 성당과 탑에 모두 들어갈 수 있는 입장권은 15유로이다. 체력이 소진되어 관람은 다음으로 미루었다.

| 클레리구스 탑

클레리구스 탑과 성당

렐루 서점에서 클레리구스 탑을 향해 가다 보면 매우 오래된 키 작은 고목들이 여기저기 서 있는 아름다운 **올리베이라스 정원**Jardim das Oliveiras이 나온다. 파라솔을 편 노천카페 바즈Base에서 여유롭게 대화를 나누는 사람들, 잘 가꿔진 잔디 위에서 선탠하는 사람들이 모두 평화로워 보였다. 이 정원이 참으로 마음에 들었다.

그냥 돌아오기 아쉬워 정원 아래쪽에 자리하고 있는 현대적인 **카페 산타글로리아**Santa Gloria에 들어가 커피와 나타를 먹었다. 커피 맛은 괜찮았으나, 포르투갈에서 두 번째 먹은 나타는 어제 카페 마제스틱에서 먹었던 첫번째 나타와 차이가 느껴졌다. 튀김 기름 냄새가 났고, 너무 달았다. 혈당을 관리해야 하는 처지이기도 하고, 나타가 그다지 구미에 당기지 않아 이제 포르투에서는 나타를 그만 먹기로 했다. 리스보아에 유명한 나타 전문점이 있다니 그곳의 나타를 한 번 정도 먹어보면 될 것 같다. 카페 분위기는 세련되었고, 커피 맛도 괜찮았으며, 가격도 합리적이었다. 커피가 2.5유로, 나타가 1.65유로. 나타의 맛만 빼놓고는 만족스러웠다.

올리베이라스 정원

카페 산타 글로리아

카페 산타 글로리아 커피와 나타

오늘 저녁은 어제처럼 집에서 고기를 구워 먹었다. 아마 저녁은 앞으로도 집에서 해 먹을 것 같다.

6일차: 5월 10일 수요일

📍 볼사 궁전 ⋯ 📍 상 프란시스쿠 성당 ⋯ 📍 포르투 대성당 ⋯
📍 단골 식당 바헤트 잉카르나두 발굴

오늘은 일찍 집을 나서서 상 프란시스쿠 성당Igreja Monumento de São Francisco과 포르투 대성당을 관람하기로 했다. 상 프란시스쿠 성당을 찾아가는 길에 **볼사 궁전**Palácio da Bolsa이 보였다. **엔히크 왕자 광장**Praça do Infante Dom Henrique 옆에 자리잡고 있는 볼사 궁전은 포르투 상업협회 본부가 있는 곳이다. 이곳은 정해진 시간에 가이드 투어를 해야만 하므로 볼사 궁전부터 관람하고 나서 성당을 관람하기로 했다. 가이드는 영어, 포르투갈어, 스페인어로 진행되는데 시간대마다 언어가 다르다. 미리 온라인으로 예약하지 않으면 많이 기다리기 쉽다고 하는데, 우리는 다행히 도착 5분 후인 9시 45분에 시작되는 영어 가이드 투어에 참여할 수 있었다. 입장권은 12유로다.

볼사 궁전의 역사는 이렇다. 1832년 내전으로 포르투가 포위되었을 때 큰 화재가 발생하여 상 프란시스쿠 수도원은 지금의 성당만 남고 모두 파괴되었다. 1841년 마리아 2세Maria II 여왕은 폐허가 된 수도원 부지를 시의 상인

들에게 기부했고, 상인들은 이 부지를 상업협회 설립을 위해 사용하기로 결정했다. 1842년에 착공하여 1850년에 궁전 대부분은 완성되었으나, 그 내부 장식은 1910년에야 완성되었다. 그동안 주식거래소, 상공회의소, 와인거래소 등 여러 용도로 사용하였고, 지금은 포르투를 방문하는 귀빈들을 위한 연회장이나 일반 시민들에게 개방하여 결혼식 등의 행사장으로 사용할 수 있도록 대여해 주고 있다. 궁전은 1982년부터 국가 기념물로 지정되어 있다.

　건물에 들어서니 외부에서 보는 것과는 달리 매우 아름답고 화려했다. 투어가 시작되는 국제 홀 파티우 다스 나송으스Pátio das Nações는 수도원의 안뜰을 활용한 곳으로 유리 돔 천장과 모자이크 타일 바닥, 포르투갈과 무역했던 20개국의 문장으로 장식되어 있다. 이 지역 건축에는 주로 단단한 화강암이 쓰이기 때문에 건축 기간이 오래 걸린다고 한다. 쉽게 변형이 가능한 대리석과 달리 화강암은 단단하므로 변형이 어렵고, 따라서 정교하게 조각하는 데 힘이 든다. 그럼에도 볼사 궁전은 화강암 계단들이 화려하게 장식되어 있었고 화강암 기둥들도 섬세하게 조각되어 있었다. 역대 대통령들의 초상화와 가구를 볼 수 있는 골든 룸은 바닥이 흥미롭다. 나무 조각들을 퍼즐처럼 끼워맞출 수 있도록 만들어졌다고 한다. 재판을 하던 코트 룸도 있고, 도나 마리아 피아 다리를 설계한 에펠을 기념하기 위해 만든 구스타브 에펠 사무실도 있다. 한 회의장은 방 전체가 고급스러운 목재로 장식되어 있는 것처럼 보이는데, 실제로 목재는 밑 부분에만 사용하고, 윗부분은 석고로 만들어 나무색을 칠한 것이라고 한다. 석고는 가격도 싸고, 만들기도 쉽고, 꾸미기도 편해서 한때 이 석고를 이용한 건축 양식이 유행했다고 한다.

볼사 궁전: 국제 홀의 포르투갈과 무역했던 20개국 문장

볼사 궁전: 국제 홀 모자이크 타일 바닥

볼사 궁전: 국제 홀 화강암
기둥의 조각

볼사 궁전: 골든 룸과 역대 대통령의 초상화

볼사 궁전: 회의장의 목재
색으로 칠한 석고 장식

볼사 궁전: 골든 룸의 나무 조각으로 끼워맞춘 바닥

볼사 궁전의 하이라이트는 아랍식 홀^{Salão}

Árabe이다. 하이라이트답게 가장 마지막에 방문한다. 궁전의 보석인 아랍식 홀은 건축가가 알람브라 궁전에서 영감을 받아 만든 방으로 1880년에 착공하여 완공까지 18년이 걸렸다. 가이드 말에 의하면 이 방은 모든 것이 대칭을 이루는 데 한 군데 대칭이 아닌 곳이 있다고 한다. 알라신만이 완벽할 수 있을 뿐 인간은 결코 완벽할 수 없다는 메시지를 전달하려는 의도로 일부러 비대칭을 만들어놓은 것이라고 한다. 사실인지는 확실치 않지만 흥미로운 얘기였다. 이 아랍식 홀은 중요한 공적, 사적 행사를 위해 사용할 수 있

볼사 궁전: 아랍식 홀
기둥 장식

는 포르투의 가장 중요한 홀이다. 볼사 궁전은 기대보다 훌륭하고 관리도 잘 되어 있어서, 어제 카르무 성당을 보고 느꼈던 실망감을 덜어내는 데 크게 기여했다.

볼사 궁전: 아랍식 홀

포르투 상 프란시스쿠 성당

상 프란시스쿠 성당은 14세기에 건축된 고딕 양식의 성당이다. 그러나 내부는 화려한 바로크 양식으로 꾸며져 있어 포르투의 유일한 고딕 건축물이자 바로크 양식의 대표작으로 알려져 있다. 더욱이 18세기에 100킬로그램에 달하는 금박이 입혀지면서 화려하게 변신하였다.

본당에서는 열 개에 달하는 제단 및 예배당의 조각과 그림들을 볼 수 있다. 특히 본당 좌측에 있는 '이새의 나무' 아르보르 드 제세Árvore de Jessé 제단을 주목할 만하다. 이새의 나무는 원래 예수의 혈통과 족보를 나타내는 가계도로, 구약 및 신약의 마태복음과

포르투 상 프란시스쿠 성당

누가복음에 근거하여 중세 때 많이 그려지고 조형되었다. 그러나 초기 개신교에서는 이새의 나무에 우상숭배의 요소가 있다고 판단하여 상당수 없애버렸는데, 추후 개신교의 인식이 변화하면서 이새의 나무를 신앙교육의 도구로 활용하고 있다고 한다. 상 프란시스쿠 성당의 '이새의 나무'는 1718년 안토니우 고메스António Gomes와 필리프 다 실바Filipe da Silva에 의해 나무로 조각된 작품이다. 예수의 부친 요셉의 조상 이새를 뿌리로 하여 맨 위의 요셉에 이르는 가계도를 조각한 것이다. 특히 첫 번째 가지의 좌측에 있는 다윗을 강조했다고 한다. 조각의 상부는 '믿음과 지혜'가 있는 교회의 비유적 이미지를 내포하고 있다. 조각 위쪽의 벽감에는 아기 예수를 안고 있는 성모 마리아의 조각상이 놓여 있다.

포르투 상 프란시스쿠 성당: 제단 및 예배당의 조각

포르투 상 프란시스쿠 성당:
이새의 나무

60대 부부의 포르투갈 한 달 살기

본당에 들어서자마자 우측에 있는 상 프란
시스쿠의 중세 조각상도 눈여겨볼 만하다. 아
쉽게도 중앙제단은 공사 중이어서 관람할 수
없었다.

성당과 독립된 옆 건물에 상 프란시스쿠 박
물관과 지하 묘지가 있다. 박물관에서는 18세
기 이후에 제작된 종교적 조각상과 신고전주
의 회화, 은으로 만들어진 다양한 소품 등 유
명 작가의 장식용 예술품을 볼 수 있다. 지하
묘지는 규모가 상당히 크고, 매우 질서정연하
게 조성되어 있다. 1746년에 수도사들을 위한

포르투 상 프란시스쿠 성당:
상 프란시스쿠의 조각상

묘지로 건축했다가 이후 성당과 성당 마당에 안치되었던 유해를 이곳으로
이장하기 위해 확장하였다. 천장 아치와 제단의 목조 조각에 눈길이 간다.
상 프란치스쿠 성당의 입장권은 박물관과 지하묘지 입장권까지 포함한 통
합권이 9유로다.

포르투 상 프란시스쿠 성당: 지하 묘지

포르투 대성당은 이틀 전 밤에 들른 적이 있으나, 내부를 관람하기 위해 오늘 다시 찾았다. 대성당은 포르투에서 가장 오래된 건축물이다. 성모 승천 성당으로 번역되는 노사 세뇨라 다 아순상 성당Igreja de Nossa Senhora da Assunção이라고도 불린다. 12세기 초에 로마네스크 양식으로 건립되었는데 여러 차례 개축이 진행되면서 고딕과 바로크 양식이 더해졌다. 14~15세기에 고딕 양식으로 된 회랑이 새롭게 만들어졌고 17세기 중반 이후에는 바로크 양식에 따라 개축이 이루어지면서 외관과 내부 장식이 크게 바뀌었다. 대성당의 벽면을 장식하고 있는 아줄레주는 18세기에 만들어진 것이다. 대성당은 포르투갈 대항해 시대의 선구자 해양왕 엔히크 왕자가 세례를 받은 장소로 알려져 있으며, 스페인 카스티아 왕국Reino de Castilla으로부터 포르투갈의 독립을 지킨 대왕 주앙 1세João I 가 잉글랜드 랭카스트르의 필리파Filipa de Lencastre 여왕과 결혼식을 올린 곳이기도 하다. 지금도 정기적으로 미사가 열리며, 여러 성인을 기리는 행사도 진행된다.

성당 앞 광장에 들어서면 뱀이 감아 올라가는 형상을 한 기둥 펠로리뉴 두 포르투Pelourinho do Porto가 눈에 들어온다. 과거 노예나 죄인을 묶어 두었던 기둥인데 '수치심의 기둥'이라고 부르기도 한다. 우리는 입장권을 구입하고 본당에 앞서 먼저 2층과 탑 전망대로 올라갔다. 2층에서는 두 벽면 전체를 모두 채운 푸른색과 흰색의 아줄레주를 볼 수 있

포르투 대성당: 포르투의 기둥(야경)

다. 사진 찍기 좋은 장소여서 우리도 몇 장 찍었다. 2층에서 계단을 오르면 포르투 전경을 볼 수 있는 전망대가 나온다. 계단은 꽤 많고 오르기가 그리 쉽지는 않으나, 오르고 나면 탄성이 절로 나온다. 대성당은 언덕 위에 자리하고 있어 포르투 도심과 도루강 전경을 조망할 수 있는 전망대로도 인기가 있다는데, 과연 성당 꼭대기에서 바라본 포르투 시내 전망은 더할 나위 없이 아름다웠다. 도루강과 어우러진 주황색 지붕들은 잠시 피렌체의 미켈란젤로 광장에서 내려다본 피렌체의 도심 풍광을 생각나게 했다. 좁은 공간에 사람들이 많아 서로 부딪치지 않도록 조심해야 하지만, 한 바퀴를 다 돌며 360°에서 포르투의 파노라마를 즐길 수 있다.

포르투 대성당: 2층의 아줄레주

포르투 대성당: 전망대에서 본 포르투 전경

본당 내부는 양옆의 제단과 중앙제단이 모두 탈랴 도라다 기법으로 장식되어 화려함의 극치를 이룬다. 중정식 회랑 벽면과 바로크 양식의 성구 보관실도 아줄레주로 장식되어 있어 이 성당은 아줄레주 장식의 정수를 보여주고 있었다. 대성당만 관람하는 입장권은 3유로, 대성당과 비숍 팰리스를 둘 다 관람할 수 있는 입장권은 6유로다. 우리는 대성당만 관람했다.

| 포르투 대성당: 중앙 제단과 기둥의 탈랴 도라다 장식

| 포르투 대성당: 회랑과 아줄레주

세 군데를 돌아보고 나니 점심시간이 다 되었다. 남편은 문어 요리를 먹고 나는 해물 밥을 먹기로 하고 검색을 했다. 한 식당을 정하여 찾아가다 보니 좁은 골목의 허름한 한 식당에서 사진이 있는 메뉴판을 걸어놓은 것이 눈에 띄었다. 가격이 매우 저렴했다. 남편이 관광지 한복판 식당보다는 이 식당이 나을 것 같다고 했지만, 조사를 해보지 못하여 믿음이 가지 않았다. 일단 원래 정했던 식당으로 가보았다. 그러나 해물 밥은 2인분만 가능하여 남편도 문어 요리를 포기하고 해물 밥을 먹어야 하는 상황이었고, 가격도 비쌌다.

포르투의 좁은 골목

남편은 식사에 매우 큰 의미를 부여하는 사람이라 자칫 원망을 들을 것 같아, 아까 보았던 골목 식당에서 점심을 먹기로 계획을 바꾸었다. 식당 이름은 '빨간 모자'라는 뜻의 바헤트 잉카르나두Barrete Encarnado. 우리 식으로 하면 가정식 식당인 듯하며, 포르투갈 토속 음식점이다. 자리가 다 차서 기다리던 중에 식당 리뷰를 찾아보았더니, 한국인 여행객의 최근 리뷰는 찾아볼 수 없었고, 외국인 여행객의 최근 리뷰는 긍정적이었다. 특히 가성비가 매우 좋다는 평가가 많았다. 맛이 다른 곳에 비해 떨어지지 않음에도 가격은 10유로 이상 싸다는 평가도 있었다. 특히 문어구이 폴부 아사두Polvo Assado에 대한 평이 좋았다.

우리도 문어구이 2인분과 밥, 화이트 와인 반병을 주문했다. 빵과 버터가 쿠베르트Cubert로 기본 세팅되어 있는데 우리는 밥을 시켰으므로 치워달라고 하였다. 참고로 포르투갈 식당에서는 치즈, 빵, 올리브 등을 기본으로 세팅해 놓거나 처음에 직원이 가지고 오며, 이 쿠베르트는 유료이다. 이 식당에서는 쿠베르트가 3유로이다. 쿠베르트를 먹지 않으려면 치워달라고 하면 된다.

가정식 식당답게 그릇은 마구 다루어도 좋은 스테인리스 용기와 값싼 접시를 사용했고, 볼품이나 품격과는 거리가 멀었다. 그러나 음식은 기대 이상이었다. 특히 찐 감자를 곁들여 나온 문어구이는 소스가 일품이었다. 소스는 올리브유에 식초와 양파, 허브를 넣어 만든 것 같은데(다른 비법이 있는지는 모르겠으나 내가 맛본 바로는 이런 재료로 만든 것 같았다), 산뜻한 것이 입맛을 돋우었다. 문어구이는 1인분에 8유로인데, 밥은 무료로 제공되었고, 화이트 와인 반병 3유로까지 합해서 19유로가 나왔다. 문어 요리 치고는 매우 경제적인 식사였다. 단, 이 식당에서

식당 바헤트 잉카르나두의 문어구이

는 현찰로만 지불이 가능하다. 남편은 맛도 좋고, 양도 많고, 가격도 저렴하여 무척이나 만족스러워했다. 오늘의 점심은 성공적인 선택이었다.

7일차: 5월 11일 목요일

📍 렐루 서점 ⋯ 📍 크리스탈 궁 정원

날씨는 연일 더할 나위 없이 좋다. 햇살은 강한데 습기도 없고 서늘한 바람이 불어 매우 쾌적하다. 오늘은 그 유명한 렐루 서점과 크리스탈 궁 정원Jardins do Palácio de Cristal에 다녀오기로 했다.

1906년에 설립된 **렐루 서점**은 영국 BBC 방송과 세계적인 여행잡지 '타임 아웃Time Out'이 세계에서 가장 아름다운 서점 중 하나로 손꼽은 곳이다. 설립 과정에서 포르투의 몇몇 중요한 서점들을 합쳐서 새로운 장소에 문을 열었다고 한다. 20세기 초에 유행한 신고딕 양식으로 지어진 건물에서는 고딕 양식의 첨두 아치, 아르누보 양식의 화려한 내부 장식, 천장의 스테인글라스, 고풍스러운 목재 가구 등을 볼 수 있

| 렐루 서점 정면

다. 특히 우아한 곡선의 붉은 실내 계단은 포르투에서 잠시 살았던 「해리 포터」의 작가 조앤 롤링이 호그와트 학교의 '움직이는 계단'을 묘사할 때 영

| 렐루 서점: 내부 계단

감을 주었다고 한다. 사람들이 워낙 많이 방문하여 2015년부터 입장료를 받고 있다. 현재 5유로이다. 대신 한 달 안에 서점에서 책을 사면 책값에서 입장료를 차감해 준다.

렐루 서점의 입장권은 온라인으로 미리 구입해야 기다리는 수고를 덜 수 있다고 하여 오전 9시 30분 입장 시간에 맞추어 어제 구입해 놓았다. 집에서 10분 정도 거리이므로 시간에 얼추 맞추어 나갔더니, 벌써 줄이 길게 늘어서 있었다. 우리 바로 뒤에는 한국인 단체 관광객이 줄을 섰다. 포르투갈 일주 여행 중이라고 했다. 조금 있더니, 또 다른 한국인 단체 관광객 한 팀이 다가왔다. 서로 가족 상봉이라도 한 듯이 반가워했다. 아마 그동안 여행지에서 자주 만났던 모양이다.

| 렐루 서점: 내부

| 렐루 서점: 천장

입장이 시작되고 안으로 들어갔더니 아니나 다를까 그 유명한 붉은 계단에서 사진 찍으려고 차례를 기다리느라 사람들이 움직이지를 않았다. 기다리는 것을 못 참는 남편 때문에 우리는 계단에서 사진 찍기를 건너뛰고 바로 2층으로 올라갔다. 서점은 듣던 대로 고풍스럽고 화려하고 고급스러웠다. 온통 값비싼 목재들로 장식되어 있고, 진열된 책들도 덩달아 고급스러워 보였다. 사람들이 많아 핵심 지점은 놓쳤지만 그래도 부지런히 사진을 찍고 나왔다. 5유로를 내고 줄을 서서 기다릴 가치가 있다고는 생각되지 않지만, 그렇다고 포르투에 왔으면서 그 유명한 서점을 건너뛰기도 애매하기는 하다.

크리스탈 궁 정원은 포르투 구시가지에서 보아비스타Boavista 지구로 넘어가는 길목에 위치해 있다. 렐루 서점에서 걸어서 15분 정도 거리다. 정원으로 가는 길에 소아르스 두스 레이스 국립 미술관Museu Nacional de Soares dos Reis을 지나쳤다. 이 미술관은 1833년에 설립된 미술관으로 포르투갈에서 가장 오래된 공립미술관이다. 1911년 포르투 출신의 조각가인 안토니우 소아르스 두스 레이스António Soares dos Reis를 기념하며 그의 이름을 따 미술관 이름을 개칭하였다. 그의 조각뿐만 아니라 포르투갈의 19세기 회화, 동양의 가구와 도자기, 장식미술 등 다채로운 수집품을 보유하고 있다고 한다. 포르투에서 관람할 장소 중 하나로 추천하는 사람도 있는데, 미술관 외관이 매우 허름한데다가 굳이 포르투갈 근대미술까지 관람할 필요가 있을까 싶어 미술관 관람은 생략하기로 했다.

크리스탈 궁 정원 입구에 들어서니 정면에 반구형 스포츠 경기장이 보이고 그 앞에는 분수와 연못, 양 옆에는 푸른 숲이 보였다. 경기장은 1865년에 지은 크리스탈 궁을 1951년에 철거한 후, 5년 뒤인 1956년 그 자리에 지은 것이다. 정원의 이름인 '크리스탈 궁'은 예전에 있던 건물 이름에서 유래되었다. 이 경기장에서는 스포츠 경기뿐 아니라 전시회, 콘서트 등이 열린다.

크리스탈 궁 정원: 스포츠 경기장

크리스탈 궁 정원: 숲속 길

60대 부부의 포르투갈 한 달 살기

우리는 먼저 경기장에 들어가 보았
으나 전망대 입장권을 판매하고 있었
고, 특별히 관람할 것은 없어서 되돌
아 나와, 정면을 향해 우측에 있는 숲
속으로 걸음을 옮겼다. 숲은 녹음이
짙은 나무들이 무성하여 신선한 공기

크리스탈 궁 정원: 숲속 길을 거니는 닭

를 뿜어내고 있었다. 공작, 닭, 갈매기, 비둘기들도 주변에서 어슬렁거렸다.
사람들을 두려워하지 않는 것을 보니, 사람들이 먹이를 많이 주는가 보다.

숲속을 걷다 보니 아래로 도루강이 내려다보이는 전망대가 나왔다. 포르
투는 시내 어디서 도루강을 내려다보아도 전망이 훌륭하다. 강물 색깔을
비롯해 환상적인 풍광이 펼쳐졌다. 도루강에서 관광객을 태우고 가는 보트
도 보였다. 전망대 아래로 산책로가 도루 강변까지 이어져 있는 것 같은데,
중간에 길이 막혀 있었다. 산책로를 따라가다 보면 장미정원이 나오고 정원
입구에서 볼 때 좌측 편의 정원으로 연결된다. 우리는 숲이 좋아 숲속으로
되돌아 나왔다.

크리스탈 궁 정원: 전망대에서 바라본 도루강 전경

이 정원은 마치 비장의 쉼터와 같은 곳이다. 5년 전 피렌체의 번잡함에 짜증이 날 무렵 미켈란젤로 광장의 뒤편에 감춰져 있던 작은 푸른 숲을 발견하고 생기가 돌았던 기억이 되살아났다. 한 시간 남짓 머물렀는데 머무는 내내 유유자적. 신선놀음을 하고 있다는 생각을 했다. 포르투 여행객들에게 시간 여유가 있으면 들려보기를 권하고 싶다.

점심은 어제 갔던 바헤트 잉카르나두에서 먹기로 했다. 남편은 이 식당을 매우 만족스러워하여 메뉴를 다 먹어볼 때까지 계속 이 식당에서 점심을 먹자고 했다. 포르투갈 토속 음식을 좋은 가성비에 먹을 수 있다는 이유에서다. 나도 동의했다. 오늘은 웬일로 식당이 한산했다. 우리가 첫 손님이었는데 얼마 후 나이가 지긋한 남성 손님 네 명이 들어왔다. 주인과 친근하게 대화하는 것을 보니 현지 단골 주민인 것 같았다. 주인은 프랑스 출신인지 프랑스어 소통이 가능했고, 반면 영어로는 거의 소통할 수 없었다.

우리는 영어 메뉴판을 보고 대구 브라스Codfish à Brás와 정어리구이Sardinhas Assadas를 밥과 화이트 와인과 함께 주문했다. 오늘 식사도 역시 성공적이었다. 대구 브라스는 잘게 찢은 대구 살에 감자와 양파, 달걀 등을 넣고 익힌 요리인데 짜지도 않았고, 맛도 좋았다. 포르투갈의 정어리구이는 원래 석쇠에 굽게 되어 있는데, 이 식당에서도 석쇠에 굽는지는 알 수 없으나 어떤 맛인지 알게 되었다. 정어리를 의미하는 사르디냐Sardinha는 달 이름에 r자가 들어

바헤트 잉카르나두의
대구 브라스와 정어리구이

60대 부부의 포르투갈 한 달 살기

단골식당 바헤트 잉카르나두

가지 않는 달, 즉 5월부터 8월 사이에 가장 기름지고 맛있으므로 그때 먹어야 좋다고 한다. r자가 들어간 달에만 먹으라고 하는 굴과는 반대다. 우리는 다행스럽게도 적기인 5월에 먹을 수 있었다. 시장에서 포르투갈 특산품인 정어리 통조림을 사다가 저녁 반찬으로 먹을까 생각 중이다. 식후에 커피도 마셨다. 포르투갈에서 커피를 달라고 하면 에스프레소를 준다. 아메리카노를 마시고 싶으면 반드시 아메리카노라고 말해야 하는데, 많은 경우 에스프레소 더블 샷을 준다. 따라서 아메리카노의 가격이 조금 더 비싸다. 이 식당은 모든 음식이 7~9유로 사이이다. 야채 샐러드, 와인 반병, 커피를 같이 먹어도 두 사람 식대가 25유로 전후이다.

점심 식사 후 집에 돌아와 여행기를 작성하다가 저녁 무렵 마켓에 가서 장을 봐왔다. 핑구 도스 슈퍼마켓 위쪽에 있는 아시안 마켓에서 두부도 샀다. 중국인이 운영하는 가게인데, 주인이 영어를 전혀 못하는 데다가 매우 불친절하다. 필요하면 알아서 사가라는 식이다. 핑구 도스에서 야채와 달걀, 치즈, 요구르트, 대구 두 토막을 산 후, 집 근처 슈퍼에서 쌀과 생수 큰 통을 샀다. 오늘부터 며칠 동안의 일용할 양식이다.

8일차: 5월 12일 금요일

> 📍 브라가: 봉 제주스 두 몬트 성소 ⟶ 📍 아르코 다 포르타 노바 ⟶
> 📍 브라가 대성당 ⟶ 📍 산타 바바라 정원 ⟶ 📍 미뉴대학교 ⟶
> 📍 헤푸블리카 광장 ⟶ 📍 콘그레가도스 수도원과 성당

오늘은 드디어 포르투를 벗어나 근교 도시를 여행하기로 했다. 첫 번째 여행지는 **브라가**. 브라가 시는 인구가 19만여 명 정도로 많지 않은 편이나, 주변 권역 인구까지 합하면 80만 명 정도로 리스보아와 포르투에 이어 포르투갈에서 세 번째로 인구가 많은 광역도시이다. 브라가는 기원전 1세기에 로마인들에 의해 형성되었고, 아우구스투스 황제에게 헌정되기도 했다. 포르투갈 첫 번째 왕 아폰수 1세 엔히크스의 어머니가 보르고냐의 엔히크Henrique de Borgonha와 결혼할 때 지참금으로 가져간 도시라고도 한다. 가톨릭이 가장 먼저 전파된 곳이며, '포르투갈의 로마'라고 불릴 만큼 로마 가톨릭과 관련이 깊고, 성당이 많다. "포르투에서는 일하고, 브라가에서는 기도하고, 코임브라에서는 공부하고, 리스본에서는 논다"라는 말이 있을 정도로 브라가는 종교적인 색채가 진한 곳이다. 가톨릭 교회가 아폰수 1세의 포르투갈 건국을 지원한 공 덕분에 왕으로부터 교회가 직접 브라가를 통치할 수 있는 특권을 얻기도 했다. 이곳에 있는 가톨릭 브라가 대교구는 포르투갈에서 가장 오래된 로마 가톨릭교회 대교구이며, 이베리아 교구장 주교가 있는 곳이기도 하다.

상 벤투 역에서 아침 8시 15분 기차를 타고 출발하니 54분 걸렸다. 출발 시간대에 따라 걸리는 시간과 기차표 가격이 달라진다. 짧은 거리라 대부분 완행열차이고 예약이 되지 않으므로 역에 가서 표를 사야 하지만, 간혹 급행열차도 운행되고 있다. 급행열차는 예약이 가능하고, 시간도 짧게 걸리며, 가격도 높아진다. 브라가까지 짧게는 47분에서 길게는 1시간 19분 걸린다.

기차표를 사는 방법은 자동발매기를 이용하는 방법과 창구에서 사는 방법 두 가지가 있다. 우리는 창구에서 구매했다. 가격은 인당 편도 3.25유로 인데, 표를 처음 사면 기차 이용 카드인 시가Siga 카드라는 것을 주고, 카드값으로 0.5유로를 더 받는다. 즉, 첫 기차표는 3.75유로이며, 돌아올 때는 3.25유로에 구매하게 된다. 시가 카드는 정액을 충전하여 승차할 때마다 차감하는 방식으로 사용할 수도 있고, 매번 기차표값을 충전하여 사용할 수도 있다. 완행열차의 기차표는 승차하기 전에 반드시 역사에 있는 노란 기계에 대고 인식시켜야 한다.

전광판에서 우리 기차의 게이트를 찾았더니 우리 기차와 다음 기차 옆에 'front train'이라는 말이 적혀있었다. 앞 차량에 타야 한다는 것으로 짐작은 했으나, 창구에 가서 다시 확인하였다. 두 개의 차량이 붙어있는데 앞 차량에 타야 한다는 것이다. 뒤 차량은 떼어놓고 가는 것인지, 중간에 떼어 다른 곳으로 가게 하는 것인지 궁금했으나, 이도 저도 아니고 브라가까지 함께 왔다. 아직도 미스터리이다. 어쨌든 이런 경우 조심해서 타야 한다.

브라가의 하이라이트는 **봉 제주스 두 몬트 성소**Santuário do Bom Jésus do Monte이다. 우리는 먼저 이곳을 방문한 후 브라가 시내를 구경하기로 했다. 브라가 역에서 내려 밖으로 나가면 역사 바로 앞에 버스 정류소 두 개가 보인다. 이 중 왼쪽 정류소에서 2번 버스를 타면 20분 남짓 걸려 봉 제수즈 성소에 도착한다. 버스표는 운전기사에게서 사면 되고, 차비는 1.55유로이다. 버스 종점에서 내리면 된다. 유명한 장소라 버스에 사람들이 많을 줄 알았는데 종점까지 가는 사람은 우리와 다른 한 커플뿐이었다.

성소가 이스피뉴^{Espinho} 산 정상에 위치해 있고 수많은 계단을 올라가야 하므로 버스 종점에서 성소까지 푸니쿨라를 운행하고 있다. 이 푸니쿨라는 이베리아반도에서 최초로 건설된 케이블카이며, 엔진 없이 작동하는 것으로 유명한데, 밧줄과 물의 무게 등으로 동력을 조절한다고 한다. 편도 2유로, 왕복 3유로다. 미리 다녀온 여행객들에 의하면 계단을 걸어서 올라가는 사람들도 있으나 힘이 많이 들기 때문에, 올라갈 때는 푸니쿨라를 이용하고, 내려올 때는 걸어서 내려오는 것이 권장된다고 했다. 우리도 올라갈 때는 푸니쿨라를 이용했다. 버스에 동승한 커플도 같이 타고 올라갔다. 2~3분 정도 걸려 성소에 도착하니 사람들이 많았다. 대부분은 단체 여행객으로 관광버스를 타고 올라온 것 같다.

브라가: 봉 제주스 두 몬트 성소의 뜰

성소가 산 정상에 자리하고 있어 해가 쨍쨍한 맑은 날씨였는데도 쌀쌀했다. 이곳을 방문할 때는 두꺼운 겉옷을 준비해 가는 것이 좋다. 이 성소는 더할 나위 없이 훌륭한 관광 장소임에도 불구하고, 입장료를 받지 않는다. 다만 성당 옆 화장실은 사용료 0.5유로를 받는데 여자 화장실은 항상 줄이 길다. 한 가지 요긴한 정보는 성당 위쪽 산책로를 걷다 보면 무료 화장실이 나오며, 사람들도 거의 없다는 것이다.

봉 제주스 두 몬트는 '산에 계신 우리 좋은 예수님'이라는 뜻이다. 이 성소는 15~16세기에 십자가가 나타나는 기적이 일어났다는 이스피뉴산 정상에 작은 성소로 세워졌다가, 17세기 증축을 거쳐 18세기에 지금의 모습에 이르렀다고 한다. 18세기 말에 바로크 양식의 기존 성당을 철거하고, 신고전주의 양식의 새 성당을 짓기 시작하여 1843년에 완성하였다. 건축 및 예술적 진화를 거친 이 기념비적 성소는 그 뛰어난 건축미를 인정받아 2019년 유네스코 세계문화유산으로 등재되었다.

성당에 들어서자 먼저 십자가에 못 박히신 예수상을 걸어놓은 작은 예배당이 보였다. 푸른색과 노란색을 섞어 그린 예수 십자가상의 배경, 그리고 진한 색의 나무 바닥과 나무 의자는 작은 예배당을 인상적인 공간으로 만들었다.

브라가: 봉 제주스 두 몬트 성소 성당 초입의 예배당

본당으로 들어서니 특이한 중앙제단이 눈에 띄었다. 예수님의 십자가나 예수님을 안은 성모 마리아로 화려하게 장식해 놓는 일반 성당과 달리 이 성당의 중앙제단에는 겟세마네 동산에서 예수님이 십자가에 못 박혀 돌아가실 때 함께 처형되었던 죄수들과 처형에 참여했던 창을 든 병사들, 그리고 이 장면을 바라보던 시민들을 매우 사실적으로 묘사한 테라코타 조형물을 설치해 놓았다. 집에 돌아와서 자료를 찾아보니 이 성소는 예수님의 수난을 시간의 흐름에 따라 재현하는 데 의의를 둔 곳이라고 한다. 수난의 흐름은 성소로 오르는 계단 옆에 설치된 여러 개의 작은 예배당capela 중 맨 아래 예배당에서부터 시작되어 성당 중앙제단에서 대미를 장식한다.

| 브라가: 봉 제주스 두 몬트 성소 성당 내부

| 브라가: 봉 제주스 두 몬트 성소
성당 중앙제단

60대 부부의 포르투갈 한 달 살기

헬리키아스의 제단Altar das Relíquias(유물의 제단)
에 눈길이 갔다. 위로 올라가면서 좁아지는 계단
식 산 모양 조형물에 여러 인물의 상반신 조각상
이 마치 아이들의 작은 장난감 인형처럼 만들어
져 놓여 있다. 그런데 인물들의 표정이 근엄하기
보다는 다소 익살스러워 보인 것은 나만의 느낌
이었을까? 이 인물들이 누구인지, 성인인지, 순
교자인지 궁금하여 여러 자료를 찾아보았으나
끝내 정보를 얻을 수 없었다. 성당은 전체적으로
담백하고 단정하고 따스한 느낌이 들었다.

브라가: 봉 제주스 두 몬트
성당 유물의 제단

성당의 뒤편 '선교사의 마당' 테헤이루 두스 에
반젤리스타스Terreiro dos Evangelistas에는 1760년대에 지어진 세 개의 아름
다운 팔각 예배당과 막달라 마리아가 십자가에 못 박혀 돌아가신 예수님을
만나는 장면 등 예수님 십자가 사건 이후 발생한 에피소드를 형상화한 조
각상이 자리하고 있다. 예배당의 외관은 저명한 브라가 건축가 안드레 소아
르스André Soares가 설계했다. 이 마당에서 네 개의 바로크 양식의 분수와
1760년대부터 활동했던 선교사들의 조각상도 볼 수 있다.

브라가: 봉 제주스 두 몬트 성소 성당 뒤편 '선교사의 마당'

| 브라가: 봉 제주스 두 몬트 성소 정원

| 브라가: 봉 제주스 두 몬트 성소에서 내려다본 전망

성당 주변에는 정원이 아름답게 조성되어 있고, 뒤쪽으로는 숲과 산책로가 잘 가꾸어져 있다. 여러 개의 호텔도 있어서 마치 휴양지 같은 느낌이 들었다.

압권은 573개의 계단이다. 성당으로 올라가는 이 계단은 '십자가의 길Via Crucis'을 상징한다. 1723년에서 1837년 사이에 단계적으로 지어졌는데,

높이는 산 아래에서부터 116미터이며, 바로크 양식이다. 계단은 세 부분으로 나누어져 있다. 제일 먼저 지어진 하부는 376개의 포르티쿠의 계단Escadório do Pórtico이다. 상부는 104개의 계단으로 이루어진 싱쿠 센티두스(오감五感)의 계단Escadório do Cinco Sentidos과 93개의 계단으로 이루어진 트레스 비르투드스(삼덕三德)의 계단Escadório do Três Virtudes으로 나누어져 있다. 오감의 계단은 시각, 청각, 후각, 미각, 촉각의 다섯 가지 감각에 헌신하며, 이 계단에 각 감각을 상징하는 다섯 개의 분수가 조각되어 있다. 삼덕의 계단은 신앙, 희망, 사랑의 세 가지 신학적 미덕에 헌신하며, 역시 이 계단에서 각 미덕을 상징하는 세 개의 분수를 볼 수 있다.

브라가: 봉 제주스 두 몬트 성소 성당과 계단

계단의 상부는 계단이 하얀 벽면으로 둘러싸여 지그재그 형식으로 설계되어 있는데, 아래에서 올려다보면 대칭을 이룬 독특한 기하학적 균형미가 참으로 놀랍다. 계단 옆에는 중간중간 작은 예배당이 설치되어 있고, 예배당 안의 테라코타 조각물은 아래 예배당부터 성당 중앙제단에 이르기까지 예수님 수난 장면을 순서대로 표현하고 있다. 계단 사이 층계참에는 예수님 제자들의 석상과 분수가 아름답게 조각되어 있다. 옛날 순례자들은 이 계단을 무릎으로 기어서 성당까지

브라가: 봉 제주스 두 몬트 성소 계단의 석상과 분수

올라갔다고 한다. 우리가 포르투갈에서 방문한 명소 중 가장 인상적이었던 곳 중 하나다. 포르투 여행객은 시간을 내서 반드시 들려보면 좋을 것 같다.

봉 제주스 두 몬트 성소 Santuário do Bom Jesus do Monte

브라가의 봉 제수스 두 몬트 성소는 이스피뉴 산의 자연경관을 배경으로 산의 정상에 순례자의 순례와 헌신을 위한 작은 성소로 세워진 후, 6세기에 걸쳐 재건축되고 확충되었다. 특히 '봉 제수스 두 몬트 회'가 설립된 17세기 이후에는 그 가치를 더욱 높이 평가받게 되어, 그때부터 성소를 더 확충하고자 하는 다양한 시도가 있었다. 특히 물리적 공간을 확장하고 형태 및 구성의 복합성을 개선하는 작업이 진행되었는데, 항상 전체 구조가 종교적 서사라는 하나의 방향을 향하여

60대 부부의 포르투갈 한 달 살기

수렴하는 방식으로 진화해 왔다.

이곳은 그리스도의 수난을 묘사한 테라코타 조형물이 놓여 있는 여러 개의 예배당과 분수, 조각상, 정형원整形園(모양이 가지런한 정원) 등의 건축물과 경관이 잘 어우러진 하나의 앙상블을 이룬다. 화강암·물·식생과 같은 자연적 요소와 계단·예배당·조각품과 같은 문화적 요소가 인간의 예술적·건설적·창조적 천재성 및 영성과 결합하여 전체를 구성하는 방식으로 통합되었다.

봉 제수스 두 몬트 성소의 경관 및 건축 앙상블은 트리엔트 공의회가 '사크루 몬트Sacro Monte(거룩한 산, 성소)' 건립을 추진했던 유럽 프로젝트에서 필수적인 요소였다. 이 성소는 바로크적 특징과 매우 정교한 종교적 서사를 갖춘 전례 없는 새로운 차원의 공간으로서, 종교개혁을 반대하던 시기의 전형적 특징을 지녔다.

이 성소는 예루살렘을 재현한 장소이다. 그리스도인들이 예루살렘의 성지 순례와 동일한 경험을 할 수 있도록 공간을 재구성하려는 것이 본래의 아이디어였다. 이러한 프로젝트는 15~16세기에 성지 순례의 대안으로서 시작되었고, 이후 1535년 개신교의 종교개혁에 반대하여 수많은 사크루 몬트들이 조성되었다. 즉 이 프로젝트는 수 세기에 걸쳐 유럽 여러 지역에서 일어난 '새로운 예루살렘New Jerusalems'의 건설이라는 더 큰 규모의 실천 운동의 한 갈래였다. 오늘날까지 이곳은 순례지이자 세계 여러 지역에 퍼져나간 '사크루 몬트'의 모델이 되었다. 이 성소를 모델로 조성한 가장 대표적인 곳으로 브라질의 '콩고냐스 두 캄푸의 봉 제수스Bom Jésus de Congonhas do Campo' 성소가 있다.

계단과 예배당, 상징적 분수와 바로크 건축의 기념비적 구조물이 있는 다채로운 도상학적 내용을 포함하여, '성소'의 건축 프로그램은 매우 치밀하고 수준이 높으며 복잡하다. 태양 빛이 쏟아지고 대서양에서 불어오는 잔잔한 바람을 느낄 수 있는 이스피뉴 산 서쪽 비탈이라는 입지 덕분에 '봉 제수스' 구역은 관광 명소가 되었다. 이곳에는 성스러움과 세속이 나란히 공존한다.

이 성소는 인류사에서 매우 중요한 '그리스도의 수난'에 관한 완전하고도 정교한 서사가 특징이며, 이전에는 없었던 장엄한 '사크루 몬트'가 구현된 특별한 사례이다. 이 유산은 경배의 외재화外在化, 공동체 의식, 영구적이며 끝없는 여행으로서 삶과 연극성 등을 통해 로마 가톨릭을 구별하게 만든다.

성소가 경관에 미친 영향과 경관 내의 긍정적인 구별, 성소의 계단에 나타난 건축학적·장식적 독창성, 성소를 방문할 때 생기는 강렬한 울림, 바로크 양식의 특징 등은 이 성소를 돋보이게 한다. 이 걸작은 일련의 기념비적 계단을 통합하고, 각각의 건축 시기를 반영하는 디자인·취향·미적 선호를 전시하듯이 보여주며, 문화적 경관이라는 결과를 낳은 위대한 화합과 조화의 앙상블이다.

건축 앙상블의 통일성과 최고의 예술성은 전체적인 디자인과 편성, 구조나 배치에만 기인하는 것이 아니라 귀한 조각 작품이 있는 공간인 성소에 화강암을 탁월하게 사용함으로써 극대화되었다. 공간을 나누거나 연결하는 벽, 계단, 건물, 분수, 포장된 바닥, 예배용 장식품, 그리고 인상적이면서도 이전에는 본 적 없는 수많은 조각상 등 화강암으로 조성된 모든 것들이 최고의 건축 작품을 완성했다. 한쪽 편에는 회칠한 화강암, 다른 한쪽 편에는 울창한 녹색 공원과 숲이라는 환경이 자아내는 대조는 성소의 바로크 양식적 특징에 결정적으로 기여했다. 이 유산은 수리학·지형 지원·건축 구조·기계학 등 기술적 독창성과 건축물·조각·회화 등 예술적 표현이 응축된 결과물이다.

언덕 위로 이어지면서 확장되는 길고 복잡한 '십자가의 길'은 특히 주목할 만하다. 이 성소에는 성경을 바탕으로 한 조각과 그림 등이 순서대로 배열, 재현되어 있다. 이 성소는 수 세기 동안 발전해 오면서 성소를 구성하는 각 요소가 하나의 종교적 서사 내에서 지속적으로 통합되었고, 결과적으로 바로크 시대의 유산 중 정점에 도달할 수 있었다.

6세기가 넘는 장구한 시간 동안 세대를 이어 경주되었던 지속적이며 확고한 노력에서 확인할 수 있듯이, 기부와 헌금 등의 막대한 재원을 동원함으로써 이 구상은 실현될 수 있었다. 이 유산의 소유자는 봉 제수스 두 몬트회Confraternity of Bom Jesus do Monte로 이곳을 400년 가까이 관리해왔다.

출처: 유네스코와 유산 Home〉세계유산, 문화유산,
전체〉브라가의 봉 제수스 두 몬트 성소

버스 종점으로 돌아오니, 2번 버스가 기다리고 있었다. 한 시간에 두 번 정도 배차되는 버스인데, 운 좋게 기다리지 않고 곧바로 버스에 오를 수 있었다. 시내로 들어와 포르투갈에서 가장 오래된 브라가 대성당Sé de Braga을 찾아 나섰다. 구시가지 초입에 이르니 오래된 아치가 보였다. 중세 때 시의 벽 서쪽 입구를 장식하고 있던 승리의 아치인 **아르쿠 다 포르타 노바**Arco da Porta Nova이다. 1300년대 시의 벽이 완성된 후부터 그 자리에 출입문이 서 있었으나 현재 우리가 보는 아치는 18세기 후반에 안드레 소아르스가 설계한 것이다. 이 아치는 양면이 다르다는 것이 특징적이다. 서쪽 면은 바로크 양식이지만, 동쪽 면은 신고전주의 양식이다. 구시가지로 진입하

브라가: 아르코 다 포르타 노바 동쪽(좌) 면과 서쪽 면(우)

는 관문으로, 이 아치를 통과하면 상점과 식당과 바가 밀집해 있는 보행자 거리인 디오구 드 소자 거리Rua do D. Diogo de Sousa가 나온다.

브라가 대성당은 포르투갈 건국 전인 1070년에 카스티야 왕국이 무어인 들에게서 브라가를 탈환하면서 세워진 성당이다. 첫 번째 포르투갈 성당이 라고 한다. 산타 마리아에게 봉헌된 이 성당은 1089년에 축성되었다. 로마 네스크 양식의 구조적 기반 위에 시대적 취향에 맞추어 지속적으로 개축되 어왔다. 결과적으로 정문 파사드의 아래쪽 세 개의 아치로 된 출입 갤러리 는 후기 고딕 양식, 주 출입문은 로마네스크 양식, 위층과 종탑은 초기 바 로크 양식, 주 예배당은 마누엘 양식으로 지어지는 등 여러 건축 양식이 혼 재되어 있다. 브라가의 첫 번째 주교에 관한 내용을 다룬 아줄레주, 찬란한 성가대석과 파이프 오르간, 섬세한 조각 등을 주목할 만하다. 포르투갈 첫

브라가: 대성당

번째 왕 아폰수 1세의 부모인 부르고냐의 엔히크Henrique da Borgonha와 레옹의 테레사Teresa de Leão, 주앙 1세와 렝카스트르의 필리파의 아들 아폰수 왕자Infante Dom Afonso의 무덤이 이곳에 있다. 15세기와 16세기에 각각 만들어진 아폰수 왕자의 무덤과 덮개는 나무로 만들어 금과 은으로 도금한 동판으로 덮어씌워졌으며, 누워있는 왕자의 동상도 금과 은으로 도금되어 있다. 브라가 대성당은 1910년에 국가 기념물로 지정되었다. 입장료는 성당과 예배당 및 박물관 통합권이 5유로다.

| 브라가: 대성당 중앙 제단

| 브라가: 대성당 성가대석

| 브라가: 대성당 | 브라가: 대성당 파이프 오르간
  기둥의 장식

아침에 서둘러 집을 나서느라 아침 식사를 일찍 했더니 배가 많이 고팠다. 대성당 주변의 식당을 돌아보다가 아르쿠Arco라는 식당의 메뉴가 괜찮아 보여 들어갔다. 전채로 스프를 시키고, 나는 브라가 전통 대구 요리Bacalhau Típico Braga, 남편은 브라가 전통 밥 요리Arroz Típico Braga를 주문했다. 역시 화이트 와인을 곁들였다. 나는 포르투에서 벌써 세 번째 대구 요리를 먹어본다. 지난번 볼량 시장 식당에서는 대구를 얇게 저며 튀겨 나온 요리였는데, 이번에는 두툼한 형태로 튀겨 감자 칩 및

브라가: 아르코 식당의 스프(상)
브라가 전통 대구 요리(중)
브라가 전통 밥 요리(하)

야채 샐러드와 같이 나왔다. 남편의 브라가 전통 밥은 닭을 토막 내어 쌀과 섞어 끓인 밥 요리이다. 두 요리 다 맛있었다. 특히 쌀쌀한 날씨로 으슬으슬하던 참에 먹은 따끈한 스프가 일품이었다. 식후 커피까지 합하여 31유로. 맛있고 따뜻하고 배부르게 먹을 수 있어 뿌듯했다.

식사 후 예쁜 꽃들이 만개한 **산타 바바라 정원**Jardim de Santa Bárbara과 **미뉴대학교**Universidade do Minho, 그리고 넓디넓은 **헤푸블리카 광장**Praça da Republica에 들렀다. 브라가에는 성당이 워낙 많아 어디를 둘러보아도 성당이 보인다. 성당 한 군데만 더 보기로 하고 헤푸블리카 광장에 면해 있는 **콩그레가두스 수도원/대성당**Convento e Basílica dos Congregados에 들렀다.

브라가: 산타 바바라 정원

브라가: 콩그레가두스
수도원/성당

브라가: 미뉴대학

브라가: 헤푸블리카 광장

브라가: 콩그레가두스
수도원/성당 내부

60대 부부의 포르투갈 한 달 살기

브라가에는 문화유산이 많지만, 아직 관광객이 많지 않은 편이다. 포르투에 비해 거리가 한산했고, 거리와 광장이 넓어 여유가 있었다. 남편은 일반인들이(관광객이 아니라) 사는 곳 같아 번잡한 포르투보다 더 좋다고 했다. 그래도 나는 포르투에 더 정감이 간다.

기차역으로 돌아와 기차표를 사고 역사에 들어서니 상 벤투행 기차가 보였다. 부리나케 기차표를 노란 기계에 찍고 기차에 올랐다. 이번에도 운 좋게 기다리지 않고 바로 기차를 탈 수 있었다. 집에 도착하니 오후 4시 반. 주말은 쉬고, 다음 주 월요일에는 코임브라나 아베이루에 다녀올 예정이다.

9일차: 5월 13일 토요일

📍 히베이라 광장 ⋯ 📍 빌라 노바 드 가이아 ⋯ 📍 볼량 시장에서 장보기

오늘은 원래 아무 일정이 없었다. 주말이니만큼 쉬기로 했다. 오전 11시에 집을 청소해 주시는 분이 오기로 되어 있어 그 전에 외출하여 점심을 먹고 볼량 시장에 들러 장을 봐올 계획이었다.

| 히베이라 광장으로 가는 길목

그런데 남편이 집에 있으니 일찍 나가서 시내를 걸어보자고 한다. 이제 컨디

| 히베이라 광장

선이 완전히 회복된 모양이다. 포르투의 '핫 플레이스'인 히베이라 광장에 가보기로 했다.

히베이라 광장은 도루 강변에 면해 있다. 강렬한 태양이 내리쬐는 강변 광장에 노천 테이블이 가득 놓여 있고, 이른 아침인데도 벌써 사람들이 앉아 음료를 마시고 있었다. 노천시장에서는 코르크 가방 등 포르투갈 특산품을 판매하고 있었고, 도루강에는 관광객을 실은 보트가 떠다니고 있었다. 왜 특별히 거창한 문화적, 역사적 기념물이 많지 않은 포르투를 그렇게 좋다고 하는지 그 이유를 알만 하게 하는 분위기였다. 우리도 그 분위기에 취해 걷다가, 동 루이스 1세 다리 아래쪽 기막히게 전망 좋은 자리를 차지한 '현수교'라는 의미의 바 폰트 펜실Ponte Pênsil에 들어가 커피를 마셨다. 포르투갈 커피는 맛이 좋다. 이탈리아에서 아메리카노를 시키면 구정물 같은 커피를 마셔야 했던 경험이 많았는데, 이곳에서는 아직 한 번도 실망한 적이 없다. 오늘은 분위기가 맛을 더해 주었다.

배경이 너무 좋아 마주 보고 앉아 있던 남편의 사진을 찍고 있으니, 옆 테이블에 앉아 있던 미국인 아저씨가 우리 둘의 사진을 찍어주겠다고 한다.

60대 부부의 포르투갈 한 달 살기

'쌩얼'에 옷차림도 신경 쓰지 않고 나와 사진찍기가 반갑지는 않았으나, 아저씨의 성의를 무시하고 싶지 않아 몇 장 찍었다. 그 아저씨 커플의 사진을 찍어주겠다고 하니 여성이 처음에는 달가워

바 폰트 펜실에서 커피 한잔

하지 않다가, 얼마간 시간이 흐른 후 사진을 찍어달라고 요청해 왔다. 여성들의 마음은 단순하지 않은 것 같다.

동 루이스 1세 다리 아래층을 걸어 **빌라 노바 드 가이아** 지역으로 건너갔다. 이 지역에는 와이너리들이 즐비하다. 카자 포르투게자 Casa Portuguesa라는 와인 시음 숍에 들어가 보았다. 벽면은 오래된 두툼한 책들이 많이 꽂힌 서고로 장식되어 있고 2층으로 올라가는 붉은 계단은 나선형으로 만들어져 있어 렐루 서점을 연상케 했다. 2층에서는 어떤 아저씨가 파이프 오르간처럼 생긴 전자오르간을 연주하고 있었다. 입장료를 내면 와인을 시음할 수 있다.

바 폰트 펜실에서 본 도루강 전망

| 와인 시음 숍 카자 포르투게자

　그동안 프랑스 보르도^{Bordeaux} 지역과 이탈리아 토스카나 지역에서 와이너리를 방문하여 시음해 보는 투어를 몇 차례 해 본 적이 있지만, 기억에 남는 것이 별로 없다. 차라리 책을 통해 와인에 대한 정보를 얻는 것이 더 도움이 되었다. 더욱이 이번에 리스보아로 오는 비행기 안에서 포르투 와인을 마셔보았는데, 너무 달고 강한 것이 내 취향에는 맞지 않아, 포르투에 도착한 이후에는 매일 와인을 마시면서도 포르투 와인은 입에 대지 않았다. 남편도 와이너리 투어를 반기지 않아 이번에는 생략하려고 한다.

　오늘 점심은 히베이라 광장 가까이에 있는 우리의 단골 식당 바헤트 잉카르나두에서 먹으려 했는데, 문을 열지 않았다. 현지 주민들이 주로 이용하는 식당이라 주말에는 문을 닫는 모양이다. 카자 포르투게자 옆쪽에 푸드 코트가 있어서 점심으로 내가 고대하던 해물 밥을 먹었는데, 남편은 포르투에 온 지 꼭 일주일 만에 다시 실패를 경험했다고 속상해했다. 이탈리아 리조또처럼 쌀이 설어 나왔고, 양도 매우 적었다. 다음에는 좀 더 좋은 식당에서 먹어봐야겠다.

돌아오는 길에 지난번 밤에 찾지 못했던 산타 클라라 성당을 찾아갔다. 우리가 찾지 못한 이유를 알았다. 평범하게 생긴 건물 안쪽에 위치해 있고 성당의 상당 부분은 경찰서로 사용되고 있었다. 그 시간에는 결혼식이 진행되고 있어 두 시 이후에 오라고 한다. 또 다음으로 미루고 돌아섰다.

볼량 시장에서 야채와 냉동 조갯살, 정어리 통조림, 아몬드, 그리고 생문어 다리를 한 개만 썰어달라고 하여 사 왔다. 포르투갈의 명물인 정어리 통조림은 올리브유, 토마토소스 등 배합한 양념에 따라 여러 가지 맛을 내는 다양한 종류가 있었다. 오리지널을 주문했더니 올리브유 배합 제품을 권했다. 문어는 서울만큼 비싸지는 않았지만, 음식점의 문어 요리 가격에 비추어볼 때 기대만큼 싸지는 않았다. 다음번에는 다른 집에 가서 사봐야겠다. 아쉽게도 지난번 돼지고기 목살을 사 왔던 볼량 시장 맞은편 마켓은 문을 열지 않았다.

오늘 저녁 메뉴는 엊그제 핑구 도스에서 사온 대구 토막 구이와 삶은 문어, 두부와 호박과 조갯살을 넣고 끓인 된장찌개, 김, 신선한 상추. 진수성찬이었다. 다만 대구는 소금을 뿌려 기름에 구웠는데 이미 소금 간이 되어 있었던지 너무 짜서 내일 이곳 토속 요리 비슷한 대구 덮밥(비빔밥)을 만들어 먹기로 했다. 점심이 부실하여 배가 고프던 차에 남편과 나 모두 저녁 식사를 마치고 행복해했다.

10일차: 5월 14일 일요일

📍 휴식 ⋯⋯ 📍 코르도아리아 정원

| 집 근처의 노천 식당에서 점심

오늘은 집에서 쉬기로 했다. 오전에 여행기를 작성하다가 점심을 먹으러 집을 나섰다. 주말에는 관광객을 상대하는 식당을 제외하고는 문을 닫는 곳이 많아, 이곳저곳 검색을 하다가 집 근처의 식당을 하나 정하고 찾아 나섰다. 넓은 광장에 면해 있는 곳이라 여러 식당이 노천 테이블을 연이어 차려놓아 매우 붐볐다. 식당끼리는 의자와 파라솔의 색상으로 서로 구분하는 것 같았다. 노천 식당 앞에서는 남성 두 명이 노래를 부르고 있었고, 쨍쨍하게 내리쬐는 햇볕 아래에서 모두 상기된 또는 나른한 표정으로 식사를 하거나 음료를 마시고 있었다.

우리도 자리를 잡고, 남편은 지난번 먹었던 프란세지냐와 비교해 보겠다고 프란세시냐와 화이트 와인을 주문했고, 나는 송아지 고기 스테이크와 레드 와인을 주문했다. 프란세지냐는 너무 짰고, 송아지 고기 스테이크는 너무 많이 익혀 질겼지만, 그런대로 먹을 만했다. 관광객을 상대하는 식당이라 가성비는 낮았다.

내가 이미 음식값으로 43유로를 지불했는데, 꼼꼼한 남편이 계산서를 살펴보더니 우리 것이 아니라고 했다. 직원이 착각했다고 3유로를 돌려주었다. 와인 값은 메뉴에 적혀있지 않는데, 계산서를 보니 한 잔에 5유로로 계산되었다. 포르투갈은 와인이 매우 싸다. 우리 단골 식당 바헤트 잉카르나두에서는 반병에 3유로를 받는다. 우리는 핑구 도스에서 가장 비싼 화이트 와인 한 병을 11유로 주고 샀다. 두 잔에 10유로라니, 뭔가 잘못되었다는 생각이 들었다. 쓸데없는 의심을 하지 않으려면 주문할 때 미리 가격을 잘 알아보아야 하고, 음식값을 지불할 때는 계산서를 잘 보아야 할 것 같다.

점심 후 소화도 시킬 겸, 주말에 문을 여는 식당도 알아볼 겸 주변을 산책했다. 렐루 서점 앞에 있는 **코르도아리아 정원**Jardim da Cordoaria을 산책한 후, 현지 주민들이 갈 듯한 자그마한 식당 두 군데를 알아놓고 나서, 지난번 갔던 카페 산타 글로리아에 들러 커피를 마시고 돌아왔다. 넷플릭스에서 한국 드라마를 보며 빈둥거리면서 오후를 보냈다.

| 코르도아리아 정원

11일차: 5월 15일 월요일

📍 아베이루 ⋯ 📍 코스타노바 ⋯ 📍 아베이루

오늘은 포르투의 남쪽에 위치한 아베이루와 코스타 노바에 다녀왔다. 상 벤투 역에서 기차를 타고 1시간 20분 정도 가면 아베이루 역에 도착하고, 아베이루 역에서 택시를 타거나 도보로 15분 거리에 있는 버스 정류장에서 버스를 타면 코스타 노바에 갈 수 있다. 아베이루 서쪽에서 코스타 노바까지는 11킬로미터이다.

코스타 노바는 오전에 가야 역광을 피할 수 있어 사진을 예쁘게 찍을 수 있다는 정보를 여러 군데에서 얻었다. 우리는 아베이루 역에 도착해서 먼저 코스타 노바로 이동하여 코스타 노바를 구경하고, 다시 아베이루로 돌아와 관광하기로 계획을 세웠다. 오전 8시 50분에 상 벤투 역을 출발하여 아베이루 역에 10시 11분에 도착하는 완행열차를 이용했다. 기차표는 왕복 7.1 유로이다. 소풍 철인지, 초등학생으로 보이는 아이들이 선생님들과 함께 기차에 올랐다. 재잘거리는 소리로 기차 안이 시끌벅적했으나 싫지 않았다.

아베이루 역에서 서쪽으로 15분 정도 걸어가면 코스타 노바 행 버스 정류장이 나온다. 구글 지도에서 'bus stop to Costa Nova'를 도착지로 하여 경로를 탐색하면 된다. 아베이루 운하 옆, 'Royal School of Language' 건너편에 있으므로 'Royal School of Language'를 도착지로 탐색해도 된다.

아베이루: Royal School of Language

　버스 정류장에 도착하여 버스 배차표를 보니 코스타 노바까지 직행으로 가는 버스는 25분 정도 걸리고, 코스타 노바의 북쪽으로 2.5킬로미터 거리에 있는 바하Barra를 경유하는 버스는 40분 정도 걸리는 것으로 나와 있다. 10시 50분에 출발하는 바하 경유 버스가 있고, 출발까지 5분이 남아 있어 우리는 이 버스를 기다렸다. 그런데 우버 택시 운전기사가 다가오더니 코스타 노바까지 10유로에 갈 수 있다고 하였다. 10분 정도 걸린다고 했다. 우리가 기다리던 바하 경유 버스는 40분이나 걸리는 데다가 시간이 지났는데도 오질 않아, 오전 시간을 더 많이 확보할 겸 우버 택시를 이용했다. 택시는 총알같이 달려 금방 코스타 노바의 줄무늬 목조 가옥 마을에 도착했다.

　'새로운 해변'이라는 뜻의 코스타 노바는 사주沙洲로 이루어진 좁다란 반도 위에 위치해 있다. 사주는 바닷가의 모래사장으로 파도나 조류가 밀려와 해안의 수면 위에 둑 모양으로 만들어진다. 이 사주가 아베이루 강을 막아서 아베이루 석호를 만들었는데, 이 석호 쪽으로는 작은 고기잡이 항구와 줄무늬 목조 가옥을 볼 수 있고, 대서양을 마주한 바다 쪽으로는 모래사장이 펼쳐진 해변을 볼 수 있다.

줄무늬 가옥은 원래 어부들이 장비를 보관하기 위해 지은 집이었다고 한다. 예전부터 안개가 많이 끼는 지역이어서 어부들이 멀리서도 집이 잘 보이도록 줄무늬를 그려 넣기 시작했고, 그래서 집집마다 줄무늬와 색이 다르다는 말도 전해진다. 지금도 마을 주민들은 본인들이 직접 집에 페인트를 칠한다. 바다 쪽 해변은 여름에는 조용하고 평화롭지만, 때로 매우 강한 바닷바람을 일으킨다고 한다.

코스타 노바의 줄무늬 가옥 마을은 마음에 쏙 들었다. 쭉 늘어선 빨강, 노랑, 파랑, 초록의 알록달록한 줄무늬 목조 가옥도 예쁘거니와 그 앞의 탁 트인 잔잔한 석호와 시원한 바람이 일품이었다. 한여름에는 관광객이 매우 북적여서 식당도 숙소도 자리 잡기가 어렵다는 데, 오늘은 관광객이 많지 않아 한적한 것이 매우 상쾌했다. 코스타 노바는 줄무늬 가옥으로 유명하지만, 대서양 쪽 해변을 따라 코스타 노바와 인근의 바하를 이어주는 6킬로미터의 산책로 덱도 걸어볼 만하다.

| 코스타노바: 줄무늬 가옥 마을 앞 석호

| 코스타노바: 줄무늬 가옥

줄무늬 가옥을 따라 거닐며 사진을 찍고, 아베이루로 돌아가기 위해 버스 정류장으로 향했다. 이 마을에서는 30~40분 정도 머문 것 같다. 아베이루까지 관광을 마치고 나서는 그렇게 서둘러 코스타 노바를 떠나 아베이루로 돌아올 필요가 없었다는 아쉬움이 남았다. 줄무늬 가옥 마을의 뒤편 대서양 쪽 해변의 산책로를 거닐어 보기도 하고, 카페에서 평화로운 석호를 바라보며 커피나 와인 한 잔 마셨으면 좋았을 뻔했다는 아쉬움이 두고두고 남아 있어 한 번 더 가보자는 생각까지 했다.

줄무늬 가옥 마을의 버스 정류장은 두 군데인데 주 정류장은 줄무늬 가옥 쪽의 관광안내센터 앞에 있고, 다른 정류장은 길 건너 석호 쪽 마을 초입에 있다. 찾기 어렵지 않다. 오래지 않아 아베이루행 버스가 왔다. 이 버스는 트랜스데브 Transdev라는 버스인데, 외관이 마치 관광버스처럼 생겨서 선뜻 타기가 망설여 지지만 버스 앞면 위의 전광판에 아베이루라는 글자가 나오니 운전기사에게 차비를 내고 타면 된다. 차비는 2.6유로다.

이 버스도 바하를 경유하는 버스인데, 시내버스처럼 많은 정류장에서 정차했다. 시간이 오래 걸릴 것을 우려하였으나, 마을 여기저기를 돌아볼 수

| 바하: 등대

있어서 오히려 좋았다. 바하의 해안을 지날 때는 포르투갈에서 가장 높다는 등대도 볼 수 있었다. 시간적 여유가 있다면 왕복 모두 택시를 이용하지 말고 올 때나 갈 때 적어도 한 번은 버스를 이용할 것을 추천한다. 코스타 노바에서는 줄무늬 가옥 지역을 벗어나자 매우 현대적이고 예쁘고 깔끔한 마을이 나타났다. 주택의 디자인에 신경을 많이 써서 조성한 신도시 같은 인상을 받았다. 이어지는 바하도 마을이 예뻤다. 바하 해변은 매우 아름다우나 코스타 노바처럼 많은 사람으로 붐비지 않으므로, 줄무늬 가옥을 볼 필요가 없는 사람들은 이곳의 해변에서 즐기는 것이 좋다고 한다. 고속도로에 진입할 때까지 마을 구경을 하며, 버스 여행이 좋은 점을 남편과 서로 확인했다.

아베이루는 운하와 화려한 색으로 채색된 관광용 보트인 몰리세이루Moliceiro, 그리고 아르누보 양식의 건축물로 관광객을 끌어당기는 도시이다. 아베이루 강 끝에 위치하고 있다. 운하와 베니스의 곤돌라 비슷한 몰리세이루에 주목하여 아베이루를 포르투갈의 베니스라고 하지만, 이러한 콘셉트가 관광객들의 기대치를 지나치게 높이는 한편, 아베이루의 진정한

아베이루: 운하와 몰리세이루

매력을 놓치게 한다는 우려도 있다. 아베이루는 특징적이면서도 전통적인 포르투갈 도시로 묘사되는 것이 옳다는 관점이다. 운하를 따라 세워진 아르누보 양식의 건축물은 소금으로 돈을 번 상인들이 부를 과시하기 위해 화려하게 꾸민 건축물이라는 이야기도 있고, 브라질로 이민갔던 포르투갈 사람들이 20세기 초에 다시 아베이루로 돌아와 세운 것이라는 이야기도 있다.

아베이루는 16세기까지 항구로 번창하였다. 그러나 1575년 매우 강력한 겨울 폭풍이 불어 닥쳐 항구 입구를 따라 모래 둑(사주)이 만들어지고 아베이루 강에 석호가 생기자 배가 지나다닐 수 없게 되어 무역 길이 막혀버렸다. 설상가상으로 석호로 인해 전염병이 창궐하였다. 이후 20년이 채 안되는 동안 인구가 3만 명에서 5천 명으로 감소할 정도로 아베이루는 쇠퇴했다. 그러다가 19세기에 운하 공사를 시행한 후, 건져 올린 수초와 소금을 몰리세이루에 실어 운하를 통해 운송하면서 아베이루는 다시 항구로서 기능하게 되었다. 몰리세이루는 '수초를 잡은 남자'라는 뜻이라고 한다. 아베이루는 수초 양식과 소금 생산으로 산업 중심지가 되었다.

아베이루는 도시와 운하가 넓고 현대적이어서 베니스만큼 운치가 있지는 않다. 그럼에도 운하 주변은 아르누보 양식의 건축물과 어우러져 아름답다. 세 개의 운하가 도심과 석호를 연결하고 있는데, 운하에서 운행되는 보트를 타고 도시 안을 구경할 수도 있고, 강 하구로 나가 돌아볼 수도 있다.

식사 시간이 되어 먼저 점심 먹을 곳을 찾았다. 무미건조한 기차역 주변과는 달리 운하 근처에는 고풍스러운 건물들과 운치 있는 좁은 골목들이 눈에 띄었다. 골목길에 들어서서 고기 요리를 주로 하는 식당에 들어갔다. 식당 이름은 '의사들과 엔지니어들'이라는 뜻의 도토르스 엔젠네이루스Doutores Engenheiros. 스프, 주요리, 음료로 구성된 점심 특선 메뉴가 8유로에 제공되고 있었으나, 우리는 일반 메뉴에서 나는 돼지고기 익힌 것에 버섯크림 소스를 얹은 요리를, 남편은 이베리코 돼지고기 구이 요리를 와인과 함께 주문했다. 남편은 쿠베르트로 나온 빵 대신 밥을 먹어야겠다고 메뉴에도 없는 밥을 요청했다. 밥을 주문한 탓인지, 음식이 나오기까지

아베이루: 도토르스 엔젠네이루스에서 점심

60대 부부의 포르투갈 한 달 살기

30~40분이 걸렸다. 우리보다 나중에 온 손님들의 식사가 먼저 나왔다. 그럼에도 늦게 나온 음식에 남편은 맛도 양도 대만족했다. 내 음식도 내가 기대한 음식은 아니었으나 나쁘지 않았다. 가성비도 좋았다. 와인 반병까지 합해서 21유로. 메뉴에 제시되었던 가격보다 오히려 할인해 주었다. 특선 메뉴 기준에 맞추어 준 모양이다. 인심이 좋은 지역이라는 생각을 했다.

점심 식사 후 아베이루 시내를 둘러보았다. 먼저 시청 앞 광장에 위치한 미제리코르디아 성당Igreja da Misericórdia de Aveiro(자비의 성당)에 들렸다. 1653년에 완공된 이 성당은 푸른색의 아줄레주로 장식된 파사드가 인상적이다. 내부도 화려하다. 벽 역시 온통 규칙적인 무늬가 그려진 아줄레주로 장식되어 있었다.

아베이루: 미제리코르디아 성당

아베이루: 미제리코르디아 성당 내부

아르누보 박물관Museu Arte Nova을 관람한 후 그곳 카페에서 커피와 아베이루 전통과자인 오부스 몰르스Ovos Moles de Aveiro를 먹으려 했는데, 가는 날이 장날이라 박물관이 문을 닫았다. 아베이루의 오부스 몰레스는 '아베이루의 부드러운 달걀'이라는 뜻이다. 달걀노른자를 넣은 과자이다. 나타처럼 수도원에서 수도사들의 의복에 풀을 먹이는 데 달걀흰자를 사용하고 남은 노른자를 활용하기 위해 만든 과자라고 한다. 남편이 좋은 과자점을 조사해 놓았다고 하여 발걸음을 옮겼다. 과자점 이름은 '작은 물고기'라는 뜻의 페이시뉴Peixinho이다. 1856년에 문을 연 역사가 오래된 가게라고 한다. 그러나 과자만 판매하고 커피는 판매하지 않았다. 일단 과자만 종류별로 몇 가지 사서 나왔는데, 이것을 자기 집에서 먹게 해 줄 카페는 없었다. 할 수 없이 한 카페에서 커피만 마시고 과자는 한 개만 살짝 맛보고 집에 가지고 돌아왔다. 너무 달고 내 취향이 아니어서 남편이 모두 소화했다.

아베이루: 페이시뉴 과자점

아베이루: 페이시뉴에서 구매한 오부스 몰레스

길을 걷다 보니 크지 않은 규모의 베르트란드Bertrand 서점이 눈에 띄었다. 1732년에 세워진 베르트란드 서점은 포르투갈과 스페인에 50여 개의 점포가 있는 체인 서점으로 리스보아 시아두Chiado에 본점이 있다. 포르투에서 골목길에 작은 서점이 꽤 많다는 생각을 했는데, 포르투갈에는 동네의 작은 서점들이 아직도 살아남아 있는 모양이다.

아베이루: 베르트란드 서점

아베이루도 관광지이기는 하지만 그리 붐비지는 않았다. 운하 근처를 제외하고는 한적했다. 몰리세이루에도 사람들이 많이 타지 않았다. 아직 코로나 후유증에서 벗어나지 못한 것인지 원래 이 정도인 것인지 잘 모르겠으나, 남편은 포르투의 번잡함에 질렸는지 브라가에 이어 아베이루도 포르투보다 더 마음에 든다고 했다.

포르투로 돌아오기 위해 아베이루 역으로 돌아오다 보니 붉은색 지붕, 하얀색 벽에 푸른색 아줄레주가 그려져 있는 구 역사가 눈에 들어왔다. 무척 아름다웠다. 기차를 타러 아베이루 역 승차장 안으로 들어오니 이곳에서도 우아한 구 역사 건물이 보였다.

아베이루 구 역사

오후 4시 18분 기차를 탔다. 아침에 만났던 아이들을 역사에서 다시 만났는데, 같은 차를 타려나 싶었으나 우리가 탄 차량에는 동승하지 않아 확인하지는 못했다. 기차에는 승객들이 많아 서서 가는 승객들도 있었다. 정류장마다 승객들이 많이 타서 마치 우리나라 만원 지하철을 방불케 했다.

기차의 좌석을 잡을 때는 얼굴에 햇빛이 들지 않도록 하는 것이 중요하다. 그래서 태양의 위치를 고려하여 오전에 북쪽으로 갈 때는 좌측에, 남쪽으로 갈 때는 우측에 앉아야 한다. 오후에는 그 반대이다. 그런데 상 벤투 역에서 출발하는 기차는 남쪽을 향할 때 캄파냐 역에서 방향을 바꾼다. 즉, 순방향이 역방향이 되고, 좌측이 우측이 된다. 아베이루 역에서는 기차

60대 부부의 포르투갈 한 달 살기

가 진행하던 방향으로 계속 진행하는 것이 아니라 들어왔던 방향으로 거꾸로 나간다. 따라서 모든 방향을 거꾸로 생각하고 정해야 한다. 우리는 올 때와 갈 때 모두 태양의 방향을 고려하여 좌석을 잡는 데 실패했다. 다음에는 기필코 성공하리라.

12일차: 5월 16일 화요일

📍 마토지뉴스 해변

어제 아베이루에 다녀왔고, 내일 코임브라에 가기로 하였기 때문에 오늘은 쉬면서 체력을 비축하기로 했다. 오전에 여행기를 작성하고 나니 점심시간이 가까워졌다. 점심을 우리의 단골 식당에서 먹은 후 오후에는 버스를 타고 포르투 외곽의 해변에 가보기로 했다. 도착 첫날 호스트 칼라에게 해산물을 어디서 먹으면 좋을지 물어보았더니 포르투의 서쪽 대서양에 면해 있는 마토지뉴스 해변Praia de Matosinhos을 추천해 주었다. 오늘 그곳에 가서 해산물은 아니지만 커피라도 한잔 마시고 오기로 했다.

오늘 점심 메뉴는 포르투식 곱창 스튜인 트리파스Tripas à la Moda와 대구 브라가Bacalhau á Braga, 그리고 야채 샐러드. 물론 화이트 와인 반병은 빠질 수 없었다. 그런데 트리파스는 남편이 좋아하는 곱창과 천엽 등 내장보다 남편이 싫어하는 붉은 콩이 많아 남편이 다소 실망했다. 대구를 두툼하게 튀겨 나온 대구 브라가는 지난 금요일 브라가에서 먹어본 요리로 역시 맛이 있었다. 야채 샐러드는 올리브유와 식초를 섞어 만든 소스에 버무려 나왔는데, 산뜻한 맛이 식욕을 돋우었다. 앞으로는 집에서도 야채 샐러드 소스를 이렇게 만들어 먹자고 했다. 남편이 포르투갈에 '삐리삐리piri-piri' 라는 매운 소스가 있다는 것을 어디선가 보고서는 매번 삐리삐리를 요청했다. 삐리삐리는 작고 매운 고추를 올리브유와 위스키 등에 담가 매운맛을 우려낸 핫 소스라고 하는데, 우리나라에서 먹는 핫 소스와 맛이 같았다. 음식이 느끼한 것 같으면 삐리삐리를 달라고 하여 쳐서 먹으면 좋다.

마토지뉴스 해변까지는 500번 대의 버스가 여러 대 운행한다. 우리는 상 벤투 역에서 출발하는 마토지뉴스행 500번 버스를 탔다. 식당에서 출발했기 때문에 상 벤투 역에서 몇 정류장 지나서 승차했다. 포르투에서 지하철, 버스, 근교까지 가는 기차 등 모든 교통수단을 이용할 수 있는 안단테 카드Andante Card를 사면 차표 값이 할인된다고 하는데, 우리는 포르투 시내에서 대중교통을 별로 이용할 것 같지 않아 승차 후 운전기사에게서 직접 표를 샀다. 차비는 2.5유로. 마토지뉴스 해변까지 45분 정도 걸렸다.

마토지뉴스 해변은 도루강이 대서양으로 흘러 들어가는 강 하구를 지나서 대서양에 면해 있는 해변이다. 버스는 포르투 시내와는 분위기가 전혀 다른 동네를 지나쳐 갔다. 해변으로 가는 길은 참으로 아름다웠다. 도루 강변이 한참 계속되다가, 현대적이고 고급스러운 주택과 통유리 창으로 만들어진 멋진 건물들이 보였다. 거리는 매우 깔끔하게 정돈되어 있었다. 포르투갈도 유럽 선진국에 속하는 나라가 맞기는 하다는 생각을 했다. 아울러 버스의 장점을 또 한 번 실감했다. 걸어야 하는 수고로움 없이 길거리를 쉽게 구경할 수 있으니 말이다.

마토지뉴스 해변 백사장의 어린이 놀이터

마토지뉴스 정류장에서 내려 3~4분 걸어가면 마토지뉴스 해변에 도착한다. 마토지뉴스 해변에는 광활한 백사장이 펼쳐져 있었다. 그동안 유럽 여행 때 유럽의 해변에서 고운 백사장을 보기는 쉽지 않았다. 심지어 죽기 전에 반드시 가봐야 할 곳 1순위라고 하는 아말피 해안의 아름다운 마을 포지타노Positano 그런데 해변Spiaggia Grande도 검은색으로 덮여 있었다. 마토지뉴스 해변의 백사장은 우리나라 백사장이 오히려 부러워해야 할 정도로 넓고, 모래도 고왔다. 넓은 백사장에는 아이들이 놀 수 있도록 미끄럼틀을 갖춘 놀이터가 있었다.

우리는 바다를 바라볼 수 있는 바인 '바 프라이아 두 티탕Bar Praia do Titão(타이탄의 해변 바)'의 테라스 파라솔 아래에 자리를 잡고, 나는 커피, 남편은 맥주를 마셨다. 앉아 있는 모두가 여유로운 모습이다. 푸른 바다와 하얀 백사장, 그리고 작열하는 태양과 바다에서 불어오는 선선한 바람의 조화 – 또 한 번의 신선놀음이었다. 포르투갈에 머무는 동안 신선놀음을 몇 번이나 경험할까?

마토지뉴스 해변 노천 바 '바 프라이아 두 티탕'

우리는 돌아오는 길에 볼량 시장에 들르기 위해 볼량 시장이 종점인 502번 버스를 탔다. 502번 버스 노선은 해변에 올 때 탔던 500번 버스 노선과 다르지만, 여전히 아름다운 풍광을 볼 수 있었다. 출발해서 얼마 지나지 않아 왼편에 숲이 우거진 매우 큰 공원이 보였다. 나중에 알아보니 포르투 시립 공원Parque da Cidade do Porto이었다. 다음에 가볼 곳으로 점찍어놓았다. 시내에 근접해서 독특한 현대식 건물이 눈에 띄었다. 카자 다 무지카Casa da Música였다. 이 건물은 네덜란드 건축가 렘 쿨하스Rem Koolhaas가 설계한 음악당인데 공연을 관람하지 않아도 건물 안내 투어를 받을 수 있다고 한다.

카자 다 무지카

60대 부부의 포르투갈 한 달 살기

볼량 시장과 건너편 정육점에서 야채와 고기를 사고, 핑구 도스와 아시안 마켓에서 장을 보고, 집 근처 슈퍼마켓에서 생수 한 통을 사서 귀가했다. 내일은 장거리 여행을 해야 하는 데다가 늦게 귀가할 것이므로 오늘은 일찍 잠자리에 들어야 할 것 같다.

13일차: 5월 17일 수요일

> ◉ 코임브라: 코임브라대학교 ··· ◉ 신구 대성당 ···
> ◉ 산타 크루스 수도원 ··· ◉ 망가 정원 ··· ◉ 세레이아 정원

코임브라에 다녀왔다. 코임브라는 포르투와 리스보아의 중간 지점에 위치해 있는 도시이다. 아침 8시 25분에 상 벤투 역을 출발하여 코임브라 역에 10시 15분에 도착하는 열차를 예매했다. 총 1시간 50분 걸리는데 열차를 두 번 갈아타야 한다. 캄파냐 역에서 급행열차로 갈아타고 코임브라B 역까지 1시간 20분간 달린 후, 다시 완행열차로 갈아타고 한 정거장 가서 코임브라 역에서 내린다. 복잡해 보이기는 하지만 그리 어렵지는 않다.

CP 홈페이지에서 코임브라행 기차를 입력하면 시간표가 나온다. 완행은 예약이 안 되므로 캄파냐 역에서 코임브라B 역까지 급행만 이등석으로 예매했다. 포르투에서 리스보아 사이를 오가는 열차로 우리가 리스보아에서 타고 왔고 앞으로 타고 갈 열차다. 왕복 25유로. 시간이 임박해서 할인 기

차표가 없었다. 왕복 모두 만석이었다. 왕복권을 끊어 놓기를 잘했다.

코임브라는 포르투갈 건국 초기 기마랑이스에 이어 1255년까지 약 100년간 포르투갈의 수도였던 곳이다. 몬데구강 Rio Mondego이 시내를 지나기 때문에 도시가 아름답다. 코임브라의 핵심 관람 장소는 **코임브라대학교** Universidade de Coimbra이다. 1290년 디니스 Dinis 왕에 의해 설립되었는데, 정치적 방향에 따라 리스보아에서 코임브라로, 다시 리스보아로 두 지역을 번갈아 오고 가다가, 1537년에 주앙 3세의 결정으로 코임브라에 안착했다. 현재 우리가 보는 건물들은 대부분 16~18세기에 조성된 것이다. 유럽에서 가장 역사가 오래된 대학 중 하나이며, 1911년까지 포르투갈 언어권에 있는 유일한 대학이었다. 1990년대에는 과학기술 분야를 중심으로 한 제2캠퍼스가 세워졌고, 2001년에 보건의료 분야를 위한 제3캠퍼스가 건립되었다. 즉, 코임브라대학은 구 대학과 제2 및 제3캠퍼스를 아우르는 신 대학으로 나누어져 있고, 우리가 관람하는 곳은 구 대학이다. 구 대학은 2013년에 유네스코 세계문화유산으로 등재되었다.

우리는 코임브라 역에서 곧바로 코임브라대학교로 향했다. 대학까지 가는데 걸어서 15분 정도 걸렸다. 언덕에 자리 잡은 대학이라 가는 길이 경사가 급하고 계단이 많아 힘들었다는 여행 후기가 있어 우려했으나, 우리 같은 60대도 큰 어려움 없이 올라갈 수 있었다. 다만 너무 뜨거운 날에는 다소 힘들 수도 있으니 시외버스 정류장에서 대학 캠퍼스까지 28번 버스가 운행한다는 것을 기억해 두면 좋을 것이다.

코임브라대학교로
올라가는 길목의 아치문

60대 부부의 포르투갈 한 달 살기

코임브라대학교에서 방문해야 할 핵심 명소는 학교 궁전Paço das Escolas과 과학박물관-화학실험실 Laboratório Chimico, 그리고 식물원Jardim Botânico이다. 학교 궁전은 포르투갈 첫 번째 왕조에 속하는 왕들 대부분이 태어난 곳이다. 조아니나 도서관Biblioteca Joanina과 대학 감옥Prisão Académica, 왕궁Palácio Real, 상 미구엘 예배당Capela de São Miguel으로 이루어져 있다. 하이라이트는 조아니나 도서관이다. 이 도서관에는 20분마다 60명까지만 입장할 수 있으므로, 입장권을 미리 예매해야 기다리지 않는다. 입장권은 코임브라대학교 홈페이지에서 방문 1개월 전부터 예매할 수 있다. 이틀 전 코임브라대학교의 입장권 예매 사이트에서 오전 11시 20분 시간으로 예매했다. 입장권은 다양한 조합으로 이루어져 있는데, 우리는 학교 궁전과 화학실험실, 대학 식물원을 모두 관람할 수 있는 패키지를 구입했다. 17.5유로인데 65세 이상은 15유로로 할인해 준다.

대학교에 들어서면 미리 예매했더라도 먼저 매표소에 들려 안내를 받는 것이 도움이 된다. 우리는 11시 전에 도착하여 혹시 11시로 도서관 관람 시간을 앞당길 수 있을까 문의해 보았는데, 불가능했다. 이미 정원이 다 차 있었고 그때 구입할 수 있는 입장권은 가장 빠른 것이 오후 2시 시간대였다. 직원이 대학 캠퍼스 지도를 주고 가볼 곳을 상세히 설명해 주었다. 과학박물관-화학실험실이 바로 옆에 있어 그곳부터 들렸더니, 그곳 직원이 도서관 예약 시간을 물어본 후 시간이 촉박하므로 학교 궁전 쪽으로 가서 도서관 주변을 둘러보다가 도서관부터 관람하고 오는 것이 좋겠다고 조언해 주었다.

학교 궁전으로 가는 길에 검정 망토를 두른 학생들이 눈에 띄었다. 꽃다발까지 들고 있어 졸업식을 했나 했더니 교복이라고 한다. 일명 에르미온느Hermione 망토로 「해리 포터」의 등장인물이 입은 복장이다. 조안 롤링의

소설 「해리 포터」는 포르투갈에서 많은 영감을 받아 탄생한 것이 사실인 것 같다.

학교 궁전에 들어서니 넓은 광장이 시원하게 눈앞에 펼쳐졌다. 광장 한 복판에는 코임브라대학교를 이곳에 안착시키는 데 기여했던 주앙 3세의 석상이 장엄한 자세로 서 있다. 맑게 갠 푸른 하늘과 뜨겁게 내리쬐는 햇살이 아름다운 건물에 둘러싸인 광장을 더욱 눈부시게 만들었다. 광장 아래로는 코임브라 시내의 전경이 한눈에 들어온다.

코임브라대학교: 학교 궁전 광장의 주앙 3세 석상

조아니나 도서관은 1728년에 완성되어 1777년부터 20세기 전반까지 대학 도서관의 기능을 수행해 왔다. 1층 대학 감옥, 2층 중간층Piso Intermédio, 3층 '고귀한 층Piso Nobre'의 3개 층으로 이루어져 있다. 도서관에서는 관람 시간을 1층 5분, 2층 5분, 3층 10분으로 정해 놓고, 철저하게 통제하고 있었다.

1층 대학 감옥부터 관람을 시작했다. 예전에는 유럽의 모든 대학 사회가 그러했듯이 코임브라 대학 사회도 특권적 지위를 누려, 자치적으로 법을 제정하고 집행할 수 있었다. 이러한 특권으로 교직원과 학생이 범죄를 저지르면 대학의 법률에 따라 대학 총장이 판결을 내리고 판결에 따라 일반 범죄자와 분리하여 대학 감옥에 구금시켰다. 이러한 관행은 1834년까지 지속되었다. 1559년에 만들어진 대학 감옥은 나선형 돌계단을 통과해 들어가는 지하의 공간으로서 두 개의 방으로 이루어져 있다. 창이 하나도 없이 그야말로 돌로 만들어진 좁은 굴이나 마찬가지여서 이곳에서 어떻게 생존했을

코임브라대학교: 학교 궁전

코임브라대학교: 학교 궁전 광장

코임브라대학교: 학교 궁전에서 내려다 본 코임브라 시내 전망

까 하는 생각이 들었다. 특권을 누린다고 하기에는 환경이 너무 열악했다. 대학 시설이 이 지경일진대 일반 범죄자들의 시설은 얼마나 끔찍했을까? 우리가 현재 관람하고 있는 감옥은 포르투갈에서 보존되어 온 가장 오래된 중세 감옥을 재현하고 있다고 한다. 18세기 말 폼발 후작Marquis Pombal이 실시한 대학 개혁 과정에서 감옥의 여건도 개선되었고, 이후 감옥의 역할이 끝나면서 이 장소는 조아니나 도서관에 편입되었다.

중간층으로 불리는 2층부터 도서관이 시작된다. 도서관에는 16~18세기 사이에 수집된 약 6만 권의 장서가 소장되어 있다. 2층 중간층은 학술 연구 활동을 하고 장서를 보존, 관리했던 공간이다. 2층에 올라가니 고서들이 빼곡하게 채워져 있는 서고들과 육중한 책상들이 보였다. 여기까지는 고가의 입장료를 고려할 때 크게 인상적인 것은 없었다.

코임브라대학교: 조아니나 도서관 중간층 고서와 가구

그러나 3층 '고귀한 층'으로 올라가자 탄성이 절로 나왔다. 바로크 양식으로 웅장하고 고풍스러우면서도 매우 화려하게 장식되어 있었다. 금박으로 장식된 기둥과 조각, 화려한 그림으로 가득 찬 천장, 장미목과 흑단으로 만들어진 책상과 서가에 이르기까지 '세상에서 가장 아름다운 도서관'으로 알려져 있을 만했다. 영화 '미녀와 야수'와 '해리 포터'에 이 도서관의 모습이 담겼다고 한다.

코임브라대학교: 조아니나 도서관 3층 '고귀한 층' 서고(코임브라대학교 홈페이지에서 이미지를 추출하여 편집하였음)

코임브라대학교: 조아니나 도서관 3층 '고귀한 층' 천장(코임브라대학교 홈페이지에서 이미지를 추출하여 편집하였음)

그런데 사진 촬영이 금지되어 있다. 보존상 필요하다는 것은 이해하겠으나 무척 아쉬웠다. 주요국의 언어로 되어 있는 설명서가 비치되어 있기는 한데 그나마 비치용이어서 지참할 수가 없었고, 어둡고 시간도 촉박하여 읽을 여건이 되지 않았다. 영어 설명서를 카메라에 담고 나올 수밖에 없었다. 이곳은 화장실 사용료도 1.5유로나 되었다. 유용한 정보 한가지는 과학박물관-화학실험실 화장실은 무료라는 것이다.

도서관을 나와서 **상 미구엘 예배당**과 왕궁에 들렀다. 예배당은 12세기에 최초로 건립된 것으로 추정되며, 16세기에 마누엘 왕의 명령으로 개축되어 지금의 모습을 갖추게 되었다. 실내장식 작업은 주로 17~18세기에 이루어졌다. 아담한 예배당이 꽃무늬를 연상시키는 우아한 천장과 푸른색, 흰색, 노란색 무늬가 들어간 전통적인 타일 벽으로 장식되어 있어 무척 아름다웠다.

| 코임브라대학교: 상 미구엘 예배당

왕궁은 10세기 말에 건축되어 이슬람 통치 기간에 시 지사를 위한 요새로 사용되다가, 1131년 포르투갈 초대 왕인 아폰수 1세가 거주하면서 포르투갈 왕실의 첫 번째 거주지가 되었다. 왕궁에서는 병기고실Sala das Armas, 행위의 위대한 홀Sala dos Atos Grandes,

코임브라대학교: 왕궁의 '병기고실'(코임브라대학교 홈페이지에서 이미지를 추출하여 편집하였음)

개인 시험실Sala do Exame Privado 등을 관람할 수 있다. 병기고실은 왕자들의 신변 보호를 위한 최전선 역할을 했기 때문에 이러한 이름이 붙여진 것이다. 후에는 왕실 경비병의 무기 보관소로도 사용되었다. 현재는 학위 수여식 등 중요 행사 때 경비들이 사용한다.

'행위의 위대한 홀'은 대학에서 가장 중요한 공간이다. 한때 포르투갈 초대 왕조의 거주 공간이었으며, 국왕 즉위식이 거행되기도 했다. 대학이 설립된 이후에는 학위 수여식 등 대학의 가장 중요한 의식들이 이 공간에서 거행되고 있다. 벽에는 포르투갈 역대 왕의 초

코임브라대학교: 왕궁의 '행위의 위대한 홀'(코임브라대학교 홈페이지에서 이미지를 추출하여 편집하였음)

상화가 걸려있다. 흥미롭게도 벽 상부의 붉은색 바탕 장식이 실로 짠 카펫인 줄 알았더니, 카펫이 아니라 카펫 느낌이 나는 붉은 타일이었다. '개인 시험실'은 18세기 하반기까지 지속되었던 졸업생들의 면접시험 장소로 사용

코임브라대학교: 왕궁의 '개인 시험실'

코임브라대학교: 학교 궁전
유럽연합 문화유산 상
수상 기념 동판

되었던 곳이다. 이 방에는 16~18세기에 걸쳐 재직했던 38명의 총장 초상화가 걸려있다.

학교 궁전을 나와 학생들이 수업받는 건물에 들어가 보고 싶었으나, 경비가 통제하였다. 학생들이 방해받지 않도록 관광용 장소와 교육용 장소를 철저하게 분리해 놓은 듯하다.

다시 **과학박물관-화학실험실**을 찾았다. 과학박물관-화학실험실은 포르투갈의 가장 중요한 신고전주의 건물이라고 한다. 18세기 폼발 후작이 주도한 대학의 개혁기에 실험 화학을 가르치기 위해 지어졌다. 실용적 과학교육이라는 계몽주의 이상을 실현하려는 노력을 보여주는 곳이다. 2006년부터 과학박물관의 일부 수집품을 이곳에 전시하고 있다. 오래전 사용되던 실험용기, 현미경, 망원경 등 세계 곳곳에서 수집한 과학 관련 신기한 물건들을 볼 수 있는 공간이다. 몇 가지 신기한 물건들은 볼만하였지만, 이런 분야에 특별히 관심이 있는 것이 아니어서 크게 흥미롭지는 않았다.

날씨가 더워졌다. 이즈음 코임브라 날씨는 평균 최고기온이 21℃ 정도라는데 일기예보를 보니 오늘 최고기온은 27~29℃에 이른다고 한다. 이곳도 이상 고온 현상을 겪고 있는 모양이다. 대학 식물원을 가보아야 하는데, 슬

| 코임브라대학교: 화학실험실 전시 기구들

슬 지치기 시작했다. 시간을 보니 점심 먹을 때가 되었다. 점심을 먼저 먹고 에너지를 보충한 후 식물원에 가기로 했다.

어제 남편이 부지런히 맛집을 찾았으나, 다 무시하고 대학에서 가장 가까운 식당에서 점심을 먹는 것으로 결론을 냈다. 대학 입구 광장에서 계단을 내려와 차도를 건너 비탈을 내려가자, 바로 만나는 우측으로 꺾어지는 보도 구석에 식당이 보였고, 그 앞 노천 테이블에서 몇 명이 식사하고 있었다. 메뉴를 보니 특선 정식이 있었다. 스프나 후식, 정어리구이, 음료 중 하나로 구성된 메뉴다. 영어 메뉴도 없었고, 식당 할머니는 영어를 전혀 못 해, 이 메뉴를 이해하는 데 매우 오래 걸렸다. 그나마 소통이 잘못되어 우리가 음료로 주문한 화이트 와인은 한 병이 통째로 나왔다. 한 사람만 와인을 주문하고 다른 사람은 다른 음료를 주문했어야 했다. 그래도 남편은 와인 한 병을 거의 다 비웠다. 정어리구이에 소금을 너무 많이 쳐서 짜기는 했지만, 감자와 야채가 같이 나와 먹을 만했다. 나는 따로 커피를 마셨다. 느낌상 에스프레소 커피밖에 없을 것 같아 그냥 커피를 주문했더니 물어보지도 않고 에스프레소를 가져다주었다. 값은 0.8유로. 이 특선 정식은 9.5유로로 가성비가 정말 좋았다. 포르투보다 작은 도시라 물가가 싼 모양이라고 생각했는데, 번화가에 내려와 식당 메뉴들을 살펴보니, 그것이 아니었다. 우리가 가성비 좋은 식당을 찾은 것이다.

식사 후 기력을 보충하여 다시 대학의 **식물원**을 찾았다. 이름은 식물원이지만 넓은 공원에 가깝다. 대학 개혁을 추진했던 폼발 후작의 주도 아래 1772년에 조성되었는데, 역사와 과학과 자연을 결합한 정원이라고 한다. 구 대학에서 몬데구 강에 이르기까지 걸쳐 있고 면적이 13헥타르를 넘는다. 실내 식물원도 있으며, 전체적으로 숲이 우거져 있고, 산책로가 잘 조성되어 있다. 울창하고 넓은 대나무 숲도 있다. 은퇴 기념으로 학과 교수들과 함께 방문했던 기장 아홉산 숲의 대나무 숲이 생각났다.

코임브라대학교: 식물원 입구

60대 부부의 포르투갈 한 달 살기

| 코임브라대학교: 식물원 대나무 숲

이곳에서 시간을 더 보내고 싶었으나 코임브라 시내도 둘러보아야 하므로 아쉬움을 남긴 채 돌아섰다. 워낙 크기 때문에 출입구도 여러 군데 있다. 한쪽으로 들어와서 다른 쪽으로 나가는 것이 좋지만, 우리는 성당을 관람해야 하므로 들어갔던 길을 되돌아 나왔다. 아마도 반대쪽 출입구는 21개의 아치로 이루어진 수도교가 있는 곳이 아닐까 싶다. 대학을 방문할 때 먼저 언덕 아래에서 식물원부터 들어와 산책(산행?)하며 올라온 후 대학 캠퍼스를 둘러보는 것이 효율적일 것 같다.

코임브라 대성당은 구 대성당Sé Velha de Coimbra과 신 대성당Sé Nova de Coimbra 두 개가 있다. **신 대성당**은 대학 캠퍼스 내에 자리 잡고 있다. 신 대성당이라고 불리기는 하지만 건축된 지 4백 년이 넘은 바로크 양식의 성당이다. 1541년에 포르투갈에 들어온 예수회가 성당의 주인이었으나, 1759년 폼발 후작이 예수회를 추방하면서 이 성당은 비워졌다. 이후 코임브라 주교좌가 이곳으로 옮겨 오자, 신 대성당으로 자리매김하였다. 18세기 바로크 양식의 파사드 상부에는 성 베드로와 성 바울의 조각상이 있으며, 매너리즘 양식의 하부에는 네 명의 예수회 성인상이 있다. 우리는 신 대성당 내부는 들어가지 않고, 캠퍼스를 오가다가 외관의 사진을 찍는 것으로 성당 관람을 마쳤다.

│ 코임브라 신 대성당

구 대성당은 대학을 벗어나 언덕을 내려오는 중간에 있다. 아폰수 1세의 명으로 건축이 시작되어 13세기에 완공되었다. 포르투, 브라가, 리스보아 등의 대성당은 후에 광범위하게 개축되었으나, 코임브라 구 대성당은 건립 이후 비교적 온전하게 보존된 성당에 속한다. 건물 외부의 장식 부분에서는 아랍의 영향도 찾아볼 수 있다. 육중하고 투박한 요새처럼 보이기도 하는데, 이것은 원래 무어인들의 요새였던 곳을 성당으로 재건하였기 때문이라고 한다. 포르투갈이 이슬람 세력에 맞서 국토 회복 운동을 벌였던 헤콩키스타^{Reconquista} 시대에는 다시 요새로 사용되기도 하였다. 기본적으로 로마네스크 양식이지만, 제단이나 회랑 부분에는 고딕 양식도 들어가 있으며, 15~16세기의 아줄레주로 장식된 부분도 있고, 마누엘 양식의 장식도 찾아볼 수 있다고 한다. 우리는 구 대성당 역시 외관을 관람하는 것으로 만족했다.

코임브라 구 대성당

코임브라 시내의 거리

거리로 내려오니, 노천 식당에 사람들이
가득 앉아 있어 매우 복잡했다. 이들 사이
를 헤치고 **산타 크루스 수도원**Mosteiro da
Santa Cruz을 찾아 나섰다. 산타 크루스 성
당이라고도 불리는 이 수도원은 코임브라
시청과 광장을 사이에 두고 있다. 구 대성
당의 건립 시기와 비슷한 12세기 전반에
로마네스크 양식으로 지어진 수도원이지
만, 16세기 전반에 마누엘 왕의 지시로 완
전히 새로 개축되어 초기 로마네스크 수도
원의 모습은 전혀 남아 있지 않다. 파사드
는 마누엘 양식으로 지어져 매우 섬세하고
화려하다. 수도원 안에 포르투갈의 첫 번

코임브라 산타 크루스
수도원의 파사드

째와 두 번째 왕인 아폰수 1세와 상쇼 1세Sancho I 등 중요한 인물들의 무
덤이 있어 국립 판테옹Panteão Nacional의 지위를 부여받았다. 내부의 흰색
벽은 포르투갈 역사의 에피소드를 표현한 아름다운 바로크 양식의 푸른색

코임브라 산타 크루스 수도원의 아줄레주 벽화와 파이프 오르간

아줄레주 벽화로 장식되어 있다. 일본풍으로 장식한 붉은색 오르간도 눈여 겨볼 필요가 있는데, 4천 개의 파이프로 이루어진 이 오르간을 오직 네 명만 연주할 수 있다고 한다.

역시 신구 수도원으로 나뉘어져 있는 산타 클라라 수도원Mosteiro de Santa Clara도 관람이 권장되는 성당인데, 몬데구 강 건너에 있기 때문에 생략하기로 했다. 대신 망가 정원Jardim da Manga과 킨타 다스 라그리마 스Quinta das Lágrimas(눈물의 정원)가 가볼 만한 곳이라고 하여 이 두 정원을 찾아 나섰다. 산타 크루스 성당에서 나와 우측 큰 대로변을 향해 직진해서 다시 우측 언덕길을 조금만 올라가면 우측에 아랍 분위기가 풍기는 노란색 의 **망가 정원**이 보인다. 솔직히 이것도 정원인가 하고 실망했다. 더욱이 정 원의 좌측 건물은 공사가 진행되고 있어 사진 찍기도 마땅치 않았다. 그러 나 나중에 알고 보니 1934년에 국가 기념물로 지정된, 가치를 인정받은 장 소였다. 르네상스 건축 작품으로 원래 산타 크루스 수도원의 분수로 지어졌 고, 15대 왕 주앙 3세의 봉긋한 소매를 본떠 만들었다고 한다. 길 건너편에 작은 분수대와 아줄레주가 보이는데, 망가 정원은 이를 포함해서 꽤 넓은 정원이었을 것으로 추정된다는 글도 찾아볼 수 있다.

| 코임브라: 망가 정원

호텔 이름인 **킨타 다스 라그리마스**는 페드루 1세Pedro Ⅰ와 스페인 출신 부인의 하녀 이네스Inés의 비극적인 사랑 이야기에서 이네스가 살해당했다고 전해지는 곳이다. 이네스가 죽었을 때 그녀의 눈물이 흘러 몬데구 강가의 '눈물의 샘' 폰트 다스 라그리마스Fonte das Lágrimas가 되었고, 몬데구 강의 수초가 붉은빛을 띠게 된 것은 그녀의 피 때문이라는 이야기가 전해진다. 현재 이곳 건물은 호텔로 사용되고 있지만, 정원은 일반에게 개방되어 있고, 매우 예쁘다고 했다. 구글 지도가 망가 정원에서 20분 정도 걸어가야 한다고 하여, 뜨거워진 날씨에 이미 지쳐있던 터라 망설이다가 일단 가보기로 했다. 땀을 흘리며 20분 정도 경사로를 걸어 올라가니 과연 정원이 나왔다. 정원에 들어서자마자 멀리 인도풍의 조형물이 보였다. 양쪽의 타원형 조형물은 푸른색의 아줄레주로 우아하게 장식되어 있어 아름다웠다. 가까이 가서 사진을 찍고 위쪽 숲으로 올라갔다. 노트북을 켜 놓고 작업하는 사람, 쌍쌍이 다정하게 앉아있는 사람 등 여러 유형의 사람들이 이 공간을 즐기고 있었다.

그런데 숲의 끝까지 올라갔는데도 호텔이 보이지 않았다. 뭔가 이상하다 싶었다. 아뿔사! 이곳이 눈물의 정원이 아니었다. 남편이 구글 지도로 눈물의 정원을 찾았는데, 뭐가 잘못되었는지 전혀 다른 곳으로 안내한 것이다. 맥이 탁 풀렸다. 이 뜨거운 날씨에 고갈된 체력으로 20분이나 걸어 올라왔는데… 이 정원도 나름 볼만했지만 이름도 모르고 돌아본 정원이었다. 나중에 검색해 보니, 이 정원은 **세레이아 정원**Jardim da Sereia, 즉 인어의 정원이었다. 눈물의 정원을 다시 찾아보니 강 건너편에 있는 것으로 안내되었다. 체력이나 기차 시간이나 지금 찾아 나서기는 무리라는 생각이 들어, 우리는 구글 지도를 원망하며 코임브라 역으로 발걸음을 옮겼다.

코임브라: 세레이아 정원

그러나 불운은 여기에서 그치지 않았다. 세레이아 정원으로 갔던 길을 그대로 내려오면 되었는데, 구글 지도가 코임브라대학교로 가는 언덕길 쪽으로 안내했다. 지름길인가 하여 언덕길을 힘들게 따라갔더니, 결국 대학교 입구가 나왔다. 또 한 번의 배신감. 투덜거리며 다시 언덕길을 내려와 한참을 걸어 역사에 도착한 후, 시원한 음료를 마시면서 짜증을 가라앉혔다.

코임브라 대장정은 이렇게 막을 내렸다. 코임브라는 전체적으로 가성비가 높지 않은 여행지이다. 여비도 많이 들고, 대학의 입장료, 성당의 입장료 모두 비싸다. 다른 도시에 비해 볼거리는 많지만, 고비용에 비해 관람에 제한이 많고 관람지의 안내 인프라도 관람객 친화적이 아니다. 특히 언덕을 오르내려야 하므로 체력 소모도 많다. 날씨가 뜨거워 상당히 지쳤던 것도, 그리고 구글 지도의 엉뚱한 안내도 코임브라를 우호적으로 평가하지 못하게 만든 요인이 되었을 것이다.

14일차: 5월 18일 목요일

◉ 포르투 시립 공원 ⋯ ◉ 마토지뉴스 해변

어제 코임브라에서 에너지를 많이 소모했고 내일 기마랑이스에 갈 예정이므로 오늘은 집에서 쉬면서 체력을 보충하기로 했다. 오전에 집에서 여행기를 작성하다가 점심을 해 먹고 나니, 잠시 산책을 하고 오는 것도 괜찮겠다 싶었다. 지난 일요일 마토지뉴스 해변에서 돌아오다가 보았던 **포르투 시립 공원**에서 산책한 후, 지난번 들렸던 마토지뉴스 해변의 바에서 음료 한 잔 마시고 돌아오기로 했다.

우리가 자주 가는 핑구 도스 마켓 근처의 헤푸블리카 광장에서 502번 버스를 타고 시립 공원 앞에서 내렸다. 시립 공원은 매우 넓었다. 포르투갈에서 가장 넓은 도시 공원이라고 한다. 출입구도 여러 군데 있다. 뉴욕 맨해튼Manhattan의 센트럴 파크Central Park를 연상케 했다. 면적은 83헥타르로 뉴욕 센트럴 파크의 4분의 1 정도 된다. 울창한 숲이 있는가 하면 넓은 잔디밭, 작은 호수들이 여기저기 있어서 남녀노소 모두 휴식을 취하기 좋다. 잔디밭에서는 야외 학습 나온 아이들이 게임을 하고 있었다. 유치원 아이들도 선생님과 함께 놀고 있었다. 우리는 햇빛을 피하여 숲속 산책로를 걸으면서 해변 쪽으로 향해 갔다. 시립 공원이 마토지뉴스 해변에 인접해 있고 해변 쪽으로 공원 출입구가 있다. 아이들도 선생님을 따라 해변 쪽으로 향해 가고 있었다.

포르투 시립 공원

선생님을 따라 해변으로 가는 아이들

서핑 도구 대여 장소

마토지뉴스 해변의 광활한 백사장

　여기서 '바 프라이아 두 티탕'까지는 뙤약볕 아래에서 20분 정도 걸어야 한다. 지난번에 해변을 거닐어 보지도 않고 바에만 앉아 있었던 것을 못내 아쉬워하던 남편은 걸어가자고 했다. 오늘은 조용했던 지난번과 달리 해변에 사람들이 꽤 북적였다. 서핑하는 사람들도 보였다. 서핑 도구들은 해변에서 빌려준다. 지난번에도 느꼈듯이 백사장의 폭이 무척 넓다. 남편 짐작으로는 폭이 1킬로미터는 되는 것 같다고 한다. 모래도 오래전에 가본 호주 브리즈번Brisbane의 백사장 모래처럼 미숫가루같이 곱다. 야외 테이블에 자리를 잡았으나 바람에 모래가 날려 실내로 자리를 옮겼다. 오늘 자세히 보니 이 바는 백사장을 파서 만든 것이었다. 우리가 의자에 앉으면 우리의 허리가 백사장과 평행을 이루었다. 모래 속에 파묻혀 있는 듯한 느낌을 받게 된다.

　원래는 저녁 식사를 밖에서 간단히 하기로 했는데, 우리가 가려던 집이 저녁 장사를 하지 않았다. 집에 와서 얼른 미역국을 끓여 간단히 저녁 식사를 해결했다. 포르투에 온 후 두 번째로 세탁기를 돌렸다.

15일차: 5월 19일 금요일

> 📍 기마랑이스: 페냐 성소 ⋯ 📍 브라질 헤푸블리카 광장 ⋯
> 📍 올리베이라 광장과 살라두 기념비 ⋯ 📍 올리베이라 성모 성당 ⋯
> 📍 솔라 두 아르코의 아귀 해물밥 ⋯ 📍 카르무 성모 성당 ⋯
> 📍 브라간사 공작 저택 ⋯ 📍 상 미겔 성당 ⋯ 📍 기마랑이스 성 ⋯
> 📍 토랄 광장 ⋯ 📍 포르투갈 건국 도시 성벽 ⋯ 📍 기마랑이스 벽

오늘은 기마랑이스에 다녀왔다. **기마랑이스**는 포르투의 북쪽, 브라가의 동쪽에 위치해 있는 도시로 브라가 지구에 속해 있다. '포르투갈이 시작된 곳Aqui Nasceu Portugal'으로 포르투갈의 첫 번째 수도였다. 이곳에서 탄생한 아폰수 1세가 1139년 이곳에서 레옹 왕국Reino de León으로부터의 독립과 포르투갈 건국을 선언하고 스스로 초대 국왕으로 즉위했다. 중세 시대 건축물과 도시의 경관이 잘 보존되어 있어 2001년 구도시 전체가 유네스코 세계 문화유산에 등재되었다.

상 벤투 역에서 아침 8시 25분 기차를 타고 9시 41분에 기마랑이스에 도착했다. 완행열차로 1시간 16분 거리이다. 차비는 왕복 6.5유로. 먼저 역사 지구에서 떨어져 있는 페냐 성소Santuário da Penha부터 찾아갔다. 페냐 성소는 페냐 산Monte de Penha의 높은 언덕에 위치해 있으므로 걸어 올라가기는 쉽지 않다. 차를 타고 올라가거나 오전 10시부터 운행하는 케이블카를 이용할 수 있다. 우리는 케이블카를 이용했다. 왕복 7.5유로이다. 기마랑이스 역에서 케이블카 승차장까지 도보로 15분 정도 걸렸다.

페냐 성소는 18세기부터 예배와 순례를 위한 중요한 장소로 활용되다가, 19세기 말에서 20세기 중반에 걸쳐 다양한 기반 시설과 종교 건축물로 구성된 지금과 같은 형태를 갖추게 되었다. 성당과 기독교 관련 조형물들이 산책로를 따라 이어져 있어 종교적 분위기를 자아낸다. 또한 페냐 산자락의 탁월한 자연환경 속에 자리 잡고 있어 전망이 좋고 휴식 공간으로도 훌륭하다. 일종의 '종교 테마파크'로 일컬어진다. 이곳의 모든 건축물과 조형물들은 이 지역에서 나오는 화강암으로 만들어졌다.

먼저 성소의 가장 높은 곳에 있는 카르무의 성모 마리아 성소Santuário de Nossa Senhora do Carmo da Penha를 찾아갔다. 아르데코 양식의 카르무 성모 마리아 성당은 이탈리아 종교 건축가 마르크스 다 실바Marques da Silva의 설계에 따라 1947년에 완공된 성당이다. 1949년에 종탑과 십자가가 추가되었다. 아담한 규모의 이 성당은 직선을 사용하여 현대적인 느낌이 든다. 내부도 화려한 장식 없이 담백하다. 성당 앞의 드넓은 광장은 십자 형태의 연못과 화단, 양옆의 녹음, 구름 한 점 없는 파란 하늘과 강렬한 햇살, 청량한 바람이 어우러져 환상적이다. 성당 뒤로 돌아가면 기마랑이스 시내를 한눈에 볼 수 있는 전망대가 나온다.

| 기마랑이스: 페냐 성소의 카르무 성모 마리아 성당

기마랑이스: 폐냐 성소의 카르무
성모 마리아 성당 내부

기마랑이스: 폐냐 성소의 카르무
성모 마리아 성당 십자가

기마랑이스: 폐냐 성소의 교황 비오
9세 입상

기마랑이스: 폐냐 성소의 성모상

　반대편 언덕으로 올라가니 이 지역의 서품을 허용한 255대 교황 비오 9세^{Pio IX} Penha의 석상이 홀로 우뚝 서 있다. 역광으로 사진을 찍었더니 마치 머리 뒤로 후광이 비치는 것 같은 모습이 되었다. 내려오면서 바위틈 사이에서 작은 성모상을 발견하였다. 성모 마리아의 발현지 루르드의 성모^{Notre Dame de Lourdes}를 본떠 1947년에 설치한 것이라고 한다.

　폐냐 성소에는 이끼 낀 커다란 바위들이 매우 많이 널려 있다. 모두 화강

암인 듯하다. 왜 이렇게 돌덩어리들이 많은지 궁금한데, 안타깝게도 아무데서도 그 이유에 대한 정보를 얻지 못했다. 아마 무슨 지역적 특성이 있을 것 같다. 그 돌덩어리들 사이로 산책로를 조성하여 사람들이 이동하기 편리하게 해 놓았다. 숲이 우거져 신선한 공기를 마시며 산책하기 좋았다. 푸른 숲을 좋아하는 나로서는 무척 마음에 드는 장소였고, 한 시간 반 가까이 여유롭게 머물며 기분 좋은 시간을 보냈다.

기마랑이스: 페냐 성소의 화강암 바위들

케이블카를 타고 내려와 역사 지구로 향했다. 역사 지구로 가는 길에 두 개의 첨탑이 솟아 있는 멋진 성당을 만났다. 우리의 관람 계획에는 없던 성당으로 콘솔라상(위로)의 성모 성당Igreja Nossa Senhora da Consolação em Guimarães이었다. 1576년에 건립되었다가 1785년에 바로크 양식의 성당으로 새롭게 개축되었으며, 이로부터 한 세기 후에 두 개의 첨탑이 추가된 성당이다. 성당 앞에는 긴 화단이 예쁘게 조성된 **브라질 헤푸블리카 광장**Largo da República do Brasil이 자리하고 있어 성당 쪽에서 보든지, 반대편 광장 끝에서 보든지 경관이 매우 아름답다. 가마랑이스를 소개하는 사진에는 이 장소가 가장 먼저 나오는 것을 보니, 이곳이 가마랑이스의 랜드마크인 모양이다.

페냐 성소 케이블카 탑승장에서 역사 지구의 중심인 **올리베이라 광장**Largo da Oliveira까지 10분이 채 안 걸렸다. 광장에 들어서기 전에 기마랑이스 마을을 둘러싼 벽으로 올라가는 입구가 있어 잠시 올라갔다가, 역사 지구 관람을 마치고 올라가서 걷는 것이 좋을 듯싶어 다시 내려와 광장을 향해 발걸음을 옮겼다. 광장은 전통 양식의 예쁜 건물들에 둘러싸여 있었고 광장이라고 하기에는 퍽 아담했다.

기마랑이스: 올리베이라 광장

광장에 들어서자 **살라두 기념비**Padrão do Salado가 제일 먼저 눈에 들어왔다. 이 기념비는 1340년 이슬람 세력을 물리친 살라두 전투의 승리를 기념하기 위해 아폰수 4세가 세운 기념비이다. 유아 세례식이 있었는지, 잘 차려입은 젊은 부모가 아기를 안고 올리베이라 성모 성당Colegiada de Nossa Senhora da Oliveira 앞에서 사진을 찍고 있었고, 작은 광장은 축제 분위기에 들뜬 사람들로 시끌벅적했다.

기마랑이스: 살라두 기념비

　올리베이라 성모 성당에 들어갔다. 입장료는 2유로. 이 성당의 기원은 수도원으로 시작된 950년경까지 거슬러 올라간다. 이후 개축과 증축이 계속되었다. 14세기 말에 알주바호타Aljubarrota 전투의 승리를 감사하는 주앙 1세의 마음을 담아 재건축되면서, 고딕 양식의 파사드와 성당 본체는 현재의 모습을 갖추게 된다. 이후 16세기 초에 3층의 사각 종탑이 건립되었고, 17세기에 제단이 개축되었다. 1967~1973년에는 대대적인 복원작업이 진행되었다. 성당 2층 발코니에는 오래된 작은 오르간이 놓여 있고, 파이프 오르간도 볼 수 있다. 이 성당은 1910년에 국가 기념물로 지정되었다.

기마랑이스: 올리베이라 성모 성당 내부

이 성당의 이름과 관련하여 설화가 전해지고 있다. 1392년 리스보아의 한 상인이 성당 앞에 올리브나무를 심었는데, 이 나무가 얼마 지나지 않아서 말라 죽었으나, 3일 후 되살아나 열매까지 맺었다. 이 작은 기적이 그리스도의 부활을 상징한다고 하여 성당 이름을 올리베이라 성모 성당으로 바꾸었다. 원래 있던 나무는 1870년에 마차 통행을 방해한다는 이유로 베어졌고, 1985년 지금 있는 나무가 새로 심어졌다고 한다.

점심을 먹고 다음 일정을 소화하기로 했다. 점심은 미리 정해 놓은 식당 **솔라르 두 아르쿠**Solar do Arco에서 아귀 밥인 아호스 드 탐보릴Arroz de

Tamboril(Monkfish Rice)을 먹기로 했다. 이 식당과 메뉴는 블로그에서 적극적으로 추천해 놓은 것이다. 올리베이라 광장에서 골목길로 들어서자 식당이 보였다. 식당은 고급스러웠다. 아귀 밥은

기마랑이스: 식당 솔라 두 아르쿠의 아귀 해물 밥

아귀와 새우, 조개 등 각종 해산물을 넣어 끓여 만든 해물 밥인데, 일품이었다. 내가 꼭 먹어보고 싶었던 맛과 스타일의 음식이었다. 도루강 건너 빌라 드 가이아의 푸드코트에서 먹어보았던 해물 밥과는 차원이 달랐다. 긴쪽 지름이 35센티미터는 되어 보이는 커다란 타원형의 볼에 2인분이 가득담겨 나왔다. 둘이 먹기에는 양이 많았다. 아귀 밥 2인분에 36유로. 1인분을 주문하는 것보다 2인분을 주문할 때 단가가 조금 더 낮다. 와인 반병,

기마랑이스: 식당 솔라 두 아르쿠

60대 부부의 포르투갈 한 달 살기

물 한 병과 함께 42유로를 지불하고 나왔다. 그 값어치를 하고도 남았다. 맛
과 양과 질 모두 만족스러웠다.

　다음은 **브라간사 공작 저택**Paço dos Duques de Bragança을 방문할 차례
다. 깔끔하고 상큼하게 단장한 카르무 정원Jardim do Carmo과 17세기 말에
지어진 **카르무 성모 성당**Igreja Nossa Senhora do Carmo 앞을 지나 브라간사
공작 저택에 도착했다. 저택으로 향하는 도로에는 내가 좋아하는 늘씬한
사이프러스 나무가 도열해 있었다.

| 기마랑이스: 카르무 정원

기마랑이스: 카르무 성모 성당

기마랑이스: 도열해 있는
사이프러스 나무

브라간사 공작 저택 앞 광장에 들어서자마자 포르투갈 초대 왕 아폰수 1세 엔히크스의 커다란 동상이 보였다. 이 저택은 초대 브라간사 공작인 D. 아폰수가 지은 것으로 주앙 4세를 비롯하여 포르투갈의 여러 왕을 배출한 브라간사 가문이 거주한 곳이다. 나중에 공작들이 이 저택을 떠나 궁전으로 들어간 이후에도 계속 브라간사 공작 저택이라 불려 왔다. 포르투갈 왕

기마랑이스: 브라간사 저택 광장의 아폰수 1세 동상

60대 부부의 포르투갈 한 달 살기

조에는 아폰수라는 이름이 많이 나와 혼란을 초래하곤 하는데, D. 아폰수는 주앙 1세의 서자로 초대 왕 아폰수 1세와는 다른 인물이다. 브라간사 공작 저택은 1420년부터 1433년까지 13년에 걸쳐 건설된 석조 건축물로 16세기까지는 브라간사 공작들이 거주한 것으로 추정되나, 이후 여러 정치적, 경제적 이유로 방치되어 폐허 상태에 이르기도 했고, 19세기 프랑스 침공 때 군사 병영으로 사용되기도 했다. 그러다가 1937년부터 1959년까지 재건 작업이 진행되었다. 입장료는 저택만 5유로이고 저택과 기마랑이스 성 통합권이 6유로인데, 65세 이상은 저택 입장권이 2.5유로로 할인되며 성은 무료이므로 통합권을 2.5유로에 구입할 수 있다.

기마랑이스: 브라간사 저택

내부에서는 대기실, 연회장, 예배당, 침실 등을 둘러볼 수 있다. 나무로 만든 보트를 거꾸로 매단 듯한 천장이 매우 독특하다. 실내에는 17~18세기 예술품들이 전시되어 있다. 주로 전투 장면을 묘사한 대형 태피스트리, 고풍스러운 가구, 청나라로부터 가져온 도자기, 그림, 무기 등이 볼만하다. 특히 곳곳에 걸려있는 대형 태피스트리는 그 작품을 만든 사람들의 수고로움을 상상하기 어려울 정도다. 방마다 벽난로가 설치되어 있고 이 벽난로 때문에 방마다 굴뚝이 세워져 있는 듯하다. 유난히 굴뚝이 많다고 생각했는데 이 저택의 굴뚝 수가 전부 36개라고 하니 방이 적어도 36개 있는 모양이다. 여덟 개의 대리석 기둥과 아치형 입구로 이루어진 예배당도 아름답다. 검정 정장을 차려입은 수많은 남성 안내원이 입구마다 배치되어 있어 이 저택을 운영하는 재단의 재정이 매우 탄탄한 것 같다는 생각이 들었다.

기마랑이스: 브라간사 저택 내부

기마랑이스: 브라간사 저택의 천장

기마랑이스: 브라간사 저택의 굴뚝

기마랑이스: 브라간사 저택
예배당의 파사드

기마랑이스: 브라간사 저택 예배당의 내부

회랑 복도에는 칠엽수 둥치를 잘라놓은 조각 작품이 전시되어 있었다. 브라간사 저택 앞에서 자라던 칠엽수가 2016년 밤에 몰아친 폭풍우로 쓰러지자, 이 죽은 나무에 새 생명을 불어넣는다는 취지로 조각가 파울루 네브스Paulo Neves가 이 죽은 둥치를 잘라 만든 작품이다.

브라간사 공작 저택을 나와 **기마랑이스 성** Castelo de Guimarães으로 향했다. 가는 길에 작고 허름하게 보이는 **상 미구엘 성당**Igreja de São Miguel do Castelo이 있는데 공사 중이라 들

기마랑이스: 브라간사 저택 회랑의 칠엽수 둥치 조각 작품

어갈 수 없었다. 아폰수 1세가 세례받은 곳으로 알려져 있다. 조금 더 올라가면 기마랑이스 성이 보인다. 외부 세력의 침입을 막기 위해 건설한 요새로 10세기에 건설된 후 여러 차례의 개축을 거쳐 왔기 때문에 원래 모습과 많이 달라졌다고 한다. 1881년에 국가 기념물로 지정되었다. 매우 육중하고 투박한 모습이다. 사전에 입수한 정보에 의하면 성벽 길을 걸으며 기마랑이스 시내 풍경을 볼 수 있다고 하는데, 성벽 위로 올라가는 모든 계단이 폐쇄되어 있었다. 당연히 기마랑이스의 역사와 아폰수 1세의 탄생에 대한 그림과 영상을 볼 수 있다는 성탑에 들어가 볼 수도 없었다.

| 기마랑이스 성

발걸음을 돌려 포르투갈 건국 도시 성벽으로 향했다. 성벽으로 가는 길에 잘 가꾸어진 예쁜 정원을 지나쳤다. 기마랑이스 구시가지는 전체적으로 조경이 잘 되어 있고 매우 깔끔하다. 곧 **토랄 광장**Largo do Toural이 나왔

60대 부부의 포르투갈 한 달 살기

다. 토랄 광장은 아담한 올리베이라 광장과는 달리 넓고 시원하게 뻗어 있으며, 이 광장을 전통 양식의 건물들이 둘러싸고 있다. 대부분 노천 카페와 레스토랑이다. 광장 중앙에는 토랄 분수Chafariz do Toural가 보이고 우측에는 1884년에 지어진 상 페드루 대성당Catedral de São Pedro이 보인다. 이 성당은 원래 양쪽으로 두 개의 첨탑을 올리도록 설계되었으나, 한쪽만 세워져 있어 아직도 완성되지 못한 상태라고 한다.

　　건국 도시 성벽에 도착했으나, 이미 정보를 통해 알고 있듯이 공사 중이라 폐쇄되어 있었다. 이 성벽은 "여기서 포르투갈이 탄생했다"는 뜻의 "아키 나세우 포르투갈Aqui Nasceu Portugal"이라는 글귀가 새겨져 있다는 것으로 큰 역사적 의의를 지닌다. 이슬람의 지배를 받던 포르투갈이 북부의 여러 왕국을 모아 국토를 되찾으려는 독립운동을 전개하던 중, 1139년 아폰수 1세가 포르투갈의 건국을 선언하고 초대 국왕으로 즉위하였고, 이를 기념하여 이 글귀가 새겨진 성벽을 축조하였다고 한다. 지금은 공사 중이어서 성벽도 글귀도 볼 수 없었다.

기마랑이스: 토랄 광장과 성 베드로 대성당

토랄 광장 아래에서 커피 한잔을 마시면서 기력을 회복한 후, 기마랑이스 마을을 둘러싸고 있는 벽Muralhas de Guimarães을 걷기 위해 벽 출입구가 있는 올리베이라 광장 초입으로 돌아갔다. **기마랑이스 벽**은 13세기에 축조된 것으로 기마랑이스 성이 있는 위쪽 자치구로부터 산타 마리아 성모 성당이 있는 아래쪽 자치구까지 기마랑이스 마을을 둘러싸고 있다. 여덟 개의 출입문 중 세 개의 출입문에 탑이 세워져 있었는데, 현재 그 가운데 한 개의 탑만 남아 있다. 우리가 걸어갈 수 있는 벽은 올리베이라 광장 초입 출입문에서 브라간사 공작

기마랑이스 벽

저택이 보이는 출입문까지 두 개의 출입문 사이의 흉벽으로, 걷기 좋게 철제 덱이 만들어져 있다. 브라간사 공작 저택과 올리베이라 광장 사이를 이동하려면 이 벽을 이용해도 좋을 듯하다. 우리는 갔던 길을 되돌아와야 했으므로 다소 비효율적으로 움직인 셈이다. 역사 지구는 넓지 않기 때문에,

기마랑이스 흉벽의 보행로

특별히 정해진 순서를 고수할 필요는 없지만, 올리베이라 광장과 성당 → 가마랑이스 벽 걷기 → 브라간사 공작 저택 → 상 미구엘 성당과 가마랑이스 성 → 토랄 광장 → 건국 도시 성벽 순, 혹은 역순으로 관람하면 효율적일 듯하다. 시의 사정에 따라 명소들의 출입 정책이 자주 바뀌는 것 같으므로 감안할 필요가 있다.

기차역에서 오후 3시 53분 출발하는 기차를 타고 포르투로 돌아왔다. 기마랑이스는 전체적으로 깔끔하고, 아기자기하고, 예쁜 도시이다. 고풍스러운 건물과 아름다운 조경, 거리의 청결 모두 높이 평가할 만하다. 거기에다가 페냐 성소와 같이 휴식할 장소까지 갖추고 있어서 금상첨화다.

16일차: 5월 20일 토요일

📍 플로르스 거리 ···
📍 캐나다에서 휴가 온 한국 출신 여성과 함께 한 점심 식사

이제 브라가, 아베이루와 코스타 노바, 코임브라, 기마랑이스까지 가보고 싶었던 근교 도시들을 거의 다 다녀왔다. 빌라 헤알Vila Real, 비제우Viseu, 바르셀루스Barcelos, 발렌사Valença 등의 도시도 방문 목록에 있기는 했지만, 대중교통으로 가기에는 너무 시간이 오래 걸리거나 복잡하고, 이 수고로움을 감수할 만큼 의미가 크지 않은 도시들이어서 선뜻 나서게 되지 않

는다. 개별 차량으로 이동한다면 한 번씩 가볼 만한 도시인 것 같기는 하다. 다음 한 주는 포르투에 머물면서 그동안 보지 못했던 곳들을 다녀보고, 리스보아의 일정을 고민해야 할 것 같다.

남편은 새 도시에 오면 먼저 종이 지도를 가지고 걸어 다니면서 도시 전체 윤곽을 파악하는 작업부터 시작한다. 그런데 이번에는 구글 지도의 안내에 의존하다 보니, 아직 길 이름이 익숙하지 않다고 한다. 포르투 지도를 놓고 우리가 가본 곳과 가보지 않은 곳을 표시해 보았다. 여행안내서에서 추천한 곳은 아니지만 가보지 않은 곳들도 꽤 많았다. 포르투에서 3주나 체류하는 사람으로서 포르투 시내를 꿰뚫을 수 있어야 한다는 것이 남편의 지론이다.

| 포르투 시청사

오늘은 청소하러 오는 날이어서 오전에 집을 비워야 했기 때문에, 그동안 가보지 않았던 곳을 걸어 다니다가 점심을 먹고 귀가했다. 평상시와 다른 길로 내려왔더니 트린다드 성당Igreja da Trindade과 트린다드 광장이 나오고 바로 아래에 **시청사**Paços do Concelho가 보였다. 시청사 앞 광장에는 가이드의 설명을 듣고 있는 단체 관광객 여러 팀이 모여 있었다. 이 광장에서 상 벤투 역까지 뻗어 있는 넓은 **알리아두스 거리**Avenida dos Aliados가 바로 포르투의 정치, 경제, 문화의 중심지로, 거리 양쪽에 은행, 고급 호텔, 명품 숍과 여러 기관이 몰려 있다. 그러나 현재 대공사가 진행되고 있어 난장판이다. 멋진 호텔이 공사로 막히게 되니 호텔 직원이 공사장 앞까지 나와 안내하고 있었다.

60대 부부의 포르투갈 한 달 살기

시청사 앞 광장

공사 중인 구시가지 중심 거리

거리에 사람들이 점점 많아진다. 오늘은 주말이어서 더욱 그렇겠지만 평일에도 우리가 처음 도착했을 때보다 눈에 띄게 사람들이 많아졌다. 코로나 이전에도 원래 이 정도로 관광객이 많았었는데 이제 회복되고 있는 것인지, 아니면 최근 들어 관광지로서 포르투의 인지도가 높아지고 있는 것인지 잘 모르겠지만, 우리같이 차분한 분위기를 원하는 사람들에게는 안타까운 현상이다.

'꽃의 거리'라는 의미의 **플로르스 거리**Rua das Flores는 식당과 카페가 몰려 있는 곳으로 포르투에서 가장 번화한 거리이다. 도루 강변으로 내려가는 거리와 이어져 있다. 거리가 엄청나게 붐비고, 이곳저곳에서 공연도 진행되고 있었다. 이곳에서는 다른 기념품 가게의 물건과는 차별화된 고급 제품을 판매하고 있는 가게들이 눈에 띄었다.

| 플로르스 거리

　강변으로 내려가는 좁은 골목길에 자리 잡은 블로그 추천 식당 타베르
나 두스 메르카도르스Taberna dos Mercadores에서 문어 볶음밥Polvo com
Arroz을 먹으려고 찾아갔더니 12시 30분부터 문을 연다고 한다. 그 앞에는
한국인 여행객 두 명이 벌써 와서 기다리고 있었다. 우리는 30분을 기다리
느니 강변을 걷고 오는 것이 낫겠다 싶어 내려가서 걷다가 10분 전에 올라
왔다. '헐!' 식당 앞에는 줄이 길게 늘어서 있었다. 그 앞에서 기다려야 했던
것이었다. 우리도 줄을 섰다. 우리 바로 앞에는 한국인으로 보이는 젊은 여
성 한 명이 서 있었다. 우리가 문어 볶음밥에 대해 이러저러한 얘기를 하고
있는데, 그 여성이 자신도 문어 볶음밥을 먹으려 하는데 양이 많을 것 같으
니 같이 먹으면 어떻겠느냐고 제안해 왔다. 흔쾌히 수락했다. 드디어 식당
문이 열리고 입장을 시작했는데, 아니나 다를까, 염려했던 바대로 그 여성
바로 앞에서 좌석이 다 차버렸다. 난감해하던 차, 주인이 나와서 예약석이
비어있으니 10분간 기다리다가 손님이 오지 않으면 들여보내 주겠다고 한
다. 지나가던 여행객이 저녁 예약이 가능한지 물어보니, 6월 둘째 주까지 불
가능하다고 한다. 식당이 작아 좌석이 얼마 안 되기도 하지만 인기가 대단
한 모양이다. 이것도 소셜미디어의 힘인 것 같다.

식당 타베르나 두스 메르카도르스에서 먹은 문어 샐러드(좌)와 문어 볶음밥(우)

다행히 예약 손님이 나타나지 않아 우리 자리가 생겼다. 전채로 문어 샐러드Saladinha de Polvo 한 접시, 주요리로 문어 볶음밥 2인분을 화이트 와인 한 병과 함께 주문했다. 자리를 같이한 여성 김양은 어릴 때 캐나다로 이민 가서, 지금 캐나다 토론토에서 일하고 있는 직장인으로 포르투에 휴가차 왔다고 한다. 포르투에 대한 사전 지식이 없는 채로 서둘러 떠나온 듯하여 우리가 그동안 축적한 여행 정보를 전해주었다. 귀 기울여 듣는 것을 보니 도움이 되는 것 같아 뿌듯했다. 내내 화기애애한 분위기로 대화를 나누었다. 여행 중에 만나는 낯선 사람들과의 대화는 부담이 없어 좋다. 우리와 세대가 다른 젊은이와 수다 떠는 자리는 다소 조심스럽기는 해도 더욱 흥미롭다. 음식은 괜찮았으나 가성비는 높은 편이 아니라는 생각이다. 특히 문어 샐러드는 양이 무척 적은데 11유로나 했다. 문어 볶음밥은 1인분에 27.5유로로. 전부 83유로가 나왔다. 그래도 2인분으로 세 명이 맛있고 배부르게 먹었으니 다행이다.

식사 후 김양은 우리가 알려준 카페 마제스틱에 가서 커피를 마시기로 하고 작별을 고했다. 부디 추억에 남는 여행이 되기를 기원한다. 우리도 커피를 마시러 다시 강변으로 내려와 지난주 토요일에 갔던 동 루이스 1세 다리 아래 바 폰트 펜실에 들어갔다. 한산했던 지난주와는 달리 사람들이 꽉 차 있어 자리잡는 데 시간이 꽤 걸렸다. 토요일 오후라는 것이 실감 났다.

동 루이스 1세 다리 아래 바 폰트 펜실

리스보아에서 8박9일 체류 예정인데, 오고 가는 시간을 제외하면 관광할 수 있는 시간은 7일이다. 근교에 가고 싶은 곳이 많아 바쁘고 피곤할까봐 우려되었다. 고민하다가 남편의 아이디어에 따라 오비두스Óbidos, 나자레Nazaré, 파티마Fátima를 하루에 다녀오는 소그룹투어 상품을 이용하기로 했다. 겟 유어 가이드Get Your Guide 플랫폼에 등록되어 있는 상품으로 5년 전 이탈리아 여행 때도 이 플랫폼의 토스카나 3개 소도시 와이너리 당일 투어 상품을 이용한 적이 있다. 그때 괜찮았던 기억이 났다. 한국인이 안내하는 한국어 투어도 있는데, 훨씬 더 비싸기도 하고 우리가 가고자 하는 날짜에는 출발 일정이 없어서 영어 투어를 선택했다. 인당 80유로이다.

리스보아의 북쪽에 서로 가까이 위치해 있는 소도시들이므로 한 도시씩 왔다 갔다 하는 것보다 한 번에 올라갔다가 내려오면서 관광하는 것이 효율적이기는 하다. 다만 수박 겉핥기식이 되지 않을까 신경이 쓰였다. 남편은 더 볼 필요가 있다고 생각되면 그 도시만 한 번 더 가자고 한다. 예매하고 나니 마음이 한결 가벼워졌다.

17일차: 5월 21일 일요일

📍 휴식 ⋯ 📍 식당 페드루 두스 프랑구스의 숯불 꼬치 통닭구이

오늘은 식당 **페드루 두스 프랑구스**Pedro dos Frangos에서 점심을 먹고, 집에서 여행기를 작성하다가, 넷플릭스를 보며 휴식을 취했다. 페드루 두스 프랑구스는 한국에서 몇 해 전에 출간된 포르투갈 여행 도서에서 가볼 만한 곳으로 소개한 곳이다. 포르투 시내 명소와 함께 소개하고 지도에 표시한 두 개의 식당 중 하나이니, 대단한 맛집이라 생각되어 찾아갔다. 집에서 8분 거리여서 가깝기도 했다. 식당 입구가 좁고 1층에는 '혼밥' 고객을 위한 카운터만 있어서 규모가 작은 식당인 줄 알았는데, 2층으로 올라가니 미로처럼 여기저기 여러 개의 홀이 있었다. 우리가 포르투에 와서 가본 식당 중 규모가 제일 컸다. 정오에 개점이라고 하여 시간을 맞추어 갔으나, 이미 손

식당 페드루 두스 프랑구스 정문

식당 페드루 두스 프랑구스 내부 1층과 줄 서서 기다리는 손님들

님들이 가득 차 있었고, 나올 때 보니 줄을 서서 기다리고 있었다. 유명한 식당이 맞기는 한 것 같다.

식당 페드루 두스 프랑구스의 숯불 꼬치에 구운 통닭

이 식당은 닭을 의미하는 프랑구스가 식당 이름에 들어가 있을 정도로 포르투갈식 닭 요리가 유명하다. 숯불 꼬치에 구운 통닭Frango Assado no Espeto 한 마리에 10유로, 감자까지 포함하면 12유로이다. 우리는 통닭구이 한 마리와 감자 대신 밥, 야채 샐러드, 와인 반병을 주문했다. 우리나라에서 먹는 통닭구이와 비슷했는데, 숯불 향과 그을음이 있다는 것이 조금 달랐다. 양도 둘이 먹기에 적당했다. 닭요리 외에도 돼지 족발, 대구 등 다양한 요리가 있고, 음식이 남으면 포장도 가능하다. 식후의 아메리카노 커피까지 포함해서 22.7유로를 지불했다.

18일차: 5월 22일 월요일

📍 산타 클라라 성당 ⋯ 📍 쿨투라 포르투게자에서 코르크 제품 선물 사기

연일 하늘에 구름 한 점 없이 맑더니, 오늘은 구름이 잔뜩 드리워 있다가, 잠시 개었다가, 저녁에 한 차례 천둥을 동반한 소나기가 내리는 변덕스러운 하루였다. 아침 일찍 핑구 도스에서 장을 보아다 놓고, 두 번이나 찾아갔는데도 입장하지 못했던 산타 클라라 성당을 찾아 나섰다. 포르투에서 지하철을 한 번도 타 보지 못해 성당에 가는 길에 상 벤투 지하철역에 들러 보았다. 지하철과 지하철역 모두 깨끗해 보였다.

포르투의 지하철 및 승강장

산타 클라라 성당은 포르투 대성당 건너편에 있으므로 찾아가는 길에 대성당을 멀리서 또 한 번 바라볼 수 있었다. 단체 관광객처럼 보이는 사람들이 대성당에서 나오기도 하고 대성당으로 들어가기도 하여 주변이 상당히 붐볐다. 선캡을 쓰거나 양산을 들고 있는 사람들도 눈에 띄는 것으로 보건대 한국인 단체 관광객도 있는 것 같았다.

포르투 대성당과 관광객

산타 클라라 성당 외관

산타 클라라 성당은 평범한 주택 같은 모습인 데다가 상당 부분을 경찰서가 사용하고 있어 찾기도 어려웠고, 매우 작아 보이는 데도 입장료가 있어서 그냥 지나칠까 생각하기도 했다. 그러나 탈랴 도라다 양식을 가장 잘 볼 수 있는 곳이라고 하여 오늘 시간을 내서 들어가 보았다. 입장료는 4유로. 클라라회 수녀들의 수도원이었던 작은 건물을 15세기에 수도원과 성당으로 확장해 재건축한 곳이다. 정문은 바로크 양식이고, 내부의 탈랴 도라다는 18세기 전반기의 작품이라고 한다.

본당에 들어서자 입이 딱 벌어졌다. 아담한 규모의 본당은 중앙 제단과 양쪽 벽면이 온통 반짝거리는 금박으로 장식되어 있어 눈부시게 화려하다. 천장도 붉고 푸른 대리석과 금박이 질서정연하게 무늬를 이루어 화려하기 이를 데 없다. 찬란하다는 표현이 딱 어울릴 것 같은 성당이다. 2층에 올라가 보니 성당의 내부 장식을 복원 작업하는 과정이 영상으로 상영되고 있었다. 최근 몇 년간 복원 작업이 진행되었던 모양이다. 탈랴 도라다가 침침하게 변색되어 있던 다른 성당과 달리, 산타 클라라 성당 내부의 탈랴 도라다는 반짝반짝 빛나고 있었던 이유가 바로 이 복원 작업 때문이 아니었나 추측해 보았다. 들어와 보지 않았으면 두고두고 후회할 뻔했다. 산타 클라라 성당은 작지만 반드시 방문해야 할 곳이다.

산타 클라라 성당 내부 탈랴 도라다

| 산타 클라라 성당 천장 | 산타 클라라 성당 2층

점심은 우리의 단골 식당에 가서 남편은 오징어구이, 나는 대구구이를 먹었다. 나는 오늘까지 대구 요리를 필레, 브라스, 브라가, 구이 등 네 종류나 먹어보았다. 그러나 오늘의 대구구이는 매우 짰다. 주인한테 번역기를 돌려 다음에 오면 덜 짜게 해 달라고 했더니, 몸짓과 표정에 미루어 눈치로 추측하건대, 생선이 이미 염장된 상태에서 굽기 때문에 자기네는 어쩔 수가 없다고 하는 것 같았다. 지금까지 이 식당에서 먹은 음식들은 모두 만족스러웠으나 대구구이는 시키면 안 될 것 같다.

대구는 포르투갈에서 가장 많이 사용되는 식재료이지만, 포르투갈 인근 바다에서는 대구가 잡히지 않으므로, 북대서양에서 잡은 것을 이송해 와야 한다. 장시간 이송을 위해서는 염장이 필요하다. 심지어 슈퍼마켓에서 얼음 진열대에 올려놓고 파는 대구토막도 염장되어 있다. 내가 오늘 먹은 대구가 짰던 까닭은 아마 소금을 많이 뿌렸거나, 염장 후 시간이 오래 경과하여 염

60대 부부의 포르투갈 한 달 살기

도가 높아졌거나, 염장하여 말린 대구를 물에 충분히 담가놓지 않았기 때문일 것이다. 포르투갈에서는 손님이 온다고 하면 며칠 전부터 말린 대구를 물에 담가놓아 소금기를 빼는 작업부터 시작한다고 한다. 얼마나 적당하게 소금기를 빼느냐가 음식의 질을 좌우하기 때문이다.

우리 옆 테이블에 머리를 반질반질하게 다 밀어버린 혼자 온 젊은 남성이 자리를 잡더니 우리에게 어느 나라에서 왔는지 말을 걸어왔다. 그 남성은 이탈리아 볼로냐Bologna에서 휴가차 왔는데 한국에 와 보고 싶다고 했다. 포르투갈 체류 내내 느낀 것인데, 우리가 한국에서 왔다고 하면 대체로 호기심 어린 표정을 짓는다. 한류의 긍정적 영향이 아닐까? 그 이탈리아 남성과 각자 가본 나라에 대해 서로 묻고 답하며 와자지껄 얘기하다가, 다음 일정이 있어 우리가 먼저 자리를 떴다. 낯선 사람과 부담 없이 대화를 나누는 것도 여행의 묘미다.

오늘의 과제인 아들네 선물을 사러 나섰다. 지난번에 들렸던 코르크 제품매장 쿨투라 포르투게자를 찾아가니 주인이 문을 잠그고 있었다. 마침 점심 먹으러 가려던 참이었나 보다. 간발의 차이로 우리가 붙들어 문을 열게 해 놓고 아들과 며느리가 요청한 신발, 내 핸드백과 슬리퍼를 샀다. 정가 자체가 온라인 구입가보다 싼데다가 10퍼센트 할인까지 해 준다. 공항에서 세금 환불 12퍼센트까지 받으면 구입가가 많이 내려간다. 조금만 늦었어도 한참을 기다리거나 다음에 다시 왔어야 하는데, 이번 여행에서는 행운이 따른다는 느낌을 여러 번 받게 된다.

19일차: 5월 23일 화요일

⊙ 미라마르 세뇨르 다 페드라 해변과 예배당 ⋯›
⊙ 가장 가성비 좋은 점심 식사 ⋯› ⊙ 도루강변 야경

| 미라마르: 세뇨르 다 페드라 해변과 백사장

  오늘은 오전에 세뇨르 다 페드라 해변Praia do Senhor da Pedra에 다녀왔
다. 포르투 여행 관련 블로그를 뒤져보다 발견한 곳이다. 오전 10시 반에 상
벤투 역을 출발하는 기차에 올랐다. 캄파냐 역에서 아베이루행 기차로 갈
아타고 25분 정도 가면 미라마르Miramar 역에 도착한다. 역에서 같이 내린
청년들이 앞서가다가 되돌아왔다. 세뇨르 다 페드라 해변까지 가는 길이 공
사 중이어서 차단되었다고 한다. 다른 길로 둘러서 10분 정도 걸어가니 세
뇨르 다 페드라 해변이 펼쳐지고, 멀리 해변의 암석 위에 서 있는 붉은 지
붕의 작은 예배당이 보였다. **세뇨르 다 페드라 예배당**Capela do Senhor da

Pedra이다. 그림 같이 아름다운 풍경이다. 백사장이 넓어 모래 속을 뒤뚱거리며 한참 걸어가서야 예배당에 도착할 수 있었다. 예배당 뒤쪽으로 돌아가니 대서양의 파도가 철썩거리는 것이 보인다. 바위가 많아 수영하기는 어려운 곳이다. 만조 때는 예배당이 물에 잠긴다고 한다. 일몰도 아름답다고 한다. 우리는 작열하는 태양 아래 푸른 대서양을 배경으로 백사장 위에서 빛나고 있는 아름다운 예배당을 본 것으로 만족하고 발걸음을 옮겼다.

미라마르: 세뇨르 다 페드라 예배당

미라마르: 세뇨르 다 페드라 예배당 뒤쪽에서 본 대서양 풍광

미라마르: 세뇨르 다 페드라
예배당 정면

| 세뇨르 다 페드라 해변의 나무 덱

포르투에서 남쪽으로 기차 여행을 하다 보면, 바닷가에 도보용 나무 덱이 매우 길게 조성되어 있는 것을 볼 수 있다. 기차에 앉아서도 덱 위에서 사람들이 걷고, 뛰고, 자전거를 타기도 하는 것이 보인다. 세뇨르 다 페드라 해변에서도 이 덱에 진입할 수 있는 입구가 만들어져 있다. 이런 뜨거운 햇살 아래서도 많은 사람이 걷고 있었다. 우리도 덱에 올라 걸어보는 행운을 누렸다. 햇빛이 너무 강해 오래 걷기는 어려웠다. 잠시 맛만 보고 멋만 내고 돌아내려 왔다.

미라마르는 조용한 작은 마을이다. 우리가 걸어가던 거리는 꽤 넓은데도 가로수가 우거져 하늘을 가리고 있었다. 길거리에 사람들이 거의 보이지 않아 평범한 사람들이 일상적인 삶을 살아가는 동네라는 느낌

| 미라마르 마을 가로수 길

을 받았다. 해변에 식당과 바가 한두 개 있기는 했으나 점심을 먹기에 마땅치 않아 다시 기차를 타고 포르투로 돌아왔다.

우리 집 바로 근처에 브런치 식당이
하나 있다. 밖에 걸어놓은 메뉴를 보
니 가성비가 좋아 마켓에 오고 가며 봐
둔 곳인데, 지난번에 저녁을 먹으러 한
번 들렀다가 저녁은 안 한다고 하여 그
냥 나온 적이 있다. 원래 지난번에 봐두
었던 카르무 성당 근처의 식당에서 점심

집 근처 브런치 식당 '카페 상 카를루스'
에서 먹은 점심 '마싸 아 라브라도르'

을 먹으려 하였으나, 오늘 휴무라고 하여 이 브런치 식당 '카페 상 카를루
스Cafe São Carlos'에 다시 들렀다. 오늘의 세트 메뉴 프라투 두 디아Prato
do Dia가 있었는데, 스프, 고기나 생선 주요리, 빵, 음료, 커피가 합해서 6유
로이다. 오늘의 고기 주요리는 '마싸 아 라브라도르Massa à Lavrador'였다.
기름기 없는 소고기와 파스타, 양배추와 토마토, 팥, 양파 등 야채를 넣고
스튜처럼 만든 요리인데 짜지도 않고 맛이 훌륭했다. 우리 입맛에 잘 맞았
다. 포르투에 온 후 최고로 가성비가 높은 식사였다.

마켓에서 사온 토막 친 대구에 기름을 두르고 구워서 저녁을 먹은 후, 도
루 강변의 야경을 제대로 보기 위해 다시 집을 나섰다. 포르투에 도착하고
며칠 지나지 않아 야경을 보겠다고 모후 정원에 갔다가, 일몰이 늦어져서
그냥 돌아온 적이 있다. 모든 일정을 저녁이 되기 전에 끝내고 귀가하다 보
니, 포르투의 야경을 제대로 본 적이 없다. 오늘 작정하고 야경을 보기 위해
어두워질 때까지 기다리다가 저녁 9시가 다 되어 모후 정원으로 출발했다.

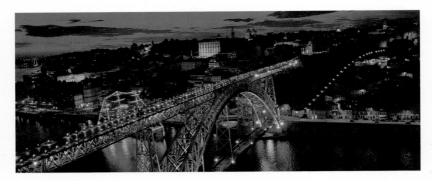
동 루이스 1세 다리의 야경

도루강과 포르투 시내 야경

세하 두 필라르 수도원과 모후 정원 야경

동 루이스 1세 다리를 건너니 버스킹이 진행되고 있는 모후 정원은 역시 자유로운 분위기에 흠뻑 취한 젊은 인파로 북적이고 있었다. 우리는 먼저 모후 정원 뒤쪽에 있는 **세하 두 필라르 수도원**Mosteiro da Serra do Pilar에 올라갔다. 어딘지 이슬람 분위기를 풍기는 건축물인데, 항상 저녁 일찍부터 조명을 밝혀 멀리서부터 그 아름다운 자태가 빛난다. 수도원 광장에는 꽤 많은 사람이 전망을 내려다 볼 수 있는 벽 가장자리에 기대어 어두워지기를 기다리고 있었다. 많이 따뜻해지긴 했으나 여전히 선선한 바람이 기다림을 기분 좋게 해 주었다. 아름다운 석양과 하나둘씩 켜지는 불빛을 바라보며 그 황홀한 포르투의 야경을 카메라에 담았다.

20일차: 5월 24일 수요일

> 📍 세할비스 재단 공원/정원

세할비스 재단 공원/정원 Parques e Jardim da Fundação de Serralves에 다녀왔다. 이곳은 현대미술관과 아름다운 정원, 작은 호수, 그리고 울창한 숲이 조성되어 있는 공원이다. 1923년에 설립되어 올해로 꼭 100주년이 되었다. 원래 207번 버스를 타고 가면 바로 공원 입구에서 내릴 수 있었는데, 공사 중이라 출입구가 바뀌었다. 버스에서 내려 공원 담을 따라 8분 정도 걸어가니 출입구가 나왔다. 안내에 따라 입장권 판매대에 가서 입장권을 샀다. 미술관, 공원, 재단 건물Casa de Serralves, 시네마관Casa do Cinema 각각의 입장권과 이 모든 곳을 포함하는 통합 입장권이 있다. 각 입장권은 13유로씩이고, 통합권은 20유로이다. 65세 이상은 50퍼센트 할인된다. 우리는 원래 공원만 둘러볼 생각이었으나, 공원 입장권과 통합권의 가격에 큰 차이가 없고 더욱이 50퍼센트 할인까지 받을 수 있어 통합권을 샀다.

미술관에서는 칼라 필리프Carla Filipe의 작품 전시회가 열리고 있었다. 이 예술가는 포르투갈 태생으로 미술의 여러 장르에 걸쳐 대상물, 문화, 행동주의 간 관계를 비판적으로 탐구해 온 작가로 알려져 있다. 궁극적으로 회화에 정착하여 개인적 경험과 자전적인 내용을 소재로 삼아 작품 활동을 하고 있다고 한다. 현대 작품인 만큼 난해하다. 빵, 마늘, 양파, 말린 대구, 치즈 등 식품을 주렁주렁 매달아 놓은 작품도 있었다. 이 식품들을 주기적으로 바꿔주는지 의문이 들었다.

세할비스 재단 공원: 미술관에서 열리고 있는 칼라 필리페의 작품전

미술관은 전시 작품도 작품이지만 미술관 건물 자체가 현대적이고 세련되면서도 자연과 조화를 이루는 모습이어서 매력적이다. 전시장의 큰 창문을 통해 정원의 나무들이 마치 작품처럼 눈에 들어왔다. 전시장과 정원이 유리문으로 연결되어 있고 작품의 일부인 꽃잎을 전시장 밖의 정원에까지 뿌려놓아 마치 작품이 정원까지 연결되는 듯한 느낌을 받도록 연출해 놓았다. 이 미술관은 바로 옆 해안 도시 마토지뉴스 출신 건축가 알바루 시자 비에이라Álvaro Siza Vieira가 설계한 곳으로 우리나라에도 안양예술공원의 '알바로 시자 홀', '아모레퍼시픽 R&D 센터' 등 그가 설계하거나 참여한 건축물이 몇 군데 있다고 한다.

세할비스 재단 공원: 미술관 전시장의 창문과 창문 밖의 나무

세할비스 재단 공원: 미술관 전시장과 연결된 정원

세할비스 재단 공원: 재단 건물과 정원 및 분수

미술관 밖으로 나와서 공원을 거닐며, 재단 건물과 시네마관을 관람했다. 분홍색의 재단 건물은 공사 중이라 내부에 들어갈 수 없었고, 건물 앞 계단식 연못과 어우러진 모습을 보는 데 그쳤다. 시네마관에서는 포르투갈의 유명한 감독이라고 하는 마누엘 드 올리베이라Manoel de Oliveira에 관한 상설 전시가 열리고 있었다.

전시를 관람한 후 미술관 2층에 있는 뷔페식당에서 점심을 먹고 에너지를 보충하여 공원을 산책하기로 했다. 나는 원래 뷔페식당을 좋아하지 않는다. 그런데 포르투갈에 와서 토속 음식을 먹느라 매일 일품요리만 먹거나, 집에 있는 재료로 만든 간단한 음식만 먹다 보니, 다양한 음식들이 나오는 식사가 그리웠던 참이다. 미술관 뷔페는 음식

세할비스 재단 공원: 미술관 뷔페식당 테라스 노천 테이블에서 점심 식사

종류가 많지 않아 오히려 많이 먹어야 한다는 부담이 덜 되었고, 맛도 입에 맞았다. 생강과 계피로 만든 미지근한 건강식 차도 마셔보았다. 뷔페는 17유로. 음료와 커피는 별도이다. 식당 안쪽은 예약이 차 있어서 테라스의 노천 테이블에서 식사했다. 이젠 전망 좋은 노천 식당이나 카페에서 시원한 바람을 맞으며 식음료를 즐기는 맛에 중독이 되어간다.

공원은 장미정원 호제이랄Roseiral, 나무다리 산책로Treetop Walk, 작은 호수, 목장, 허브 정원들로 조성되어 있고, 다양한 수종의 나무들이 녹음을 빚어내는 울창한 숲이 이어져 있다. 신선한 숲 내음을 맡을 수 있었다. 더욱이 한차례 소나기가 지나가 공기가 더욱 신선했다. 중간중간에 조형물도 설치되어 있다. 공원의 끝자락으로 내려오면 버섯예술 전시관 아 아르트 두스 코구멜루스A Arte dos Cogumelos가 보인다. 버섯으로 기상천외하게 만들어 놓은 작품들도 있고, 버섯을 주제로 한 만화 등 다양한 버섯 관련 예술작품이 전시되어 있다.

세할비스 재단 공원: 장미정원

세할비스 재단 공원: 조형물 '이스펠료 두 세우Espelho do Céu'(천국의 거울)

세할비스 재단 공원: 나무다리 산책로

　공원의 끝부분이므로 이곳에 출입문이 있어 이쪽으로 나갈 수 있을 줄 알았으나, 문이 잠겨 있었다. 공원의 여러 곳에 문이 있지만 모두 폐쇄하고 한 곳에서만 출입할 수 있게 만들어 놓았다. 무슨 연유인지 모르겠으나 매우 불편했다. 다시 처음 들어왔던 문으로 되돌아와 집과 가까운 쪽에서 내릴 수 있는 502번 버스를 탔다. 502번 버스 정류장은 공원 입구에서 10분 가까이 걸어야 한다.

　세할비스 재단 공원은 가볼 만한 곳이다. 녹음을 좋아한다면 더욱 그렇다. 나에게 포르투의 좋은 점 중 하나는 공원과 정원 등 녹지 공간이 많다는 것이다. 어디를 가도 크고 작은 푸른 공원이 조성되어 있어 시민들의 휴식처 역할을 톡톡히 하고 있다.

버스에서 내려 집에 오는 길에 근처 브런치 식당 카페 상 카를루스에 들러 햄버거 두 개를 포장해 왔다. 오늘 저녁은 햄버거로 때우려 한다. 모녀가 식당을 운영하는 것 같은데, 둘 다 영어를 전혀 못 해서 의사소통에 어려움이 있다. 토요일 리스보아로 떠날 때 점심 먹을 시간이 마땅치 않아 이 식당에서 햄버거를 포장해 가면 좋을 듯 싶었다. 주인에게 미리 이 얘기를 했는데, 이해하지 못했다. 마침 영어를 잘하는 아프리카계 아저씨가 손님으로 와 있어서 우리의 소통을 도와주었다. 이 아저씨는 의사소통이 안 되면 번역 앱을 사용하라는 충고까지 해 주었다.

21일차: 5월 25일 목요일

📍 리스보아 여행 계획 세우기

이제 이틀 후면 포르투를 떠나 리스보아로 이동한다. 오늘과 내일은 휴식을 취하며, 체력을 보강해야 한다. 지난번 구입한 코르크 백의 이음매 한 부분의 색이 너무 도드라져서 바꾸러 나갔다. 가게에서는 친절하게 바꿔주었다. 단골 식당에서 문어구이로 마지막 점심 식사를 한 후 인사를 하고 나왔다.

리스보아에서는 체류 기간이 길지 않으므로 시내 관광과 근교 여행의 시간 배분을 적절히 해야 한다. 15년 전에 2박 3일 일정으로 리스보아 시내와 신트라, 그리고 호카 곶을 여행한 적이 있으므로 체류 기간을 짧게 잡았는데, 벌써 오래전이어서 다시 한번 둘러봐야 할 것 같다. 오비두스와 나자레, 파티마는 소그룹투어를 예약해 놓았으니 하루만 할애하면 충분하다. 이 외에 남부 알렌테주 지방의 에보라Évora에도 가보고 싶은데, 수요일 철도 파업으로 화, 수, 목요일에 기차가 제대로 운행되지 않을 것 같다고 이메일로 연락이 왔다. 거리도 멀고, 기차에서 내려서 주요 관광지를 돌아보는 것도 만만치 않을 것 같아 에보라도 겟 유어 가이드를 이용해서 소그룹투어를 예약했다. 시간이 얼마 남지 않아 우리가 갈 수 있는 날에 가용한 상품이 많지 않았다. 리스보아 도착 바로 다음 날인 일요일에 출발하는 에보라와 몬사라스Monsaraz 8시간 투어 상품을 예약했다. 인당 100유로이다. 겟 유어 가이드 상품은 점심이 포함되어 있지 않다. 상품에 따라 입장료가 포함되어 있지 않은 경우도 있으므로 상품 설명을 자세히 검토해야 한다.

신트라에서는 헤갈레이라 별장Quinta da Regaleira과 페나 궁/정원Parque e Palácio Nacional da Pena을 필수적으로 가야 한다. 이 외에 무어 성Castelo dos Mouros, 신트라 궁Palácio Nacional de Sintra, 몬세하트 궁/정원Parque e Palácio de Monserrate 등 가볼 만한 곳이 많다. 헤갈레이라 별장과 페나 궁/정원은 공원이 매우 넓고 아름다워 오래 머물고 싶은데, 워낙 많은 관광객으로 기다리는 시간이 길어 관람 시간이 촉박하다고 한다. 해결 방법으로 신트라는 이틀에 나누어 가기로 했다. 신트라 주요 관광지 모두 온라인 예매가 가능하다. 페나 궁/정원은 30분 간격으로 입장이 허용되고 있고, 헤갈레이라 별장은 예매하면 날짜와 시간 관계없이 아무 때나 관람할 수 있다. 페나 궁/정원은 6월 2일 금요일 10시로 예약했고, 헤갈레이라 별장은 5월 29일 월요일에 갈 계획이다. 리스보아 시내 관광은 나머지 날들을 이용해야 한다.

22일차: 5월 26일 금요일

> ⚲ 케이주 성

| 케이주 성 전경

    포르투 체류 마지막 날이다. 가볍게 다녀올 곳이 없을까 하여 포르투 관광지를 검색하다가 **케이주 성** Castelo do Queijo이라는 곳을 찾았다. 알고 보니 마토지뉴스 해변에 가기 바로 전에 있는 해변에 위치한 성이었다. 지난주에 시립 공원 산책을 마치고 해변으로 나왔을 때 좌측에 성 같은 건물이 보여 저 건물이 무엇인가 의문을 품고서는 음료를 마시러 마토지뉴스 해변으로 바로 걸음을 옮겼었다. 그 건물이 바로 케이주 성이었다. 그때 그 성을 보고 갔으면 좋았을 것을 오늘 일부러 또 와야 했다. 별 기대를 하지 않고 갔는데 의외로 볼만했다. 날씨가 흐려서 차분해진 바다와 하늘의 색깔도 바다를 배경으로 위용을 드러내고 있는 케이주 성에 분위기를 더해 주었다.

케이주 성 입구

　내부는 크게 볼만한 것은 없지만. 입장료가 60센트밖에 안 되므로 한번 들어가 보아도 괜찮을 것이다. 안으로 들어가면 휘장과 문장 등을 진열해 놓은 자그마한 전시장이 나오고, 옥상에서는 바다를 배경으로 설치되어 있는 초소와 대포를 볼 수 있다. 이 성은 1661년 지어진 요새로 내란 중이던 1832년에 절대주의자Absolutists에 의해 점령되었고, 자유주의자들의 전투로 심하게 손상되었으며, 수년간 방치되어 있었다. 한때 포르투 해군 제1여단의 본부로 사용되다가 1975년 북부 특공대 협회에 인도되었다. 어제까지 덥더니 오늘은 차가운 비바람으로 쌀쌀하여 성 내부의 바에서 따뜻한 커피 한잔씩 마시고 성을 나섰다.

케이주 성의 초소와 대포

케이주 성에 200번 버스를 타고 갔는데, 200번 버스는 두 노선이 있어 종점이 다르니 케이주 성까지 가는 노선인지 반드시 확인하고 승차해야 한다. 우리는 일곱 정류장 전까지만 가는 200번 버스를 탔기 때문에 종점에서 내려 다시 2.5유로를 내고 케이주 성까지 가는 200번 버스로 갈아타야 했다. 매우 불합리하다는 생각이 들었다. 시립 공원을 산책하고 케이주 성 해변으로 나와 성을 관람한 후 마토지뉴스 해변으로 20분 정도 걸어가서 음료 한잔 마시고 돌아오면 안성맞춤일 코스이다. 우리는 한 번에 돌아볼 수 있는 코스를 세 번에 걸쳐 돌아본 셈이 되었다.

집 근처 식당 '카페 상 카를루스'에서 먹은 '하바나다스'

오늘도 집 근처의 카페 상 카를루스에서 점심 세트 메뉴를 먹었다. 오늘 주요리는 볶음밥과 돈가스. 내가 좋아하지 않는 메뉴였고 맛도 별로였다. 매일 만족스러울 수는 없는 법이다. 주인은 프렌치토스트 비슷한 하바나다스Rabanadas를 가져와 먹어보지 않겠는지 권유했다. 남편인 듯 보이기도 하는 영어를 잘하는 아저씨가 와서 설명했는데, 밀가루에 계피가루, 포르투 와인, 설탕을 넣어 만들었다고 한다. 크리스마스에 주로 먹는 음식인데, 이 식당에서는 일주일에 한 번씩 만든다고 한다. 커피와 함께 먹으니 달콤한 맛이 괜찮았다. 단골을 만드니 말은 통하지 않아도 정겨움을 느낄 수 있어 좋다. 이 식당은 동네 주민들이나 블루칼라 근로자들이 많이 오는 서민 식당인 듯하다. 지난번 우리의 의사소통을 도와주었던 아프리카계 아저씨들이 여전히 와 있었고, 공사장 유니폼을 입은 아저씨들도 점심을 먹고 갔다.

오늘은 하루 종일 비가 오락가락한다. 포르투에 온 이후 가장 많은 비가 내렸다. 일기예보에 의하면 내일도 비가 온다고 하는데, 우리가 출발할 때는 비가 그쳤으면 좋겠다.

III

리스보아와
근교 소도시

23일차: 5월 27일 토요일

◎ 리스보아로 이동

드디어 포르투 일정을 끝내고 리스보아로 이동하는 날이다. 처음으로 우버 앱을 사용하여 택시를 불러 보았는데 무척 편했다. 출발지는 자동으로 현재 위치로 입력되므로 목적지만 입력하면 현재 위치에 도착하기까지 걸리는 시간, 목적지까지 걸리는 시간, 비용과 함께 가장 빨리 올 수 있는 택시 목록이 뜬다. 원하는 택시를 선택하고 결제 수단으로 사용할 신용카드 번호를 등록해 놓으면 모든 것이 끝난다. 포르투에 올 때 캄파냐 역에서 숙소까지 일반 택시로 8.5유로로 나왔는데 이번에는 4.84유로가 나왔다. 우버 택시가 많이 싼 모양이다.

오늘 점심으로 먹기 위해 집 근처 카페 상 카를루스에 미리 주문해 놓은 햄버거를 찾아 캄파냐 역 카페에서 커피와 함께 먹었다. 이 식당은 햄버거에 실한 고기 패치를 두 개나 넣기 때문에 먹고 나면 든든하다. 기차에서 여행기를 작성하며 지루하지 않게 시간을 보냈다.

드디어 리스보아 산타 아폴로니아 역에 도착했다. 숙소 앞까지 태워다 줄 택시를 잡는 것이 문제다. 숙소가 상 조르즈 성 안에 위치해 있으므로 일반 택시 이외에는 접근이 불가능한데다가, 좁은 골목이 많아 택시들이 꺼리는 지역이라고 한다. 제일 앞 택시에서 나와 있던 기사에게 주소를 보여주었더니 다른 기사와 무언가 상의한 후 타라고 했다. 호스트가 조언하기를 먼저 주소를 보여주고 그 앞까지 가지 못하겠다고 하면 다음 택시를 타라고 했기 때문에 다소 의심스럽기는 했지만 승차했다. 아나나 다를까 걱정했던 대로 상 조르즈 성문 앞까지 와서는 200여 미터만 걸어가면 된다고 하며 더 이상 못 간다고 내리라고 했다. 그 큰 가방을 끌고 어떻게 비탈을 올라갈까 막막했지만, 말도 잘 안 통하는 데다가 워낙 강경하여 대안이 없었다. 내려서 각자 가방 하나씩 끌고 숙소에 도착했다. 포르투갈은 거리의 바닥을 잘게 다듬은 돌 조각으로 포장하기 때문에 노면이 울퉁불퉁하다. 짐을 끌기에는 최악이다. 남편은 두고두고 불평했다. 특히 다른 택시들이 우리 숙소 근처를 지나갈 때마다 예외 없이 이 못된 운전기사에 대해 불평을 쏟아냈다.

칼사다 포르투게자 Calçada Portuguesa

포르투갈에서는 광장이나 거리, 보행로의 바닥이 작고 평평하게 다듬어진 돌 조각으로 포장되어 있다. 이처럼 작게 다듬어진 돌로 포장한 포르투갈식 보도를 칼사다 포르투게자라고 한다. 다듬어진 돌 조각으로 포장된 길은 로마의 영향권 아래 있었던 지역에서 쉽게 발견할 수 있지만, 포르투갈식 포장길은 19세기 이후부터 널리 사용되기 시작했다. 많은 경우 무늬를 넣어 모자이크 형태로 포장한다. 호시우 Rossio 광장으로 불리는 동 페드루 4세 광장 Praça dom Pedro IV 이나 벨렝 지구의 발견 기념비 앞 광장처럼 물결이 너울대는 무늬로 포장한 곳도 있고, 바둑판처럼 규칙적으로 배열한 무늬 등 다양한 기하학적 패턴으로 포장한 곳도 많다.

일반적으로 흰색과 검은색의 석회암을 조화롭게 배열하여 무늬를 넣은 곳이 많지만, 이 두 가지 색 외에도 갈색, 붉은색, 파란색, 회색,

노란색 등 다양한 색상과 패턴으로 포장한 노면이 적지 않다. 석회암 외에 대리석, 셰일, 화강암을 사용한 곳도 있다. 예전에는 검정색을 표현할 때 현무암을 사용했으나, 그 단단한 특성 때문에 다루기가 어려워 최근에는 대륙에서는 사용하지 않고, 대신 석회암을 사용한다. 칼사다 포르투게자에는 과거 해양 대국답게 특히 파도 물결과 물고기 등 바다와 항해를 상징하는 무늬들이 많이 표현되어 있다. 칼사다 포르투게자의 포장은 일일이 수작업으로 이루어진다고 한다.

칼사다 포르투게자: 브라가 봉 제주스 두 몬트 성소

칼사다 포르투게자: 벨렝 발견기념비 광장

출처: Wikipedia〉Calçada Portuguesa(Portuguese sidewalk); 최경화(2020). 포르투갈, 시간이 머무는 곳(개정판). 모요사, 100-102.

설상가상으로 숙소는 예상보다 더 안 좋았다. 일찌감치 구해놓았던 숙소
가 건물 계단 공사를 한다고 하여 새로 구한 숙소다. 시간이 얼마 남지 않
은 상태여서 선택의 폭이 좁았고, 투숙객의 리뷰는 그런대로 괜찮았으나
한국인 리뷰가 하나도 없어 께름직하기는 했다. 좁고, 컴컴하고, 환기도 잘
안되고, 집기도 부족한 것이 많았다. 포르투 숙소가 훌륭했기 때문에 상대
적으로 더 미흡하게 느껴진 측면도 없지 않다. 호스트는 얼굴도 비치지 않
고 모두 메시지로 대신했다. 체크인도 오전 11시경 현관문 키패드 비밀번호
를 메시지로 알려주고는 알아서 들어가도록 했다. 키패드는 처음 2~3일간
원활하게 작동하지 않아 우리를 가슴 졸이게 했다.

우리는 이탈리아에서도, 포르투에서도 만족스러운 숙소를 구했기 때문
에 이번 숙소에 대해서는 급하기도 했거니와 안일한 생각으로 충분히 신중
하게 검토하지 못한 것이 사실이다. 숙소를 구할 때도 공을 들인 만큼 결과
가 나온다는 것을 인정할 수밖에 없었다. 택시 기사에 숙소 문제까지 겹쳐
남편은 무척 언짢아했다.

내일 출발하는 에보라/몬사라스 소그룹투어 미팅 장소를 미리 알아보기
위해 집을 나섰다. 구글 지도에서 안내하는 대로 찾아갔는데, 미팅 장소로
알려준 건물이 나오지 않아 여기저기 물어본 후에 대강 짐작만 하고 돌아
섰다. 수요일에 떠나는 파티마/나자레/오비투스 투어 미팅 장소는 쉽게 찾
을 수 있었다.

신트라에 갈 때 이용할 호시우 역을 둘러보고 숙소로 돌아오는 길에 사
람들이 많이 모여 있는 **산타 주스타 엘리베이터** Elevador de Santa Justa가
보였다. 이 엘리베이터는 리스보아의 언덕 아래와 언덕 위를 연결하는 유일
한 공공 엘리베이터였다고 한다. 지금은 다른 연결 수단이 많아져서 연결

수단보다는 전망대로 많이 활용된다. 유료이다. 산타 주스타 엘리베이터 앞
의 아우구스타 거리Rua Augusta로 나오니 거리 끝에 아치 형태의 문과 그
사이로 조각상 하나가 보였다. 나중에 알게 되었는데, 이 거리의 끝은 코메
르시우 광장Praça do Comércio으로 이어지고, 아치 형태의 문은 개선문, 입
상은 주제 1세José I의 기마상이었다. 거리에는 보라색 꽃이 만개한 나무
들이 눈에 많이 띄었다. 우리나라에서는 보기 힘든 색깔의 꽃이라서 무슨
꽃인지 궁금했다.

│ 호시우 역

│ 산타 주스타 엘리베이터 │ 아우구스타 거리(상)와 골목길(하)

60대 부부의 포르투갈 한 달 살기

숙소의 호스트가 알려준 무료 바이샤 엘리베이터Elevador da Baixa와 카스텔루 엘리베이터Elevador do Castelo를 이용하여 숙소로 돌아왔다. 카스텔루 엘리베이터는 핑구 도스 슈퍼마켓 안에 있어서 외출하고 오는 길에 장을 봐오면 좋을 것 같다. 숙소에 대해 언짢아하던 남편도 이 점은 높이 샀다. 핑구 도스는 포르투갈 전역에 있는 체인 슈퍼마켓으로 이곳 핑구 도스는 포르투에서 이용했던 핑구 도스보다 훨씬 크고 물건이 많다.

리스보아Lisboa

대서양에 면한 항구 도시인 리스보아는 포르투갈의 수도이자 포르투갈에서 가장 큰 도시이다. 인구는 2021년 기준 약 54만 5천 명 정도이며, 수도권 인구를 포함하면 3백만 명에 이른다. 리스보아 수도권 인구는 포르투갈 전체 인구의 27퍼센트에 해당한다. 시내에는 큰 언덕만 일곱 개, 작은 언덕까지 합하면 열두 개 이상의 언덕이 있어 걸어 다니기 쉽지 않지만, 고지대와 저지대를 공용 엘리베이터와 푸니쿨라로 연결하여 보행자의 불편을 경감시키고 있다. 리스보아의 동쪽과 남쪽으로는 종종 바다로 오인할 정도로 넓은 테주강Rio Tejo이 흐른다.

리스보아의 주요 산업은 관광과 상업이다. 특히 리스보아 항구는 화물의 집산지로서 중요한 역할을 하고 있다. 지중해성 기후로 겨울에는 온화하고 비가 많이 오며, 여름에는 건조하고 더운 편이다. 평균적으로 연중 최저 8℃, 최고 28℃를 기록하고 있으나 최근 들어 여름 기온이 30℃를 넘어가는 날이 많다. 2018년 8월 4일에는 44.0℃를 기록하기도 했다.

공식적인 행정 구역 단위가 있으나 일반적으로 역사적 의미를 지닌 지역사회bairros de Lisboa 분류 방식으로 소통한다. 알파마, 카스텔루Castelo, 모라리아Mouraria, 바이샤Baixa, 베아투Beato, 시아두, 바이후 알투Bairro Alto, 하투Rato, 에스트렐라Estrela 지구 등이 그것이다. 이 지구 간에 명확하게 규정된 경계는 없고, 지구별로 역사문화, 랜드마크 건축물, 생활 수준 등에서 특성을 공유한다.

리스보아는 15세기 말 바스쿠 다 가마가 인도 항로를 개척하면서 번영의 길로 들어섰다. 그때까지 국왕은 줄곧 상 조르즈 성에 머물렀는데, 인도 항로 개척을 계기로 테주 강변, 지금의 코메르시우 광장에 왕궁을 지어 상 조르즈 성으로부터 이 새로운 왕궁으로 거처를 옮겼다. 해양 대국의 국력을 과시하기 위해 제로니무스 수도원Mosteiro dos Jerónimos, 벨렝 탑Torre de Belém 등 마누엘 양식을 대표하는 건축물을 세우기도 하였다.

1755년 발생한 리히터 규모 8.5~9.5의 리스보아 대지진 이후 재상 퐁발 후작의 주도 아래 대대적인 리스보아 재정비 작업이 진행되었다. 도시 건물의 85퍼센트가 파괴되고 시가지 대부분이 폐허가 되자 퐁발 후작은 시가지를 바둑판 모양으로 나누고 가옥의 배열도 '퐁발 양식Pombaline'을 엄격하게 적용하여 리스보아를 내진 역량을 갖춘 근대도시로 변모시켰다. 특히 호시우 광장과 코메르시우 광장이 위치한 바이샤 지구는 피해가 매우 심해 완전히 새로 조성되었으며, 그래서 이 지역을 '바이샤 퐁발리나'라고도 부른다. 이 지구에 문화·상업·행정·교통 관련 각 시설이 집중되어 있다. 널찍한 도로와 광장, 광장 가운데 서 있는 포르투갈 위인들의 조각상과 분수, 기념비는 리스보아가 계획적으로 개발된 근대도시임을 증명해 준다. 헤스타우라도르스 광장Praça dos Restauradores에서 북쪽의 퐁발 후작 광장까지 뻗어 있는 너비 90미터, 길이 1.5킬로미터의 리베르다드 거리Avenide da Liberdade는 리스보아의 중심가로 거리 양쪽에 온갖 명품 상점이 몰려 있다.

반면 알파마 지역은 리스보아에서 가장 오래되었으면서, 옛 모습을 가장 잘 간직하고 있는 곳이다. 또한 가장 낙후된 지역이기도 하다. 리스보아 대지진 때 알파마 지역은 미로 같은 좁은 골목과 광장 덕분에 상대적으로 피해가 적어서, 좁고 구불구불한 골목길을 유지한 채 원래 자리에 그대로 재건축을 시행했다. 그 덕에 우리가 지금도 예전의 골목길을 걸어 다닐 수 있게 되었다. 이 지역에는 우수에 찬 포르투갈 전통 음악인 파두 바와 레스토랑, 작은 기념품 상점들이 들어서 있다. 현재 낡은 건물들의 리모델링 작업이 진행되고 있고, 신축 건물도 들어서고 있다.

상 조르즈 성을 중심으로 남쪽 경사면에서 테주 강변까지는 알파마, 그 반대편은 모라리아다. 모라리아에서 대부분의 오래된 건물은 1930년대와 1970년대 사이에 다 철거되었으나 모라리아는 여전히 리스보아에서 가장 전통적인 지역 중 하나로 남아 있다. 모라리아는 '무어인이 사는 곳'이라는 뜻으로 리스보아의 재정복 이후에도 리스보아에 남아 있던 무어인들이 이 지역에 몰려 살았기 때문에 붙여진 이름이다. 역시 좁은 골목길, 파두, 아프리카 이민자들이 운영하는 아프리카 식당 등을 만날 수 있다.

바이후 알투는 리스보아의 중심 지역으로 주거, 쇼핑, 오락과 여흥의 장소 역할을 한다. 밤 문화의 중심지이기도 하다. 다양한 장르의 음악가들이 이곳에 둥지를 틀고 있으며, 이들을 끌어들이는 클럽과 바, 레스토랑, 예술 갤러리가 많다.

베아투는 최근 들어 새로운 문화적 역동을 보이며 뜨고 있는 리스보아의 북동쪽 지역이다. 제조업과 강변 선창가의 산업 시설이 밀집되어있는 곳이지만, 현대 예술 갤러리, 특이한 바, 미식가 레스토랑 등이 들어서고 있다.

서쪽 끝에 위치한 벨렝 지구는 탐험가들이 탐험을 시작한 곳으로 유명하다. 바스쿠 다 가마가 1497년 이곳에서 인도를 향해 출발했다. 벨렝 탑, 제로니무스 수도원, 발견 기념비 Padrão dos Descobrimentos와 같이 대탐험 시대를 상징하는 건축물들이 자리 잡고 있으며, 다양한 미술관과 박물관이 즐비하다.

시아두는 전통적인 쇼핑가이다. 현대적인 상업 건물과 전통적인 상업 건물이 함께 들어서 있으며, 현지 주민과 관광객들이 모두 이곳에서 책, 의복, 그릇 등을 구입하고 커피도 마신다. 이곳은 또한 박물관과 극장이 들어서 있는 중요한 문화적 공간이기도 하다.

출처: Wikipedia〉Lisbon

> 📍 에보라: 상 프란시스쿠 성당과 뼈 예배당 ··· 📍 지랄두 광장 ···
> 📍 에보라 대성당 ··· 📍 에보라 로마 신전
> 📍 몬사라스: 에르비데이라 와인 숍에서 와인 시음

만남의 장소인 헤스타우라도르스 광장
의 여행안내센터 앞에 가보니 다양한 행
선지로 출발하는 그룹투어 여행객들이 모
여 있었다. 얼마 후 빨간 깃발을 든 가이
드가 나타나 사람들을 행선지에 따라 분
류했다. 대부분 신트라 여행객인 것 같고,
에보라/몬사라스 그룹투어에는 미국 출신
여성 두 명, 스페인 출신 부부, 우리 부부
이렇게 세 팀 여섯 명이 동행하게 되었다.

헤스타우라도르스 광장과 기념탑

9인승 밴에 가이드 겸 운전기사까지 일곱 명이 탔다. 스페인 부부는 영어로
의사소통이 어려워 가이드가 영어와 스페인어로 두 번씩 설명했다.

8시 반경 출발하여 **에보라**까지 주로 고속도로를 달렸다. 듣던 대로 알렌
테주 지역의 풍광은 포도밭, 그리고 올리브나무와 코르크나무 일색이었다.
포르투 근교에서는 전혀 보지 못했던 드넓은 평원 위에서 방목된 소들이
풀을 뜯고 있는 모습도 종종 눈에 띄었다.

포르투갈에서 알렌테주 와인의 생산량과 소비량이 가장 많다더니 끝이 보이지 않는 포도밭이 이를 증명해 주었다. 가이드에게 이렇게 와인이 많이 생산되는데도 이상하게 한국에서는 포르투갈 와인을 볼 수 없다고 했더니, 포르투갈 와인은 대부분 국내에서 소비되므로 다른 나라에 알려질 기회도, 수출할 기회도 없다는 대답이 돌아왔다.

코르크나무는 살신성인殺身成仁하는 나무라고 표현해도 무리가 없을 듯하다. 사람들이 자신의 나무껍질을 벗겨내어 이용해도 다시 나무껍질을 만들어 계속 이용할 수 있게 해 준다. 코르크나무 껍질에는 두꺼운 코르크층이 있는데, 수령 약 25살이 되면 코르크층을 벗겨내어도 생장에 지장이 없고, 벗겨낸 후 평균 9년 만에 다시 코르크층이 재생되므로, 한 나무에서 계속 코르크를 채취할 수 있다. 코르크나무의 수명은 100~500년이라고 하니 참으로 장구한 세월 동안 자신의 일부를 인간에게 기증하는 헌신적인 나무이다. 코르크층을 벗겨낸 나무들은 벗겨낸 자리가 마치 상처 입은 피부처럼 벌겋게 드러나 있어 불쌍해 보였다. 그럼에도 그 와중에 그 많은 코르크나무를 보면서 코르크 제품을 포르투에서 살 것이 아니라 에보라에서 사야 했던 것이 아닐까 하는 실리적인 후회를 잠시 해 보았다.

리스보아에서 에보라까지는 140킬로미터 거리이다. 우리 차로 한 시간 반 정도 걸렸다. CP를 찾아보면 리스보아 산타 아폴로니아 역에서 에보라 역까지 기차로 1시간 42분에서 2시간 45분 정도 걸리는 것으로 나온다. 플렉스Flex 시외버스로는 1시간 30분 정도 걸린다고 한다. 에보라 구시가지는 작으므로 기차역이나 버스 터미널에서 내려 택시를 타고 구시가지 중심지인 지랄두 광장Praça do Giraldo이나, 상 프란시스쿠 성당/수도원Igreja e Mosteiro de São Francisco, 또는 로마 신전Templo Romano Évora 등 주요 장소에서 내려 도보로 둘러보면 개인적으로도 대중교통을 이용하여 충분히 여행할 수 있을 것 같다.

　로마 시대에 축조된 성벽으로 둘러싸여 있는 에보라는 인구 5만3천여 명 (2021년 기준)의 중소도시다. 인구의 대부분은 성벽, 즉 역사 지구 밖에 거주하고 있다. 로마 군대가 주둔하면서부터 도시가 발전하기 시작했고, 로마 신전과 로마 시대의 성벽 등 로마 유적이 아직도 남아 있다. 한때 포르투갈 왕들의 거주지이자 예수회의 중심지로서 번영의 길을 걸었으나, 대항해 시대 이후 수도 이전과 예수회 해산으로 급속히 쇠퇴하였다. 그 결과 역설적으로 에보라 구시가지가 옛 모습을 거의 그대로 보존할 수 있게 되었다. 1986년에 에보라 구시가지 전체가 유네스코 세계문화유산으로 지정되었다. 2027년 유럽 문화 수도 European Capital of Culture로 선정되어 있기도 하다.

　유럽 문화 수도는 유럽연합이 회원국의 도시 가운데 매년 두세 곳을 문화와 예술의 중심지로 선정해 1년간 집중적으로 각종 문화 행사를 지원하는 사업이다. 유럽 문화 수도로 선정되면 문화적, 사회적, 경제적으로 이익이 되고, 도시재생을 촉진하는 데 도움이 된다. 도시의 홍보에 이바지하는 것은 말할 것도 없다. 해당 국가와 시는 당연히 선정된 도시의 정비에 관심을 기울일 것이다. 2018년 이탈리아 남동부의 마테라를 여행했을 때도 마테라가 2019년 유럽 문화 수도로 선정되어 있어서 말끔하게 단장을 끝내가고 있었다. 심지어 마테라에 가기 위해 주로 이용하는 바리 역의 경우 마테라행 기차를 운행하는 역사만 별도로 정비하여 개찰구 시스템을 전자식으로 바꾸어 놓았다. 당시 우리가 이탈리아에서 이용한 기차역 중 유일하게 개찰구가 전자식이었던 것으로 기억한다. 에보라도 2027년이 되면 도시의 품격이 더 높아져 있고, 관광 인프라도 더 좋아져 있을 것이다.

| 에보라: 상 프란시스쿠 성당

　10시경에 도착하여 잠시 주어진 자유시간 동안 커피를 마신 후 **상 프란시스쿠 성당과 뼈 예배당**Capela dos Ossos부터 관람을 시작했다. 상 프란시스쿠 성당은 15세기 말에서 16세기 초 사이에 지어진 성당으로 고딕 양식의 넓은 제단과 바로크 양식으로 장식된 여러 개의 예배당이 인상적인 곳이다. 성당의 위층에는 전시실이 있고, 건물 옥상에 나가면 아름다운 에보라 전망을 볼 수 있다. 입장료는 일반 성인 6유로, 65세 이상 4유로다. 투어 비용에 포함되어 있어 우리는 개별적으로 부담하지 않았다.

| 에보라: 상 프란시스쿠 성당의 내부

에보라: 지진 전 에보라 구시가지의 모습을 재현한 조형물

이 성당은 무엇보다 부속 건물인 뼈 예배당으로 유명하다. 뼈 예배당이라고 하여 뼈 무덤이라고 생각했는데, 무덤이 아니라 뼈가 장식품으로 사용된 예배당이었다. 길이 18.7미터, 너비 11미터의 그리 크지 않은 공간에 벽과 여덟 개의 기둥이 뼈와 두개골로 빽빽하게 장식되어 있었다. 우리는 보지 못했지만, 예배당의 지붕에는 "Melior est die mortis dies nativitatis"라는 전도서 7장 1절의 구절이 라틴어로 쓰여 있다고 한다. "태어나는 날보다 죽는 날이 더 좋다"는 뜻이다.

에보라: 뼈 예배당의 장식

뼈 예배당의 유래에 대해서는 여러 가지 설들이 있는데, 가장 잘 알려진 유래는 다음과 같다. 17세기 때 이야기이다. 부근에 수도원 공동묘지가 있었는데 세월이 지나면서 너무 방대해져서 정리할 필요가 있었다. 당시 프란시스쿠 수도사들이 유골을 수습해 뼈 예배당을 만들자고 제안했다. 5천여 구의 시체를 수습해 뼈와 두개골을 깨끗이 씻고 썩지 않도록 화학 처리하여 섬세하게 벽을 장식했다. 이후 이 예배당은 명상과 기도의 장소로 사용되었다. 역병으로 죽었거나 전쟁 피해자의 유골이라는 말이 있기는 하지만 어떤 사람들의 뼈인지는 확실하게 알려져 있지 않다.

뼈 예배당을 지은 수도사들의 유골은 예배당 내 하얀 관에 안치되어 있고, 성당 한편에는 어린아이와 어른의 미라가 전시되어 있다. 뼈 예배당 입구의 위쪽에는 "여기 있는 우리 뼈들이 당신의 뼈를 위해 기다리고 있습니다Nós Ossos Que Aqui Estamos Pelos Vossos Esperamos"라는 문구가 적혀있다. 이러한 문구에 비추어 뼈 예배당을 만든 이유에 대해 "이렇게 많은 사람은 결국 죽어서 해골과 뼈만 남겼다. 무엇보다 죽음을 기억하라, 죽음을 잊지 마라"라는 메시지를 전달하려 한 것이라고 해석하기도 한다.

에보라: 뼈 예배당 입구의 문구

60대 부부의 포르투갈 한 달 살기

유럽에는 뼈 성당이 체코의 세들레츠Sedlec, 폴란드의 체르므나Zermna 등 여러 곳에 있다. 가이드의 설명에 의하면 유럽에 전쟁이나 전염병이 돌아 많은 사람이 사망했을 때, 묘지가 부족해 이런 성당이 만들어졌다고 한다.

성당을 나서서 좁은 골목길을 지나 **지랄두 광장**으로 올라갔다. 골목길 양쪽에는 흰색 바탕에 노란색 테두리를 두른 예쁜 집들이 늘어서 있었다. 주로 기념품 가게다. 12세기 에보라를 지배하고 있던 무어족은 포르투갈 기사 지랄두의 계략에 속아 전투 없이 성을 고스란히 내주었다고 한다. 이를 기념하기 위해 이 광장을 기사의 이름을 붙여 지랄두 광장이라고 부르게 되었다. 이 광

에보라: 지랄두 광장으로 가는 골목길

에보라: 지랄두 광장과 산투 안탕 성당 및 분수대

장 북쪽 끝에는 예쁘장한 산투 안탕 성당Igreja de Santo Antão이 보인다. 광장 중앙에는 여덟 개의 구멍에서 물이 나오는 대리석 분수대가 있는데, 이 분수의 물은 길이가 18킬로미터가 넘는 아구아 드 프라타 수도교Aqueduto da Água de Prata에서 공급된다. 여덟 개의 구멍은 이 광장으로 통하는 여덟 개의 거리를 의미한다. 지금은 주변에 상점과 레스토랑, 노천카페가 많아 많은 사람이 찾고 있으나, 이 광장이 공포의 상징이었던 때도 있었다고 한다. 브라간사 공작 페르난두 2세Fernando II가 왕위 계승의 희생양으로 이 광장에서 처형되기도 했고, 세례를 거부하는 무어인과 유대인의 화형 장소로 사용되기도 했다.

다음 행선지는 **에보라 대성당**Sé de Évora이다. 로마네스크와 고딕 양식이 혼재된 에보라 대성당은 포르투갈의 두 번째 왕 산슈 1세 시대인 1280~1340년 사이에 건축되었으며, 포르투갈에서 가장 큰 대성당으로 알려져 있다. 입장료는 일반 성인 4.5유로, 65세 이상 3.5유로다. 요새와 같은 육중하고 투박한 모습이 보인다고 생각했는데, 아니나 다를까 구시가지 한가운데 위치하여 과거에 방어 요새로도 활용되었다고 한다. 좌우 종탑 두 개

| 에보라 대성당(Visit Portugal에서 이미지를 추출하였음)

| 에보라 대성당 파사드

의 모양이 달라 가이드에게 물어보니, 세워진 시기가 다르고 따라서 건축양식이 다르다고 한다. 한쪽 종탑은 로마네스크 양식, 다른 한쪽 종탑은 고딕양식으로, 이 대성당이 로마네스크에서 고딕 양식으로 변화해 가는 시기에 지어졌음을 보여준다.

성당 입구의 14세기 사도 조각상과 벽면이 대리석으로 장식되어 있는 웅장한 본당은 감탄을 자아낼 만하다. 클로이스터와 클로이스터에서 바라본 대성당 건물도 아름답다.

에보라 대성당 본당 내부

에보라 대성당
클로이스터

에보라 대성당 클로이스터에서 바라본
대성당 건물

| 에보라 대성당 옥상의 건축물 | 에보라 대성당 옥상에서 본 두 개의 종탑 상부 |

대성당 옥상에 오르면 옥상의 크고 작은 조형물과 두 개의 종탑 상부가
어우러져 멋진 풍경을 연출한다. 이곳에서 바라보는 에보라의 전경도 매우
아름답다. 멀리 에보라 로마 신전도 보인다. 리스보아 시내에 많이 피어있던
보라색 꽃도 보였다. 궁금하던 차여서 가이드에게 물어보았더니 브라질에서
들어온 자카란다Jacarandá라는 꽃으로 일 년에 봄과 가을 두 번 피는 특이
한 꽃이라고 한다. 궁금증이 하나 풀렸다.

| 에보라 대성당 옥상에서 바라본 시내 전경과 로마 신전 | 에보라 대성당 옥상에서 바라본 시내 전경과 보라색 자카란다 꽃 |

에보라 로마 신전

대성당에서 나와 **에보라 로마 신전**으로 이동했다. 에보라 로마 신전은 원래 디아나 신전^{Templo de Diana}으로 불렸으나, 로마 신전으로 추정된 후 지금은 에보라 로마 신전으로 더 많이 불리고 있다. 에보라 로마 신전은 1세기(자료에 따라서 2세기 또는 3세기)에 지어진 신전으로 아우구스투스 황제에게 헌정되기도 했다. 아크로폴리스 언덕 위에 우뚝 솟아 있는데 높이는 7.68미터로 아담한 규모다. 14개 코린트 양식의 기둥이 거의 손상되지 않은 채 보존되어 있다. 이곳은 포르투갈에 남아 있는 로마 시대 유적 가운데 가장 중요한 건축물로 꼽히고 있는 곳이기도 하다. 현재는 기둥만 남아 있지만, 몸통은 화강암, 기둥 받침은 대리석으로 만들어져 있었다고 한다. 신전 옆에는 전망 좋은 정원이 있어 휴식처 역할을 하고 있다.

에보라 로마 신전 앞 정원

투어 일정에 점심은 각자 먹기로 되어 있다. 가이드에게 식당과 메뉴에 대한 정보를 얻어 상 프란시스쿠 성당 근처의 기앙 레스토랑Restaurante Tipico Guião에 들어갔는데, 이 식당에는 가이드가 추천한 에보라 유명음식이 없었다. 할 수 없이 주방장 추천 메뉴인 대구 요리와 돼지고기 요리를 주문했다.

에보라: 기앙 레스토랑(상)과 대구 요리(하)

대구 요리는 대구를 찢어 쌀, 으깬 감자 등과 섞어 만든 요리로, 포르투에서 먹어본 적이 있는 음식이다. 덜 짜게 해 달라고 부탁했더니 자기네 대구 요리는 짜지 않다고 했다. 정말 짜지 않았는데, 아마 대구가 적게 들어갔기 때문인 것 같다. 남편의 돼지고기 요리는 퍽퍽한 돼지고기 볼기살Bochechas을 조린 요리라서 기름진 부드러운 고기를 좋아하는 남편의 기호에 별로 맞지는 않았으나 음식들의 질은 높았다. 34유로를 지불하고 나왔다.

점심 후 **몬사라스**로 출발했다. 몬사라스는 에보라 동쪽으로 40여 분 거리에 위치한 아담하고 예쁜 마을이다. 성벽으로 둘러싸여 있어 무척 옛스럽다. 선사시대부터 여러 민족이 점유해 왔던 곳으로 남부 포르투갈에서 가장 오래된 포르투갈인 거주지역 중 하나이다. 오래된 자료이기는 하지만 2011년 기준으로 인구가 782명에 불과했던 작은 마을이다. 과디아나강Rio de Guadiana을 사이에 두고 스페인 국경과 닿아있어 이곳에서 스페인이 보인다. 이렇게 멀고 작은 마을에 누가 올까 싶은데, 단체 관광객들이 제법 있었다. 주차장도 많은 것을 보니 관광객들이 많이 찾아오는 모양이다.

몬사라스에서는 와인 시음이 일정에 포함되어 있었다. 대형 와이너리인

에르비데이라Ervideira의 와인 숍에 들어가 스페인이 내려다보이는 전망 좋은 2층 테라스에서 화이트 와인 두 종류, 레드 와인 두 종류, 스파클링 와인 한 종류, 이렇게 다섯 가지 와인에 대해 설명을 들으며 시음해 보았다. 한 가지 재미있는 사실을 알게 되었다. 이 와이너리는 깊은 강바닥 개흙에 파묻어 숙성시키는 와인도 생산한다고 한다. 동일한 포도를 가지고 일반 숙성 방식으로 만든 레드 와인과 강바닥 개흙에서 숙성한 레드 와인을 비교해 보았다. 어느 쪽의 맛이 더 좋은지는 잘 모르겠으나 차이는 분명히 느껴졌다. 개흙에서 숙성한 와인이 더 비싸다고 한다.

몬사라스: 에르비데이라 와인 숍 테라스에서 와인 시음

몬사라스: 일반 숙성 레드 와인과 강바닥 개흙 숙성 레드 와인

몬사라스: 에르비데이라 와인 시음 숍

포르투갈에 오니 그린 와인green wine이 많이 보여 궁금하던 차라, 그린 와인에 관해 물어보았다. 그린 와인은 포르투갈에서만 생산되는 와인으로 원래 명칭은 비뉴 베르드Vinho Verde이지만 흔히 그린 와인이라고 부른다. 북서부의 미뉴강Rio Minu 유역에서 생산되는 포도만 사용하며, 어린 포도에 발효과정을 단축시켜 과일 본연의 풍미가 살아 있도록 하는 것이 특징이다. 알코올 도수도 9~10퍼센트 정도로 일반 와인보다 낮은 편이다. 우리는 흔히 스파클링 와인을 모두 샴페인이라고 하지만 원래 샴페인이라는 이름은 프랑스 샴페인 지역에서 생산되는 와인에만 사용할 수 있다. 이처럼 비뉴 베르드라는 이름도 미뉴 지방에서 생산된 와인에만 사용할 수 있다.

'베르드'는 초록색이라는 뜻이지만 와인 색깔이 초록색이라는 것이 아니라 일찍 수확한 '덜 익은' 포도로 만들어졌기 때문에 붙여진 것이다. 포르투갈 북부는 가을에 비가 일찍 내리기 시작하므로 포도 수확을 남부보다 일찍 할 수밖에 없고, 따라서 덜 익은 포도로 와인을 만들곤 했기 때문에, '젊은' 또는 '어린'이라는 의미로 사용된 것이라고 한다.

우리는 식사와 함께하는 한두 잔의 와인을 즐기는 편이지만 와인에 대해 조예가 깊은 편은 아니다. 그런데 동행했던 미국인 여성들은 와인을 즐길 뿐만 아니라 와인에 대해서 아는 것도 많은 듯, 질문을 많이 했다. 와인을 몇 병 사기도 했다. 반면 스페인 부부 중 남편은 와인에 대해 관심이 전혀 없는 듯, 중간에 일어나서 마을을 구경하러 나갔다.

와인 시음 자체보다 적당히 구름 낀 하늘 아래서 시원한 바람을 맞으며, 와인을 홀짝거리며, 아름다운 스페인 국경 너머를 바라보는 평화로움이 우리를 자리에서 일어나지 못하게 했다. 또 한 번의 신선놀음이었다.

와인 숍에서 나와 육중한 성벽에 둘러싸여 있는 몬사라스 마을을 둘러

| 몬사라스: 마을 풍경

보았다. 흰색 집들이 아기자기하게 들어서 있는 예쁜 마을이다. 연륜이 쌓인 듯 세월의 흔적이 묻어나는 성당도 보인다. 요새의 성벽을 걸어본 후 곧바로 리스보아로 출발했다. 이 투어는 여덟 시간 일정이라 오후 4시 반에 리스보아에 도착하게 되어 있는데, 우리 가이드는 와인 숍에서 우리가 자진해서 일어날 때까지 재촉하지 않고 내버려 두어, 4시가 넘어서야 몬사라스를 출발했다. 그룹투어는 비용이 많이 들기는 하지만 신경을 쓰지 않아도 되므로 편하고, 차로 이동하므로 덜 피곤하고, 가이드의 설명을 들을 수 있어 충분히 가치가 있다. 동행한 여행객들도 튀지 않고 무난하여 같이 시간을 보내기에 불편함이 없었다.

차를 타고 돌아가는 동안에 굵은 빗줄기가 쏟아졌다. 걸어서 돌아다니는 동안에는 비를 피할 수 있어서 날씨가 기가 막히게 우리를 도와준 셈이다. 가이드가 초스피드로 달리고 달려 6시 전에 리스보아로 들어가는 **4월25일 다리**25 de Abril Bridge까지 올 수 있었으나, 다리 건너편에서 발생한 사고 때문에 30분 넘게 다리에서 지체했다. 테주강 건너 알마다Almada에서 높이 두 팔을 벌리고 강을 내려보고 있는 그리스도상 **크리스투 헤이**Santuário Nacional de Cristo Rei가 보였다. 제2차 세계대전 당시 리스본에 큰 희생이 없었던 것에 대해 예수 그리스도께 감사하는 마음을 담아 1959년에 세웠다고 한다. 브라질의 리우 드 자네이루Rio de Janeiro에 있는 그리스도상과 같은 모양이다. 이 그리스도상은 테주강 방향을 바라보는 리스보아 시내 전망

대 곳곳에서 보이지만, 다리에서 지체한 덕분에 가까이서 바라보고 사진을 찍을 수 있었다.

폼발 광장에서 해산한 후 우리는 **리베르다드 거리**를 걸어 집으로 돌아왔다. 리베르다드 거리는 온갖 명품 상점들이 모여 있는 명품 거리다. 넓은 거리 가운데에 녹음이 우거진 보행용 가로수 길이 길게 뻗어 있었다. 이 가로수 길에서 사람들이 자유롭게 걸어 다니고 있는 모습이 인상적이었다. 서울시 광화문 광장에 새

테주강 건너편 알마다의 그리스도상

로 조성된 공원은 몇 년이 지나면 이렇게 무성한 나뭇잎으로 뒤덮인 녹지 공간이 될까? 이어지는 **헤스타우라도르스 광장**은 포르투갈이 스페인의 식민지로부터 독립한 것을 기념하기 위해 조성한 광장이다. 리스보아는 1755년 대지진 이후 도시를 새롭게 건설한 곳답게 넓은 광장과 도로, 광장에 세워져 있는 위인의 조각상과 기념비가 도시 미관을 빛내고 있다.

저녁은 숙소에서 해결하기로 하고, 돌아오는 길에 핑구 도스에서 저녁거리로 닭 다리 구이를 사 왔다. 남편은 일단 가성비가 높고 기호에 맞는다고, 그리고 저녁을 준비할 필요가 없어 편하다고 좋아했다.

25일차: 5월 29일 월요일

📍 신트라: 헤갈레이라 별장 ···· 📍 무어 성

  철도 파업 때문에 화·수·목요일 기차 운행 일정에 차질이 생길 수 있다고 하여 이 기간을 피해 **신트라**에 다녀올 계획을 세웠다. 시간에 쫓기지 않고 여유 있게 둘러보기 위해 이틀에 나누어 방문하기로 했다. 오늘은 15년 전 여행 때 가보지 않았던 헤갈레이라 별장을 방문하고, 금요일에 페나 궁과 무어 성을 방문하기로 계획을 세워 온라인 입장권도 예매해 놓았다.

  호시우 역에서는 신트라행 기차가 거의 20분 간격으로 자주 있다. 신트라 역까지 40분 정도 걸린다. 헤갈레이라 별장 개방 시간이 오전 10시이므로 조금 일찍 도착하기 위해 8시 41분 출발 기차를 탔다. 왕복 4.6유로이다.

| 신트라: 시청사

60대 부부의 포르투갈 한 달 살기

신트라 역에서 헤갈레이라 별장까지 버
스를 타고 갈 수도 있으나, 1.4킬로미터 정
도이기 때문에 우리는 걸어서 가기로 했다.
도보로 15분 정도 거리이다. 가는 길은 잎
이 무성한 나무로 그늘져 있으므로 걷기에
상쾌했다. 동화 속 궁전 같은 시청사도 보
였고 이슬람풍의 분수대도 보였다. 초입 우
측에는 조각공원도 있어 조각 작품을 보며
심심치 않게 걸어갈 수 있었다. 구글 지도

신트라: 거리의 분수대

는 이어 가파른 비탈길의 계단으로 안내했다. 지름길인 모양이다. 헤갈레이
라 별장이 가까워지자 멀리 저택 건물이 보였다. 마법의 동화 속에 나오는
건물 같았다.

헤갈레이라 별장은 백만장자 몬테이루Monteiro가 구입해 거주했던 곳이
다. 비교적 최근인 20세기 초에 조성된 곳으로 로마네스크, 르네상스, 마누
엘 양식이 섞여 있는 저택과 오래된 건축물, 우물, 성당, 조각상, 숲과 정원
등이 아름답게 어우러져 있는 곳이다.

그중에서도 우물Poço Iniciático은 최우선 순위 관람 장소다. 관람하려는
사람들도 많고 계단을 내려가면서 사진을 찍는 사람들 때문에 내려가는 속
도가 느려서 줄이 길다. 아침 일찍 개방 시간에 맞추어 가서 가장 먼저 우
물부터 들리라는 정보를 얻고 10시 전 별장에 도착했다. 그러나 후문에 이
르니 벌써 후문 쪽을 향해 줄이 길게 늘어서 있었다. 정문까지 가보니 입장
권을 구입하는 줄과 온라인 입장권을 구입한 사람들이 입장하는 줄이 나
누어져 있었고 온라인 입장권 구입자들이 입장하는 줄은 아직 형성되어 있

 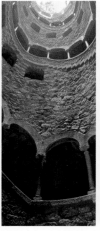  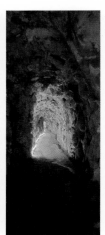

| 신트라: 헤갈레이라 별장 우물

| 신트라: 헤갈레이라 별장 우물 바닥

| 신트라: 헤갈레이라 별장 우물의 동굴

지 않았다. 사람들이 줄서기 방향을 잘못 알고 있는 듯했다. 남편이 얼른 앞쪽을 비집고 들어가 자리를 잡은 덕분에 일찍 입장할 수 있었다. 그리고 입구에 들어서자마자 우물을 찾아 나섰다. 우리 앞으로는 개인적으로 가이드를 동반하여 들어온 가족 한 팀만 있었다. 남편의 재빠른 동작 덕에 기다리지 않고 우물을 관람할 수 있었다. 남편 덕 톡톡히 보았다는 내 말에 남편은 무척 흐뭇해했다. 칭찬은 고래도 춤추게 한다더니.

27미터 깊이의 우물은 나선형 계단을 내려가도록 되어 있다. 우물이라고 하지만 물이 찬 적은 없다고 한다. 프리메이슨Freemason의 비밀 입단식과 관련이 있다고도 한다. 바닥으로 내려와서 위를 쳐다보면 하늘로 향한 커다란 구멍 하나만 보인다. 바닥에 도달하면 두 갈래의 동굴이 나온다. 한쪽 동굴을 따라가면 작은 폭포와 연못과 다리가 보이는데 나갈 수는 없다. 다시 되돌아 와 다른 쪽 동굴을 따라가면 출구가 나온다.

신트라: 헤갈레이라 별장 우물의 동굴에서 바라본 작은 폭포

정원을 여유 있게 구석구석 돌아보았다. 사진을 찍지 않고서는 지나칠 수 없는 명소가 너무 많았다. 어디를 배경으로 사진을 찍어도 아름다운 풍경화가 그려졌다. 정원 곳곳에 서 있는 고풍스러운 건축물과 조각, 어디서나 황홀한 모습으로 다가오는 저택, 녹음이 우거진 숲, 여기저기 숨어있는 작은 동굴, 예쁘게 가꾸어진 화단 – 이 모든 것이 환상적이었다.

신트라: 헤갈레이라 별장의 명소

신트라: 헤갈레이라 별장의 명소

60대 부부의 포르투갈 한 달 살기

신트라: 헤갈레이라 별장의 명소

　모든 길은 우물로 통하게 되어 있어 우물에 가려고 기다리는 사람들을 여러 번 만났다. 볼 때마다 줄이 길어졌다. 줄이 1킬로미터는 족히 되어 보였다. 우리의 전략이 훌륭했다는 것에 뿌듯함을 느끼며 저택을 관람하러 발걸음을 옮겼다.

신트라: 헤갈레이라 별장 우물 입장을 위한 대기 줄

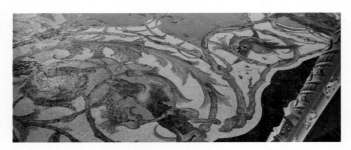

신트라: 헤갈레이라 별장 저택 바닥의 모자이크

저택도 줄이 만만치 않았다. 우물을 본 후 곧바로 저택으로 왔어야 한다는 남편의 후회를 뒤로 하고 줄을 섰다. 20분 정도 기다리니 입장이 가능했다. 지상 4층, 지하 1층 규모의 저택 내부도 화려하게 꾸며져 있으나, 일반적인 궁전의 내부와 크게 다르지는 않았다. 외관이 훨씬 더 인상적이다.

헤갈레이라 별장은 리스보아에 온 사람이면 반드시 가보아야 할 곳이다. 개인적으로 내가 기억하고 있는 페나 궁보다 훨씬 좋다. 금요일에 페나 궁을 공원과 함께 둘러보면 생각이 바뀔까?

신트라 궁으로 내려오는 길에 '신트라에서 가장 좋은 전망THE BEST VIEW IN SINTRA'이라는 홍보물을 걸어놓은 식당 도나 마리아Dona Maria가 보였다. 살짝 들여다보니 노천 테이블에서 신트라 전망이 내려다보이는 식당이었다. 우리가 가려고 하는 신트라 궁도

신트라: 점심 식사 장소 '도나 마리아' 식당

보였다. 메뉴를 보니 가격은 좀 비싼 편이었으나, 헤갈레이라 별장에서 맛본 좋은 기분을 더 연장시켜 보자는 생각에 식당으로 들어갔다. 남편은 문

신트라: '도나 마리아' 식당에서 바라본 신트라 시내 전경

어구이, 나는 해물 밥을 주문했다. 남편의 문어구이는 통째로 구운 작은 문어를 야채 데친 것 위에 얹어서 삶은 감자를 곁들여 나왔다. 지금까지 포르투에서는 썰어놓은 문어구이만 먹어보았으므로 통 문어 한 마리를 보고는 둘 다 감탄했다. 사진을 찍어 놓아야 했는데, 다 먹고 난 후에야 사진 생각이 날 때가 많다. 내 해물 밥도 새우, 조개 등 해산물을 많이 넣어 만들었고 쌀이 설지도, 짜지도 않아 맛있게 먹었다.

포르투갈에서 많이 먹는 상그리아Sangria를 처음으로 먹어보았다. 상그리아는 와인에 계피와 각종 과일을 썰어 넣어 만든 칵테일 비슷한 달달한 음료이다. 카페나 바에 갈 때마다 이 음료를 많이 먹는 것을 보고 저게 무엇인가 궁금했었다. 상그리아일 것이라고 추측하고는 오늘 주문해 보았더니 우리 추측이 맞았다. 그동안 줄곧 거절해 왔던 쿠페르트까지 먹었더니, 아메리카노 커피까지 63유로가 나왔다. 비싼 감이 있기는 했지만 흡족한 식사였다.

아래쪽으로 내려와 **신트라 궁**Palácio Nacional de Sintra으로 향했다. 궁전 근처의 마을 광장, 그리고 주변 언덕 위의 알록달록한 집들은 참으로 예뻤다. 신트라 궁 안의 광장까지는 입장권 없이 들어갈 수 있고, 궁전 건물로

신트라 시내 광장

신트라 궁

신트라 궁 광장과 마을 풍광

들어갈 때는 입장료를 내야 한다. 우리는 광장만 구경하기로 했다. 넓은 광장에 놓여 있는 돌의자들에 여행객들이 앉아서 가지고 온 샌드위치를 먹고 있었다. 신트라 궁은 11세기 무어인이 지은 건물을 이후 포르투갈 왕들이 증·개축하여 여름에 주로 기거하던 곳이다. 어디서나 눈에 띄는 두 개의 하얀 원뿔 형체는 부엌의 굴뚝이라고 한다.

원래 오늘은 헤갈레이라 별장만 구경하고 숙소로 돌아가 쉬다가 저녁 무렵 숙소 바로 근처인 상 조르즈 성에 가서 리스보아의 일몰 풍경을 볼 계획이었다. 그러나 남편은 한참 기분이 좋아져서 여기부터 무어 성까지 걸어서 15분밖에 안 걸린다고 오늘 무어 성까지 다녀오자고 제안했다. 15분밖에 안 걸린다니, 오늘 다녀오면 금요일에 페나 궁만 보고 돌아가도 되겠다 싶어, 무어 성으로 출발했다.

　그러나 **무어 성** 후문까지만 15분. 후문에서 매표소까지 올라가는 데 거의 한 시간이 걸렸다. 자동발매기에서 입장권을 산 후 깃발이 휘날리는 성채까지 올라가는 데 또 10여 분 걸렸다. 모두 가파른 오르막길이다. 건너편에 보이는 또 다른 성채는 멀리서 보는 것이 더 멋지다는 핑계를 대며, 멀리서 사진을 찍는 것으로 대신하기로 했다. 성채에서 내려다보는 신트라 전망은 훌륭했다. 멀리 신트라 궁전도 보이고, 헤갈레이라 저택도 보였다.

| 신트라: 무어 성의 후문 입구 | 신트라: 무어 성의 성채(상)와 휘날리는 포르투갈 깃발(하)

| 신트라: 무어 성의 건너편 성채

| 신트라: 무어 성에서 내려다본 신트라 전망

　포르투갈에는 무어인의 흔적이 많다. 무어인의 정의에 대해서는 의견이
분분하지만 대체로 이베리아반도와 북아프리카에 살았던 이슬람계 사람들
을 의미한다. 무어인은 711년 포르투갈을 침략하여 남부 해안을 순식간에
점령한 후, 400년간 지배했다. 11세기부터 기독교도의 국토 회복 운동인 헤

콩키스타가 번져가는 가운데, 12세기 포르투갈 초대 국왕 아폰수 1세는 무어인으로부터 리스보아를 되찾고, 아폰수 1세 사후 한 세기가 지나서 포르투갈은 남부를 탈환한다. 무어 성은 무어인들이 10세기에 방어를 목적으로 절벽 위에 지은 성이다. 이 무어 성 덕분에 무어인은 헤콩키스타 세력에 마지막까지 저항할 수 있었다.

문제는 지금부터다. 왔던 길로 되돌아가서 후문으로 나가야 하는데, 구글 지도가 정문으로 가는 길을 안내하는 바람에 거리나 시간이나 두 배가 걸렸다. 왔던 길은 내리막 경사길이라 25분이면 역에 도착할 수 있으나, 정문에서 출발하니 차도를 빙빙 돌아 역까지 50분이 넘게 걸렸다. 버스가 자주 안 오므로 택시나 2~4인용 작은 개방 삼륜차인 툭툭Tuk-Tuk을 이용해야 했는데, 큰 실책이었다. 사실 서울에서는 운동 삼아 거의 매일 한 시간 가까이 걷기 때문에 50분 걷기는 가벼울 수도 있다. 그러나 걷는 환경이 나빴다. 거리상으로는 얼마 안 되지만 차도라 굽이굽이 돌아가는 길이어서 지루하고, 올라오는 차들

신트라: 무어 성 쪽으로 올라가는 툭툭

의 매연을 그대로 들여 마셔야 했다. 보도도 마땅히 없는 곳이 많았다. 걸어 내려가는 사람은 우리밖에 없었다. 툭툭이라도 내려오면 잡아타려 했더니 올라가는 차량만 있고 내려오는 차량은 없었다. 잘못된 길을 택했다는 생각으로 심리적으로도 불편했다.

남편을 원망하며 내려왔더니 바로 우리가 점심을 먹은 식당 앞이었다. 구글 지도가 여행을 위한 혁명적 발명이라는 것은 틀림없는 사실이지만, 전적으로 믿어서도 안 된다는 것을 깨달은 순간이 여러 번 있었다. 오늘도 그중 한 번이다. 구글 지도의 안내가 아니다 싶으면 과감하게 본인의 감과 판단을 따라야 한다.

카페에 들러 시원한 음료를 한 잔씩 마시고 잠시 화를 가라앉힌 후 오후 4시 16분에 출발하는 리스보아 호시우 행 기차를 타고 돌아왔다. 이 기차는 중간에 한 번 갈아타야 했다.

26일차: 5월 30일 화요일

⚬ 파티마 ⋯ ⚬ 나자레 ⋯ ⚬ 오비두스

그룹투어 상품을 이용하여 파티마, 나자레, 그리고 오비두스에 다녀왔다. 미팅 장소는 역시 헤스타우라도르스 광장이다. 오전 8시 반 출발. 미국인 부부, 스페인 출신 여성 두 명, 미국 뉴 저지New Jersey에 거주하는 타이완 출신 부부, 우리 부부 모두 여덟 명이 9인승 밴으로 가이드와 함께 출발했다. 오늘 여행객은 모두 영어로 소통할 수 있어 투어가 영어로만 진행되었다.

먼저 리스보아에서 북쪽으로 약 100킬로미터 떨어진 파티마를 향하여 한 시간 반 정도 달렸다. 이번 가이드는 지난번 에보라와 몬사라스를 담당했던 가이드와는 성향이 상당히 달랐다. 포르투갈에 대한 설명도 많이 하고, 여행객 개인들에게도 말을 많이 건넸다.

이번에는 날씨가 우리를 도와주지 않았다. 파티마에 가까워지자 비가 쏟아지기 시작했다. 가이드가 우산을 준비하여 우산 걱정은 하지 않아도 되었지만, 날씨가 싸늘했다. 우리 둘 다 얇은 옷차림이어서 추웠다. 서울에서 우비를 가지고 와 놓고도 지참하지 않아 낭패를 본 것이다.

파티마는 바티칸에서 인정한 세계 3대 성모 마리아 발현지 중 한 곳으로 매년 600만 명에서 800만 명 사이의 순례자가 찾아오는 성소이다. 성모 마리아 발현의 전모는 이렇다. 1917년 5월 13일에 이 마을에서 양을 치던 일곱 살, 아홉 살, 열 살의 세 아이가 놀던 곳 근처의 작은 떡갈나무에서 한 여인이 나타났다. 여인은 누구냐고 묻는 아이들에게 자신을 성모 마리아라고 말하며, 아이들에게 세 가지 비밀스러운 예언을 했다. 성모 마리아의 발현과 성모 마리아의 모습을 묘사한 세 아이의 말이 일치했다. '끝자락을 별들로 장식한 드레스를 입은 성모 마리아는 그해 10월 13일까지 매월 약속한 날짜에 여섯 차례 나타났고 수만 명의 군중 앞에서 '태양의 기적'을 일으켰다고도 한다. 세 가지 비밀스러운 예언과 태양의 기적이 구체적으로 무엇인지에 대해서는 의견이 분분한데, 예언 중 하나는 교황 요한 바오로 2세João Paulo Ⅱ의 암살 기도 사건이었다는 이야기도 전해지고 있다. 세 아이 가운데 두 명은 스페인 독감에 걸려 곧 사망했고, 나머지 한 명은 수녀가 되어 2005년까지 생존해 있다가 사망했다. 이 세 명의 유해는 호자리우(묵주)의 성모 바질리카Basílica de Nossa Senhora do Rosário de Fátima 안에 안치되어 있다.

파티마 성소는 20세기의 산물이라 비록 오랜 역사를 지닌 장소는 아니지만 아름다운 성모 바질리카와 긴 회랑, 넓은 광장과 광장 한 복판에 자리한 교황 요한 바오로 2세의 동상, 매우 키가 크고 가늘어 마치 현대 예술작품 같은 예수 그리스도 십자가가 여백의 미를 돋보이며 어우러져 있다. 5년 전에 방문한 이탈리아 아씨시Assisi의 성 프란체스코 성당을 상기시켰다.

파티마: 성모 바질리카

파티마: 성소 광장에 자리한
교황 요한 바오로 2세 동상

파티마: 성소 광장에 서 있는
예수 그리스도 십자가

파티마: 성모 바질리카 본당의 중앙제단

성모 바질리카는 성모 발현을 기념하기 위해 교황청의 명으로 세 명의 양치기 아이들이 놀던 자리에 건립되었다. 1928년에 착공하여 1953년에 봉헌되었다. 65미터의 종탑 끝에는 7천 킬로그램의 청동 왕관과 왕관 위의 십자가가 놓여 있어 밤에는 불빛으로 아름답게 빛난다. 내부에 들어서니, 우선 흰색의 벽과 천장이 눈에 들어왔다.

파티마: 성모 발현을 목격한 목동들의 무덤

그동안 보아왔던 성당들과는 달리 색색의 대리석이나 아줄레주, 탈랴 도라다와 같은 장식 없이 화려하지 않고 담백하다는 인상을 받았다. 대신 바질리카 회랑 벽에는 아름다운 성화가 타일 모자이크로 장식되어 있었다. 우측 회랑 앞에는 일찍 사망한 어린 두 목동의 석상이 서 있다.

파티마: 성모 바질리카 회랑

파티마: 성모 바질리카 회랑의 타일 모자이크 성화

파티마: 성모 발현 예배당

60대 부부의 포르투갈 한 달 살기

성모 마리아가 발현했던 떡갈나무는 사람들이 조금씩 떼어가 금방 죽었고, 이 떡갈나무가 있던 자리에 성모 마리아상을 세워놓은 **아파리송이스 예배당**Capelinha das Aparições(성모 발현 예배당)이 들어섰다. 성모 바질리카를 바라보고 광장의 좌측에 사방이 터져 있는 공간이 이 예배당이다. 성모 발현 예배당에서도 시간에 맞추어 미사가 진행된다. 우리가 찾아갔을 때도 미사가 진행되고 있었다.

성모 바질리카 맞은편에는 8천5백 명을 수용할 수 있는 대형 현대식 원형 성당이 있다. 파티마 기적 90주년을 기념하여 2007년에 완공한 **산티시마 트린다드 바질리카**Basílica da Santíssima Trindade(성 삼위 바질리카)이다. 세

| 파티마: 성소의 광장에서 바라본 성 삼위 바질리카

| 파티마: 성 삼위 바질리카에서 미사 드리는 장면

계에서 네 번째로 규모가 큰 성당이라고 한다. 순례자들이 총공사비 8천만 유로를 전액 기부했고, 요한 바오로 2세는 로마의 성 베드로 성당이 지어질 때 베드로 무덤에서 나온 대리석 조각을 초석으로 기증했다. 이 초석은 완공 무렵 순례자들에게 보여주기 위해 건물 내부에 보관했다고 한다. 가톨릭 신자들이 워낙 많이 찾아오는 곳이라 성모 바질리카에 들어가지 못한 신자들은 이곳에서 미사를 본다. 들어가 보니 정말 규모가 어마어마하게 컸다. 비잔틴 양식과 정교회 양식으로 장식되었다고 하는데, 지금까지 봐온 성당과는 완전히 다른 분위기로, 단순하고, 세련되고, 현대적이었다. 역시 미사가 진행되고 있었다.

성모 바질리카를 바라보고 우측 사이 길에 들어서면 **베를린 장벽의 일부 조각**을 전시해 놓은 공간을 볼 수 있다. 포르투갈 출신으로 베를린에 거주했던 신자들이 베를린 장벽이 무너진 것에 감사하며, 파티마 성소에 장벽의 일부를 기증했다고 한다. 이 베를린 장벽 조각은 파티마 성모의 메시지에 근거한 묵주의 기도가 베를린 장벽을 무너뜨리는 데 영향을 미쳤다는 믿음을 강조하려는 의도로 전시된 것이라고 한다.

파티마: 베를린 장벽의 일부 조각

사실 파티마는 볼 것이 많은 곳이 아니므로 종교적인 이유가 없는 사람에게는 굳이 방문을 권하지 않는다는 블로그가 있어서 특별한 기대를 하지 않았다. 리스보아에서 꽤 멀리 떨어져 있어서 그룹투어가 아니라면 방문하지 않을 계획이었다. 그러나 실제로 가보니 매우 인상적인 곳이었다. 가톨릭 신자가 아니더라도 경건한 마음이 들게 하는 곳이다. 더욱이 비가 촉촉이 내려 차분해진 분위기가 이곳에 성스러움을 더했다. 성소 한 곳만을 보았기 때문에 더욱 강렬한 인상이 남은 것일지도 모른다. 남편은 파티마 성소를 브라가의 봉 제주스 두 몬트 성소와 함께 이번 여행에서 방문한 곳 중 최고의 명소로 꼽았다.

우리는 파티마의 서쪽에 위치한 다음 장소 나자레로 이동했다. 파티마 성당을 돌아보는 동안 빗줄기가 가늘어지더니 나자레에 도착하자 비가 그쳤다. **나자레**는 우리에게 큰 파도와 서퍼들의 성지로 잘 알려진 곳이다. 그런데 나자레도 파티마보다 역사가 더 오래된 성소라고 한다. 나자레는 예수님이 활동하시던 이스라엘의 나사렛을 의미하는데, 나사렛으로부터 들어온 작은 나무 성모상에서 그 이름이 유래했다고 전해진다.

이와 관련하여 '나자레 전설'이 전해지고 있다. 나사렛에서 온 한 성직자가 4세기경 작은 나무 성모상을 스페인의 한 도시 근처 수도원으로 들여왔고, 8세기 초에 다른 성직자가 서고트족의 마지막 왕과 동행하면서 이 성모상을 나자레로 가져왔다. 이 성직자는 작은 동굴에서 은둔생활을 하다가 사망했는데, 당시 성직자와 같이 은둔생활을 하던 마지막 왕이 성직자의 시신을 동굴에 묻고 이 성모상을 동굴의 제단 위에 놓아두었다. 12세기 초 사슴사냥 중 위기에 처한 포르투갈 기사의 목숨을 성모 마리아가 개입하여 구하게 되는 기적이 일어났고, 이 기사는 이를 기념하여 성모상이 놓여 있던 작은 동굴 위에 예배당을 지었다. 14세기 후반에 페르난두 1세가 맞은

나자레: 마을의 광장

나자레: 해안 절벽 아래 풍경

60대 부부의 포르투갈 한 달 살기

편에 더 넓은 새 성당을 지었는데, 16~19세기를 거치면서 바로크 양식의 건축물로 완전히 탈바꿈한 이 성당에는 중앙제단 뒤쪽 위에 기적의 성모상이 놓여 있어 방문객들이 관람하고 경배할 수 있다.

해안 절벽 위의 시티우Sítio 마을에 들어서니, 그리 크지 않은 예쁘장한 광장이 보였다. 광장 한편에는 아름다운 성당 나자레 성모 성소Santuário Nossa Senhora da Nazaré가, 맞은편 바다 쪽으로는 자그마한 메모리아 예배당Capela da Memória이 자리하고 있다. 이 작은 메모리아 예배당이 바로 처음에 작은 나무 성모상이 놓여 있던 곳이며, 나자레 성모 성소가 현재 이 성모상을 보존하고 있는 곳이다.

이곳에서 점심을 먹고, 서핑 장소를 구경하기로 했다. 나자레는 바닷가 마을이기 때문에 해산물이 좋다고 하며 가이드가 식당 몇 군데를 추천해 주었다. 가이드는 포르투갈에 대구 요리가 많은데, 포르투갈 바다에서는 대구가 잡히지 않고 대부분 북유럽에서 수입한 것이므로 추천하지 않는다고 하였다.

추천해 준 식당을 찾아가는 길에 마주한 절벽 아래 푸른 바다, 백사장, 붉은 지붕, 그리고 한 마리의 갈매기가 빚어내는 풍광은 우리의 탄성을 자아냈다. 눈을 돌리니 광활한 바다와 바다 위로 돌출한 절벽의 조화가 숨을 멎게 했다.

'지역 공예품'이라는 뜻의 식당 아르티구스 헤지오나이스 에르테자나투Artigos Regionais Artesanato에 들어갔다. 단체 관광객이 이용하는 것 같은 매우 큰 식당이었다. 비수기인 듯 손님은 거의 없었다. 날씨가 쌀쌀하여 전채 요리로 따끈한 생선 수프Sopa de Peixe를, 주요리로 오징어 구이Lulas Assadas와 칼데이라다 나자레Caldeirada Nazaré를 주문하여 둘이 나누어 먹었다. 칼데이라다는 솥에 가득 삶은 생선 요리로 포르투갈식 생선스튜이다. 칼데이라다를 주문했더니, 접대하는 직원이 탁월한 선택이라고 추켜세웠다. 날씨가 이렇게 꾸물거릴 때는 최고의 음식이란다. 음식을 받아보니 정말로 탁월한 선택이었다. 네 가지 종류의 생선을 감자와 함께 토마토소스에 조려 나오는 요리인데, 맛도 좋고, 양도 많고, 따끈따끈해서 우리 둘 다 대단히 흡족해했다. 오징어구이도 맛이 있었는데, 양으로 보면 생선스튜로 충분해 시키

나자레: 점심 식사로 먹은 생선 수프(상), 오징어구이(중), 칼데이라다 나자레(하)

지 않아도 좋을 뻔했다. 가격은 생선 수프 4유로, 오징어구이 14유로, 생선스튜 13유로였다. 와인 반병과 밥까지 합하여 33.63유로를 지불하였다. 가성비도 매우 좋은 식사였다.

점심 식사 후 개별적으로 나자레 성모 성소를 돌아보고 나서, 단체로 메모리아 예배당을 관람했다. 아줄레주로 벽을 장식한 예배당 내부는 아주 단순하고, 지하에는 성직자가 기거했던 동굴로 보이는 공간이 있다.

나자레 성모 성소

나자레: 성모상이 놓여 있던 메모리아 예배당

다시 걸어서 서핑 장소로 이동했다. 이곳의 파도는 큰 파도big wave를 넘어서서 거대한 파도giant wave로 불린다. 바닷속에 5킬로미터 깊이의 협곡이 있어서 센 바람이 불면 거대 파도가 형성된다. 이 거대 파도는 겨울철에만 발생하는데, 그중에서도 15일 정도의 짧은 기간에만 발생하기 때문에 서퍼

들이 이 기간을 목매어 기다린다고 한
다. 서핑 장소로 내려가다 보면 사람의
몸에 사슴의 얼굴을 하고 손에는 서핑
보드를 쥔 채 기다리는 듯한 자세로 바
다를 바라보는 커다란 조각상이 서 있
다. 이 조각상은 바로 거대 파도를 기다
리고 있는 모습을 형상화한 것이다. 올
해 초에 브라질의 유명 베테랑 서퍼가
나자레 바다에서 거대 파도를 타다가
사망한 사고를 뉴스에서 접한 적이 있
어 가이드에게 물어보았더니, 서핑 장
소에 지원인력 등 안전장치를 구비해
놓으므로 그런 일이 좀처럼 발생하지
않는데, 그때는 어쩌다가 불상사가 일어
났다고 했다.

나자레: 서핑 장소 입구

나자레: 거대한 파도를
기다리는 조각상

나자레: 고요하고 평온한 서핑 바다

사실 나자레에서는 무엇보다 거대한 파도가 눈 앞에 펼쳐지는 것을 보고 싶었다. 나자레를 방문하기로 결정한 이유도 이 거대 파도 때문이었다. 그러나 거대한 파도가 밀어닥친다는 것을 상상할 수 없을 정도로 바다는 고요하고 평온했다. 언젠가 겨울의 거대 파도 시즌에 다시 이곳을 방문할 수 있을까? 사진을 찍으며 시간을 보내다가 다시 다음 장소인 오비두스로 이동했다. 날씨는 이미 개어 화창하다 못해 뜨거웠다. 이곳 날씨는 참으로 변화무쌍하다. 언제나 날씨에 따라 입고 벗을 수 있도록 옷차림에 신경 써야 할 것 같다.

나자레에서 남쪽으로 달리기 시작하여 얼마 지나지 않아 **오비두스**에 도착했다. 리스보아에서 출발하면 차로 한 시간 정도의 거리이다. 기차도 있으나 시간이 오래 걸리므로, 개인적으로 방문할 때 플렉스 시외버스를 이용하는 편이 좋다. 오비두스는 로마 시대부터 시작되는 오랜 역사를 가진 성곽 도시로 이름 자체가 성채 또는 요새를 뜻한다. 골목, 광장, 성과 성벽이 잘 보존된 중세 건축의 모범 사례가 되고 있다. 포르투갈의 진주, 꽃의 도시, 여왕의 도시, 축제의 도시로도 불리며, 가장 아름다운 골목 도시로 알려져 있다.

오비두스가 위치한 레이리아Leiria현의 인구는 1만1천 명 정도다. 가이드에 의하면 오비두스 성내에는 단지 47명이 거주한다고 한다. 대부분의 역사지구가 그렇듯이 여러 행정 규제가 많으므로 거주하기에는 불편함이 많아 주민들이 떠난 것이다.

1148년 포르투갈 초대 왕 아폰수 1세가 무어인을 몰아내고 이 도시를 정복했고, 1210년 아폰수 2세가 카스티아 왕국의 우하카Urraca 왕비에게 이 도시를 결혼 선물로 주었다. 1281년 디니스 왕이 아라강Aragão의 이자

벨Isabelle과 약혼하면서 이 성을 선물했고, 이때부터 19세기 전반까지 포르투갈의 왕이 결혼할 때 왕비에게 이 성을 선물로 주는 사례가 빈번했다. '여왕의 도시'라는 이름은 이러한 전통에서 생긴 것이다. 이 마을은 중세 시대부터 16세기에 이르기까지 왕비들의 후원에 힘입어 부유해졌다.

오비두스는 서점으로 유명하다. 신도가 줄어 서점으로 변신한 상 티아구 성당Igreja de São Tiago을 포함해 14개의 서점이 있다. 2015년에는 유네스코 문학 도시로 선정되었고, 버려진 역사 공간 아홉 곳을 테마 서점으로 꾸며 국제문학축제를 개최하기도 했다.

오비두스 성채

오비두스 거리

성채로 들어서면 바로 왼쪽에 성벽으로 올라가는 계단이 나온다. 계단 앞에서 가이드가 사 준 진지냐Ginjinha를 시음했다. 알코올 도수가 20도라 우리의 예전 소주 도수와 비슷한 술이다. 야생 체리와 계피를 넣고 만든 달콤한 술로 초콜릿으로 만든 잔에 담아 나온다. 술을 마시고 초콜릿 잔까지 씹어먹으면 된다. 작은 한 잔을 마셨음에도 금방 배 속이 화끈거렸다.

| 오비두스 진지냐

| 오비두스: 성벽에서 내려다 본 성 밖 마을 전경

| 오비두스: 성벽에서 내려다 본 성 안 마을 전경

계단을 올라 높이 13미터, 길이 1.4킬로미터의 성벽을 걸었다. 성벽에 난간이 없어서 걸을 때 조심해야 한다. 오비두스 성 밖 마을과 성 안 마을의 전경이 시원하게 내려다보였다. 성 안으로는 멀리 높은 곳에 상 티아구 성당도 보였다.

성벽에서 내려와 중심 거리인 디레이타 거리Rua Direita를 걸었다. 중심 거리라고 하지만 흰색 바탕에 파란색과 노란색의 테가 둘린 예쁜 기념품 가게와 카페, 식당이 이어져 있는 골목길이다. 디레이타 거리의 아래쪽에는 산타 마리아 성당Igreja de Santa Maria, Matriz de Óbidos이 자리잡고 있다. 이 성당은 오비두스의 랜드마크로 1441년 아폰수 5세와 사촌 코임브라의 이자벨 왕비가 결혼식을 올렸던 곳이다.

오비두스: 중심가 디레이타 거리

오비두스: 산타 마리아 성당

날씨가 뜨거워 지쳐갔다. 카페에 들러 맥주와 생수를 마시며 쉬기도 하고, 기념품도 샀다. 오비두스에 대해 텔레비전에서도 소개했고, 많은 블로그에서 극찬하여 기대를 많이 했다. 이번 투어에서 세 도시 중 가장 적은 시간인 한 시간을 할애하여 아쉬워하며 갔는데, 성곽으로 둘러싸인 형형색색의 아담하고 예쁜 중세 마을 그 이상도 그 이하도 아니었다. 젊은 사람들은 아기자기한 골목길에 반할 것 같기도 하지만, 우리는 한 시간여 머물다가 별 아쉬움 없이 오비두스를 떠났다.

금요일에 신트라를 한 번 더 방문할 예정이기는 하지만, 오늘로 리스보아 근교 도시 여행을 마치고, 내일과 모레는 리스보아 시내를 돌아볼 계획이다. 리스보아 근교에는 우리가 방문한 도시 외에도 카스카이스Cascais, 세투발Setúbal, 바탈랴Batalha, 알코바사Alcobaça, 산타렝Santarém 등 자신의 관심에 따라 방문해볼 만한 도시들이 많다. 시간적 여유가 있다면 더 확장된 체험을 할 수 있을 것이다.

27일차: 5월 31일 수요일

📍 알파마 지구: 상 조르즈 성 ⋯ 📍 리스보아 대성당 ⋯
📍 산타 루지아 전망대 ⋯ 📍 국립 판테옹 ⋯ 📍 상 비센트 드 포라 성당/수도원

리스보아에서 관광할만한 곳은 주로 알파마 지구, 바이샤 지구, 벨렝 지구에 몰려 있다. 리스보아에 도착한 다음 날부터 연이어 사흘간 근교 도시를 다니느라, 숙소가 바로 상 조르즈 성 옆에 있음에도 불구하고 아직도 이

성에 가보지 못했다. 오늘은 상 조르즈 성을 비롯해 알파마 지구와 그 인근을 둘러보기로 했다. 알파마 지구와 인근에서는 상 조르즈 성, 리스보아 대성당Sé de Lisboa, 포르타스 두 솔 전망대Miradouro das Portas do Sol, 국립 판테옹Panteão Nacional, 상 비센트 드 포라 성당/수도원Igreja e Mosteiro de São Vicente de Fora, 아줄레주 국립 박물관Museu Nacionale do Azulejo 등을 볼 수 있다.

오전 10시경에 **상 조르즈 성** 입구로 갔더니 다행히 기다리는 사람이 거의 없었다. 입장료는 일반인 15유로, 65세 이상 12.5유로이다. 성에 들어서니 리스보아 전경이 한눈에 들어왔다. 리스보아에는 리스보아 전경을 조망할 수 있는 전망대가 여러 군데 있다. 상 조르즈 성은 리스보아의 일곱 개 언덕 중에서도 가장 높은 언덕에 위치해 있을 뿐 아니라, 360° 모든 방향을 조망할 수 있으므로, 가장 좋은 전망대라 하겠다. 다른 전망대들은 리스보아의 일부 전경만을 볼 수 있다는 한계가 있는 대신, 전경을 더 가까이 볼 수 있다는 장점이 있다.

리스보아 전경을 바라보며 우리가 다녀왔던 곳, 그리고 가야 할 곳을 눈여겨보았다. 멀리 지진 때 무너져 내린 그대로 보존된 카르무 수도원/성당이 보였다. 하얀 성채 같은 독특한 모습이라 눈에 선명하게 들어왔다.

우리가 동물원에서나 볼 수 있는 공작을 포르투갈에서는 공원에서도, 길거리에서도 만날 수 있다. 우리 숙소 바로 앞 골목길에서도 아침마다 공작들이 산책하는 모습을 볼 수 있다. 상 조르즈 성 공원에서도 공작들이 유유자적하게 걸어 다니고 있었다. 공작들이 이따금 꼬리를 활짝 펴면 관광객들이 사진을 찍느라 여념이 없다. 이렇게 우아하고 아름다운 공작의 목에서 어찌 그리 괴이한 울음소리가 나는 것일까? 공작의 울음소리를 들을 때

상 조르즈 성 공원에서 바라본 리스보아 전경

| 상 조르즈 성 공원에서 꼬리를 활짝 편 공작 | 숙소 근처 주차장에서 어슬렁거리는 공작 |

마다 안타까우면서도 한편으로 하나님은 공평하시다는 생각을 하게 된다. 모든 것을 다 갖출 수는 없다는 교훈을 주시려는 것이 아닐까?

상 조르즈 성은 성곽과 성안에 있던 왕궁의 유적들로 이루어져 있다. 우리는 천천히 성곽 주위의 공원을 둘러보고 성곽 안으로 들어가 성벽에 올랐다. 포르투갈에 와서 성벽에 오른 것이 몇 번인지 모르겠다. 엊그제 올랐다가 고생하며 돌아온 신트라 무어 성의 악몽이 되살아났다. 상 조르즈 성은 모든 성이 그렇듯이 투박하기는 하지만 내벽과 외벽으로 이루어져 전체적인 모습이 단순하지 않고 멋진 구석이 있다. 특히 울리세스 탑Torre de Ulisses에는 렌즈와 거울을 이용하여 리스보아 시내를 360° 실시간으로 세밀하게 볼 수 있는 암실인 카메라 이스쿠라Câmera Escura가 있어 들러볼 만하다. 흐릿하기는 하지만 사람과 차가 지나다니는 것까지 보일 정도다. 리스보아 시내 지도를 이해하는 데 도움이 된다. 10분 정도 상영하는데 상영 시간대가 정해져 있어서 시간을 잘 맞추어야 한다.

기원전 1세기 리스보아가 로마의 통치 구역으로 분류될 때 처음으로 상 조르즈 성의 자리에 요새가 지어졌고, 이후 여러 민족이 이 요새를 이용하다가, 8세기 무어인들이 이베리아반도를 점령한 후 증축했다. 1147년에는

| 상 조르즈 성 유적

아폰수 1세의 포르투갈 왕국이 이곳을 점령했고, 이후 1255년 리스보아가 수도로 선포되면서 이 성에 왕궁이 들어섰다.

성 조르즈 성은 강이 내려다보이는 언덕 위에 위치해 있기 때문에 군사시설과 주거에 모두 적합한 장소였다. 역대 포르투갈 왕들은 이 성을 요새로 이용했고, 테주 강변 코메르시우 광장 자리에 왕궁을 지어서 내려오기 전까지 이곳에 거주했다. 도시 방어를 위한 군사 요충지로서 침략에 오래 버티는 것이 목적이었으므로 높고 두꺼운 탑과 성벽 등 접근과 침투를 어렵게 하는 다양한 구조적 형태가 고안되었다. 1371년에 주앙 1세가 상 조르즈에게 이 성을 봉헌하면서 이 성은 상 조르즈라는 이름을 얻게 되었다. 이후 성은 감옥, 병영 등 여러 용도로 사용되었고, 리스보아 대지진으로 무너졌다가 1938년에 재건되었다.

성을 한 바퀴 둘러 보고 나오려다 보니 마누엘 1세 석상이 보인다. 마누엘 1세는 15세기 말에서 16세기 초에 걸쳐 선왕의 항해사업을 계승하면서 장대한 포르투갈 해상제국을 건설한 인물이다. 그의 재위 기간에 바스쿠 다 가마가 인도에 도착했고 페드루 알바르스 카브랄Pedro Álvares Cabral이 브라질 해안가에 처음 상륙했다. 포르투갈 전성기에 유행했던 '마누엘 양식'은 바로 마누엘 1세의 치세 때 꽃피운 건축양식에 그의 이름을 붙인 것이다.

상 조르즈 성 마누엘
1세 석상

상 조르즈 성에서 비탈을 조금만 내려오면 **리스보아 대성당**이 보인다. 리스보아 대성당은 아폰수 1세가 리스보아를 무어인들에게서 탈환한 뒤, 이슬람 사원이 있던 자리에 지은 성당이다. 1150년에 지어져서 겉모습과 실내 대부분이 로마네스크 양식이지만, 부분적으로 고딕과 바로크 양식이 섞여 있다. 보통 중앙제단의 뒤쪽은 비어있는데, 이 대성당은 중앙제단 뒤쪽에도 넓은 공간이 있어 예배당들이 들어서 있다.

디니스 왕의 통치 때 지어진 클로이스터에서는 1990년부터 고고학 발굴작업이 진행되고 있다. 로마 시대의 보행자 거리와 이슬람 식민 지배 시대의 공공건물을 포함하여 유적이 잘 보존되어 있는 곳이다. 지하 묘지에 전시실을 마련하여 그동안 발굴된 철기 시대부터 클로이스터가 지어진 13세기 말~14세기 초에 이르기까지 일상생활에 사용되었던 집기들을 전시할 계획이다. 대성당 입장료는 5유로인데 솔직히 지금까지 보았던 대성당 중 가장 볼 것이 없다는 생각이 들었다. 성당에 지대한 관심이 있는 사람이 아니라면 외관만

| 리스보아 대성당 파사드 | 리스보아 대성당 내부 | 리스보아 대성당 클로이스터에서 진행되고 있는 고고학 발굴작업 (위키피디아에서 이미지를 추출하였음) |

보아도 될 것 같다. 아마 고고학 발굴작업에 의의를 둔 성당인 모양이다.

국립 판테옹으로 가는 길에 우연히 **산타 루지아 전망대**Miradouro de Santa Luzia에 오르게 되었다. 붉은 꽃이 활짝 피어있는 곳에서 사람들이 사진을 찍고 있어 나도 한 장 찍고 비탈을 올라가니 우측 넓은 공간에 사람

산타 루지아 전망대에서 본 풍경

들이 많이 모여 있었다. 매우 활기차 보였다. 바로 테주강이 내려다보이는 산타 루지아 전망대였다. 여기서는 알파마 아래 동네와 테주강 쪽의 전망을 볼 수 있다. 붉은 지붕들 사이에서 멀리 우리가 곧 방문할 판테옹의 웅장한 돔도 보였다.

국립 판테옹은 블로그에서 많이 추천해 놓은 곳은 아니지만 사진이나 멀리서 보는 외관이 근사하여 외관만이라도 가까이에서 보고 싶었다. 16세기 후반 브라가 시의 순교자 산타 엥그라티아Santa Engratia에게 봉헌된 성당이 붕괴된 후, 그 자리에 17세기 말에서 18세기 초에 걸쳐 **산타 엥그라시아 성당**Igreja de Santa Engrácia을 완전히 새롭게 다시 지었다. 로마의 성 베드로 성당으로부터 영감을 받아 건축된 바로크 양식의 성당으로서 1916년에 국립 판테옹이라는 이름을 붙여 국가 주요 인물의 유해를 모셔놓고 있는

| 국립 판테옹

국립묘지이다. 탐험가, 대통령, 시인, 유명 파두 가수 등 포르투갈에서 가장 중요한 인물 또는 유명 문화적 인물의 무덤과 기념비가 놓여 있다. 대표적으로 인도 항로를 개척한 바스쿠 다 가마와 세계적인 파두 가수 아말리아 로드리게스의 석관이 안치되어 있다.

산타 엥그라시아 성당은 한 번도 예배 장소로 사용된 적이 없지만, 그 성당 이름을 지금까지 보존하여 국립 판테옹과 병행하여 사용하고 있다. 거대한 돔은 1966년에 이르러서야 완성되었다. 결과적으로 포르투갈에서 판테옹은 완성될 때까지 가장 오래 걸린 건축물이 되었다. 포르투갈에서는 매우 오래 걸리는 무엇인가에 대해 "산타 엥그라시아 같은 일a job like Santa Engrácia"이라는 표현을 쓴다고 한다. 건축에 오랜 시간이 걸린 이유에 대해서 전해지는 이야기가 있다. 산타 엥그라시아 이전에 있던 성당이 1630년에 강도를 당해 더럽혀졌고, 한 유대인이 범죄자로 지목되어 처형되었는데, 나중에 무죄로 판명되어 사면되었다. 그는 죽을 때 이 자리에 지어지는 새로운 성당은 결코 완성되지 못할 것이라고 예언했다. 1681년 새 성당의 건축이 시작되었을 때 몇 개월이 지나지 않아 폭풍으로 인해 성당이 붕괴했던 일도 있었다고 한다.

이곳은 강변에 가까운 외진 지역이고 찾아오는 길의 경사가 심하므로 뜨거운 날씨에 도보로 접근하기 쉽지 않다. 사람들이 많지 않았고, 툭툭을 타고 왔다가 내리지도 않고 외관만 보고 돌아가는 사람들도 있었다. 가까이에서 보는 판테옹의 모습은 매우 웅장했다. 남편이 내부도 보고 싶어 하여 입장권을 사서 판테옹 안으로 들어갔다. 국립이라 그런지 입장권은 저렴했다. 일반인 4유로, 65세 이상 2유로이다. 아줄레주 국립 박물관 입장료는 일반인 5유로, 65세 이상 2.5유로인데 판테옹과 아줄레주 박물관 통합권은 일반인 7유로, 65세 이상 3.5유로이므로 두 곳을 다 방문하려면 통합권을 사는 것이 좋다.

　내부는 외관보다 더 압도적이었다. 우리는 제일 위층으로 올라가 위에서 내려오며 관람하기로 했다. 위층에서 내려다보니, 리스보아 대성당에서 가져온 18세기 바로크 파이프 오르간이 보이고, 양쪽으로 석관들이 보였다. 바닥과 벽은 아름다운 무늬를 넣은 색 대리석으로 장식되어 있다. 돔의 테

| 국립 판테옹: 석관

| 국립 판테옹: 바로크 파이프
오르간과 색 대리석 바닥

| 국립 판테옹: 바스쿠 다 가마의 석관

| 국립 판테옹: 아래에서 올려다본 돔 천장

라스에서 보는 알파마와 테주강 전망도 일품이다. 아래층에 내려와 위를 올려다보면 가운데 붉은 방사형 무늬가 입혀진 큰 돔과 그 주위로 네 개의 작은 돔 천장이 보인다. 밖에서 보면 돔이 하나이지만 내부의 천장 구조는 다섯 개의 돔으로 설계된 것 같다. 우리는 와보기를 잘했다고, 특히 입장권 가격에 비하면 더욱 그렇다고 만족스러워했다.

판테옹 바로 옆에 있는 **상 비센트 드 포라 성당/수도원**으로 발걸음을 옮겼다. 이 성당/수도원은 리스보아의 수호성인인 상 비센트에게 봉헌된 성당/수도원으로, 리스보아를 무어인에게서 탈환한 직후인 12세기 초에 처음 세워졌으나, 우리가 보는 건물은 17세기 초반에 다시 지어진 것이다. 우리는 본당과 수도원 뜰만 보고 돌아왔지만, 수도원 내부에는 여러 주제를 다룬 18세기 아줄레주가 장식되어 있고, 탑 위에 올라가서 보는 테주강과 리스보아 전망도 훌륭하다고 한다. 브라간사 왕조의 무덤이 있는 곳이기도 하다.

상 비센트 드 포라 성당

| 상 비센트 드 포라 성당 내부

| 상 비센트 드 포라 성당 안뜰

    아줄레주 국립 박물관은 다소 떨어져 있으므로 내일 1일권 교통카드를 구입해서 가보기로 하였다. 관람을 마치니 오후 2시 반, 점심시간이 훌쩍 지나 있었다. 오늘도 뜨거운 햇볕 아래 긴 시간 비탈길을 걷느라 체력이 많이 소진되었다. 툭툭이나 우버를 불러 타고 갈까 하다가, 집까지 도보로 15분 걸린다는 구글 지도의 안내를 믿고, 다시 힘을 내어 걷기로 하였다.

    생각보다 빨리 도착하여 호스트가 추천해 준 숙소 근처의 식당 '카페 28Café 28'에 들어갔다. 식당 안은 재미있게도 28번 트램 내부를 재현해 놓았다. **28번 트램**은 리스보아의 주요 관광지를 들르는 구 트램으로 관광객들이 정류장에서 탔다 내렸다를 반복할 수 있는 리스보아의 명물이다. 우리도 한번 타 보려 했는데 아직 기회가 없었다. 내일은 교통카드를 구입해서 다닐 예정이므로 내일도 기회가 닿지 않을 것이다. 리스보아를 떠나기 전에 기회가 있을지 모르겠다. 식당에서 남편은 에보라에서 먹으려다 식당 메뉴에 없어 못 먹었던 돼지고기 요리 세크레투Secreto, 나는 새우 칵테일 샐러드를 주문했다. 그런대로 괜찮은 식사였다.

트램 내부를 재현한 숙소 인근의 '카페28'

'카페28'의 돼지고기 요리 세크레투

28일차: 6월 1일 목요일

📍 코메르시우 광장

📍 벨렝 지구: 제로니무스 수도원 ⟶ 📍 발견 기념비 ⟶

📍 파스테이스 드 벨렝 ⟶ 📍 벨렝 탑 ⟶

📍 굴벤키안 박물관 ⟶ 📍 아줄레주 국립 박물관

오늘은 24시간 사용할 수 있는 1일권 교통카드를 구입하여 대중교통을 이용해야 갈 수 있는 먼 거리 명소들을 방문하기로 했다. 벨렝 지구와 굴벤키안 박물관Museu Calouste Gulbenkian에 들렸다가 타임아웃 마켓Time Out Market Lisboa에서 점심을 먹고, 아줄레주 국립 박물관까지 관람하기로 계획을 세웠다.

리스보아 교통카드

리스보아에서 대중교통에 사용할 수 있는 카드는 교통카드인 비바 비아젠Viva Viagem 카드와 교통카드 기능에 리스보아 명소 입장까지 가능한 리스보아 카드Lisboa Card, 그리고 기차를 탈 때 사용하는 나베간트Navegante 카드가 있다. 나베간트 카드는 기차역에서 구입하여 기차를 탈 때 충전해서 사용하는 카드이다. 처음 구입할 때 티켓값 0.5유로를 추가로 내야 한다. 비바 비아젠 카드는 다시 초록색 카드와 흰색 카드로 나뉘는데 초록색 카드는 주로 주민이나 장기 체류자가 사용하는

리스보아 교통카드

카드이며, 단기 체류 관광객은 흰색 카드를 사용한다. 비바 비아젠 카드는 1회권 액수 또는 정액을 충전하여 사용할 수도 있고, 24시간권, 48시간권, 72시간권 등 정기권을 구입해 정해진 시간 안에 무한정 사용할 수도 있다. 리스보아 카드도 사용할 수 있는 기간별로 구입할 수 있는데, 이 카드로는 대중교통을 이용할 수 있을 뿐 아니라 관광 명소

60대 부부의 포르투갈 한 달 살기

에 입장할 때 무료이거나 할인된다. 리스보아 카드를 사용할 수 있는 관광 명소 목록은 정해져 있다.

녹색 비바 비아젱 카드와 리스보아 카드는 지하철, 버스, 신구 트램, 엘리베이터, 푸니쿨라, 페리, 기차 등 모든 교통수단에 사용할 수 있다. 반면 흰색 비바 비아젱 카드는 지하철, 버스, 신식 트램(여러 차량을 연결해 놓은 전차), 페리, 기차에만 사용할 수 있다(교통카드 정책도 종종 바뀌는지 비바 비아젱으로 28번 트램과 같은 구 트램을 탈 수 있다는 정보도 있고 그렇지 않다는 정보도 있어 우리 숙소 호스트에게 물어보았더니, 현재 녹색 비바 비아젱으로는 탈 수 있고, 흰색 비바 비아젱으로는 탈 수 없다고 확인해 주었다). 지하철과 버스, 신식 트램의 경우 1회권은 1.65유로, 24시간권은 6.6유로이다(처음 구입할 때는 티켓 값 0.5유로를 더 내야 하므로 7.1유로를 내야 한다). 즉, 4회를 타면 본전이고, 그 이상 많이 타면 탈수록 이익이다. 페리와 기차까지 탈 수 있는 비바 비아젱은 당연히 가격이 더 비싸다.

비바 비아젱 카드는 지하철역의 파란색 자동발매기에서 구입할 수 있다. 영어를 선택하여 이용할 수 있게 되어 있으므로 포르투갈어에 익숙치 않은 사람들은 영어를 선택하여 지시대로 따라 하면 된다. 1회권인지 정기권인지, 몇 장을 구입할 것인지, 이미 카드가 있어 충전하는 것인지 새로 구입하는 것인지, 일반 대중교통수단만 이용할 것인지 페리나 기차까지 같이 이용할 것인지 등을 선택하고 결제하면 된다. 교통카드나 리스보아 카드 사용 기간은 교통카드를 구입하는 시간이 아니라 처음 사용할 때의 시간부터 계산된다.

비바 비아젱 카드를 살 것인지 리스보아 카드를 살 것인지는 본인의 여행계획에 따라 잘 결정해야 한다. 하루에 리스보아 카드가 적용되는 명소를 여러 군데 방문할 계획이면 리스보아 카드를 구입하는 것이 좋고, 그렇지 않으면 교통카드 기능만 있는 비바 비아젱 카드가 유리하다.

교통카드를 사야 하므로 숙소에서 가장 가까우면서도 벨렝 지구로 가는 버스가 있는 지하철역을 찾으니, 구글 지도가 코메르시우 광장 지하철역으로 안내했다. **코메르시우 광장**은 리스보아에서 가장 규모가 큰 광장으로 리스보아의 중심지인데, 이제야 가보게 되었다. 코메르시우는 상업을 뜻하며, 과거 테주 강변 부두를 통해 무역하던 상인들이 드나들던 곳이므로 이러한 이름이 붙었다고 한다. 이곳에는 마누엘 1세의 히베이라 궁전Palácio da Ribeira이 있었으나 1755년 대지진으로 파괴되었다. 당시 왕이었던 주제 1세는 근교의 아주다 궁전Palácio Nacional da Ajuda으로 거처를 옮겼고, 대지진 후 도시 재건 사업을 주도했던 폼발 후작은 이곳에 광장을 조성했다. 광장 중앙에는 도시 재건을 위해 애쓴 주제 1세의 기마상이 서 있으며, 광장 북쪽에는 19세기에 세운 개선문이 있다. 개선문은 '승리의 아치'라고 부르기도 하는데, 여기에는 마리아 1세가 폼발 후작과 바스쿠 다 가마에게 월계관을 씌워 주는 모습이 조각되어 있다. 광장에서 행사가 계획되어 있는지 가설무대와 비계가 설치되어 있었다.

코메르시우 광장

60대 부부의 포르투갈 한 달 살기

코메르시우 광장의 주제 1세 기마상과 개선문

　우리는 코메르시우 광장 지하철역에서 24시간권 비바 비아젱 카드를 구입하여 버스와 트램, 지하철을 무려 열 번이나 탔으니 본전을 뽑고도 남았다. 웬만하면 걸어갔을 거리를 모두 대중교통 수단을 이용했다. 코메르시우 광장에서 제로니무스 수도원까지 한 번, 제로니무스 수도원에서 벨렝 탑까지 한 번, 벨렝 탑에서 굴벤키안 박물관까지 두 번, 굴벤키안 박물관에서 타임아웃 마켓까지 두 번, 타임아웃 마켓에서 아줄레주 국립 박물관까지 두 번, 아줄레주 박물관에서 집까지 두 번을 탔다. 교통수단을 이용하면 체력 소모를 줄여주어서 좋긴 하지만, 버스 정류장이나 지하철역을 찾고 버스나 지하철을 기다리는 데 걸리는 시간도 만만치 않아, 도보 여행과 교통수단을 이용하는 여행에는 각기 장단점이 있다. 또 시간 절약을 위해서는 지하철이 유리하지만, 버스를 타면 거리를 구경할 수 있어 좋은 점이 있다.

　벨렝 지구는 대항해 시대의 상징과도 같은 곳이다. 관광 명소인 벨렝 탑, 발견 기념비, 제로니무스 수도원 모두 대항해 시대와 관련된 건축물이다. 15년 전 방문했던 기억이 아직도 또렷하게 남아 있는 곳이기도 하다.

　첫 번째 행선지는 **제로니무스 수도원**이다. 코메르시우 광장에서 15E 버

| 제로니무스 수도원

스를 타고 제로니무스 수도원 옆에서 내렸다. 제로니무스 수도원은 바스쿠 다 가마가 인도에서 돌아온 후 바스쿠 다 가마와 엔히크 왕자의 성공적인 항해를 기념하며 마누엘 1세의 지시로 16세기 초에 건립한 수도원이다. 원래의 이름은 벨렝의 산타 마리아 수도원Mosteiro de Santa Maria de Belém이지만, 이 수도원을 제로니무스 수도회에서 사용했기 때문에 일반적으로 제로니무스 수도원이라고 부른다. 포르투갈의 후기 고딕과 마누엘 양식을 가장 잘 표현한 건축물 가운데 하나로 평가받고 있다. 정교하고 화려한 조각들로 장식되어 있어 눈이 부시고 규모가 커서 웅장하기도 한 멋진 건축물이다. 수도원 우측에 있는 산타 마리아 성당은 바스쿠 다 가마가 항해를 떠나기 전 기도를 드렸던 곳이다. 포르투갈이 가장 융성했던 시기에 지어졌다는 것을 증명하듯 대지진 속에서도 무너지지 않았을 만큼 견고하다. 1940년까지 수도원과 학교, 고아원 등 여러 용도로 사용되었다고 한다. 1983년 벨렝탑과 함께 유네스코 세계문화유산으로 등재되었다.

제로니무스 수도원 입장을 위한 긴 대기 줄

15년 전에 외관만 보았기 때문에 이번에는 내부까지 들어가 보고 싶었으나, 줄이 너무 길었다. 뙤약볕 아래서 기다릴 자신이 없어 이번에도 수도원 외관의 사진만 열심히 찍고 돌아섰다. 성당만 들어가면 무료, 수도원까지 들어가면 유료다.

제로니무스 수도원 앞의 넓은 임페리우 광장Praça do Império과 공원을 지나 지하도를 이용하여 대로를 건너면 넓은 광장이 나온다. 이 광장에 **발견 기념비**가 우뚝 서 있다. 발견 기념비는 포르투갈의 대항해 시대를 기념하는 범선 모양의 건축물로 1940년에 포르투갈 세계 전시회를 위해 일시적으로 만들어졌다가, 항해왕 엔히크 왕자의 사망 500주년을 기념하여 1958년에서 1960년에 걸쳐 재건축되었다. 길이 46미터, 넓이 20미터, 높이 52미터, 깊이 20미터이다. 기념비의 맨 앞쪽에는 해양왕

발견 기념비

임페리우 광장과 공원

엔히크 왕자의 조각상이 자리하고 있고, 바스쿠 다 가마, 마젤란, 카몽이스 등 탐험가, 항해가, 작가, 화가, 선교사 30명의 조각상이 양쪽으로 그 뒤를 따르고 있다. 발견 기념비는 앞에서 보면 범선 모양이지만 뒤쪽에서는 가운데에 큰 칼의 모양을 볼 수 있다. 혹자는 십자가 모양이라고 하는데 아래쪽이 뾰족한 것을 보면 정복의 상징인 큰 칼이라는 것이 더 적합한 관찰이 아닐까 싶다. 엘리베이터나 계단을 이용해 기념비 위로 올라갈 수도 있다.

발견 기념비의 우측 조각상

발견 기념비의 좌측 조각상

발견 기념비의 후면

발견 기념비 앞 광장 바닥은 대항해를 상징하듯 물결 모양의 칼사다 포르투게자로 포장되어 있다. 그리고 이 광장 바닥에는 나침반과 함께 포르투갈이 지배했던 나라에 연도를 표시해 둔 세계 전도가 그려져 있다. 전도에서 대한민국을 찾아 사진을 찍었다.

발견 기념비 앞 광장 바닥의 세계 전도

벨렝 문화센터

광장에서 건너편을 바라보니 멀리 **벨렝 문화센터** Centro Cultural de Belém가 보인다. 현대미술 작품의 전시와 음악, 연극 등의 공연을 볼 수 있는 종합 문화센터로 건축학적으로도 의미가 있는 건물이라고 한다. 리스보아에서 체류 기간이 길었다면 한번 가보았을 곳이다.

나타 전문점 파스테이스 드 벨렝

리스보아에서 가장 오래되고 유명한 나타 전문점 **파스테이스 드 벨렝**Pasteis de Belém에 들렸다. 1837년에 문을 열었다니 2백 년 가까운 역사다. 사람이 많아 항상 줄이 길다고 하여 걱정했는데, 오늘은 줄이 없어 금방 들어갈 수 있었다. 내부가 워낙 커서 줄이 길어도 금방 들어갈 수 있다고 한다.

이 가게에는 메뉴판이 따로 없고(벽 몇 군데에 붙어 있기는 하지만 워낙 홀이 넓어 멀리서는 잘 보이지 않는다) 냅킨 상자 위에 붙여 놓은 QR코드를 찍어서 보게 되어 있다. 스마트 시대라고는 하나, 스마트폰 사용에 익숙하지 않은 사람들은 주문하기도 어려운 세상이다.

파스테이스 드 벨렝의 냅킨 상자와 메뉴판용 QR코드

커피와 나타 한 개씩 주문해서 먹었다. 나타의 가운데 부분이 다른 집의 나타보다 더 '크리미creamy'했고, 겉의 과자가 더 바삭했다. 이 가게는 나타 뿐 아니라 다양한 빵과 음료를 판다. 우리는 아침 식사한 지 얼마 되지 않았기 때문에 발견 기념비를 보고 나타를 먹으러 갔지만, 나타 전문점이 제로니무스 수도원에서 3분 거리에 있으므로 먼저 들렸다가 발견 기념비로 향하는 것이 더 효율적이다.

파스테이스 드 벨렝에서 나와 **벨렝 탑**으로 향했다. 걸어서 15~20분 거리이지만 버스를 타고 가기로 했다. 구글 지도를 보니 15E 버스를 타면 되는데, 아까 내린 정류장은 수도원 옆이고, 벨렝 탑까지 가는 버스 정류장은 수도원 앞이다. 15E 버스가 와서 운전기사에게 벨렝 탑까지 가는지 물어보니 벨렝 탑까지 가려면 트램 15E를 타라고 한다. 버스는 수도원 앞이 종점이다. 젊은 한국 여성 두 명이 15E 버스를 타려다가 어리둥절하여 어찌 된 것인지 물어왔다. 영국에 교환학생으로 왔다가 포르투갈로 놀러 왔다고 한다. 신식 트램

트램 안의 발매기

은 차량을 이어놓은 긴 전차인데, 좌석이 많아 붐비지도 않고 버스보다 깨끗하기도 하여 쾌적했다. 트램 안에 티켓 발매기가 있어, 티켓이 없으면 승차하여 이 발매기에서 발권하면 된다. 버스 티켓은 운전기사에게서 직접 살 수 있다.

| 벨렝 탑

마누엘 양식의 벨렝 탑은 16세기에 마누엘 1세가 리스보아를 방어하기 위해 테주강과 대서양이 만나는 지점의 작은 섬에 세운 건축물이다. 요새와 요새 북쪽에 위치한 높이 30미터의 4층 석조 탑으로 이루어져 있다. 처음 완공되었을 때는 사면이 물에 잠겨 있었으나 현재는 상당 부분이 모래에 닿아있다고 한다. 공식 명칭은 리스보아 수호성인의 이름을 붙인 '상 비센트의 탑Torre de São Vicente'이다. 귀부인의 드레스 자락을 연상시킨다고 하여 '테주강의 귀부인'이라는 애칭으로도 불린다. 탐험가들이 승선하고 하선하던 장소이자 리스보아로 들어오기 위해 통과해야 하는 정식 관문의 역할을 했던 시설이었으며, 리스보아로 들어오는 외국 선박을 감시하면서 통관 절차 업무를 수행하던 곳이다. 1층은 19세기 초까지 정치범을 수용하

는 감옥으로 사용되었다. 간조 때는 물이 빠지고, 만조 때는 물이 차는 바다 위 감옥에서 죄수들이 얼마나 고통스러운 옥살이를 했을까? 다리를 건너 탑에서 입장권을 사면 탑의 내부를 관람할 수 있다. 우리는 외관만 보고 돌아서서 버스를 두 번 갈아타고 굴벤키안 박물관으로 향했다,

굴벤키안 박물관 초입에 자리한 굴벤키안 동상

굴벤키안 박물관은 리베르다드 거리 북쪽 끝에 있는 에두아르두 7세 공원Parque Eduardo VII의 위쪽, 즉 북쪽에 자리 잡고 있다. 버스를 타고 한참 외곽을 돌아가는 느낌이었다. 칼루스트 굴벤키안Calouste Gulbenkian(1868~1955)은 석유 사업에 종사했던 아르메니아계 영국인 사업가로서 제2차 세계대전 이후 리스보아로 이주하여 13년간 거주한 후 이곳에서 생을 마감했다. 한때 포르투갈 돈의 5퍼센트가 굴벤키안의 것이라 하여 그에게 'Mr. 5퍼센트'라는 별명이 붙었을 정도로 세계에서 가장 부유한 사람 중 하나였다고 한다. 그의 사후인 1956년에 리스보아에 굴벤키안 재단Fundação Calouste Gulbenkian이 설립되었고, 이 재단은 생전에 소장했던 수집품을 한곳에 모으고 싶어 했던 글벤키안의 염원을 실현하기 위해 굴벤키안 박물관을 개관했다.

굴벤키안 박물관

굴벤키안 박물관 음악당

굴벤키안 재단 앞 잔디밭

굴벤키안 박물관 정원

60대 부부의 포르투갈 한 달 살기

이곳은 미술관, 현대미술관, 도서관, 음악당, 야외무대, 연못과 정원, 카페와 레스토랑이 굴벤키안 재단 본부와 함께 들어서 있는 일종의 굴벤키안 복합단지라고 할 수 있다. 박물관은 고대부터 20세기 초까지, 그리고 유럽, 이슬람 세계, 중국과 일본 등 아시아 문화권에 이르기까지 광범위한 시공간을 아우르는 6천여 점의 작품을 소장하고 있으며, 이 가운데 1천 점을 선별하여 전시하고 있다. 회화와 조각, 도자기와 칠보, 양탄자, 의복, 유리와 금속 세공품 등 수집품의 장르도 다양하다. 렘브란트Rembrandt, 모네Monet, 루벤스Rubens, 마네Manet, 르노아르Renoir, 드가Degas, 터너Turner 등 우리에게 잘 알려진 화가들의 작품도 볼 수 있다. 최근에는 굴벤키안이 절대적으로 존경하던 프랑스 친구 르네 랄리크René Lalique의 보석과 유리 작품 전시실을 별도로 설치하였다. 굴벤키안 박물관은 전 세계에서 가장 훌륭한 예술품을 소장하고 있는 민간 미술관 중 하나로 평가받고 있다.

건물들이 모두 현대적이고 세련되었다. 특히 음악당은 더욱 그러하다. 오늘은 현대미술관에서 자코메티Alberto Giacometti 전시회를 하고 있었다. 시간이 있으면 박물관을 관람하고 싶었으나, 일정이 촉박하여 건물을 둘러보고 잠시 정원을 산책하는 것으로 만족할 수밖에 없었다. 굴벤키안 재단 앞 잔디 위에서 점심을 먹거나 나무가 우거진 정원의 숲속 벤치에 앉아 휴식을 취하고 있는 남녀노소들이 꽤 많이 눈에 띄었다. 많은 직장인이 점심을 싸가지고 이곳에 와서 먹는다고 한다. 이곳에는 정원을 바라보며 식사할 수 있는 간단한 뷔페식 카페테리아도 있다고 하니 참고할 만하다. 리스보아에 체류하는 일정에 여유가 있다면 가볼 만한 곳이다.

| 히베이라 시장(타임아웃 마켓) 입구 | 트램 뒤로 보이는 히베이라 시장 |

 점심을 먹으러 **타임아웃 마켓**으로 더 잘 알려진 **히베이라 시장**Mercado da Ribeira을 찾아 나섰다. 구글 지도는 버스를 타고 가다가 지하철로 갈아타고 가는 것이 가장 **빠른** 지름길이라고 안내해 주었다. 타임아웃 마켓은 19세기 말부터 채소와 해물 등을 팔았던 강변의 시장으로 2014년부터 시장의 절반 정도를 푸드코트처럼 운영하고 있다. 피렌체의 중앙시장 2층 푸드코트와 매우 비슷하다. 입점한 식당 중에는 유명한 요리사가 운영하는 곳들도 있어서 이들의 음식을 비교적 저렴한 가격에 먹을 수 있고, 포르투갈의 전통 음식과 각종 퓨전 음식을 맛볼 수 있다고 소개되어 있다.

 그러나 타임아웃 마켓 푸드코드에 들어서자 음식 냄새와 탁한 공기로 숨이 턱 막혔다. 음식 종류가 워낙 많아 무엇을 먹을지 결정하는 것도 큰일이었고, 남편은 그 좁은 장소에서 즉석으로 만든 음식의 위생에 의구심을 품었다. 가격도 그리 싼 편은 아니었다. 도저히 그곳에서 점심 먹을 엄두가 나지 않아 다음 행선지인 아줄레주 국립 박물관 근처에 가서 점심을 해결하기로 했다. 우리 숙소 호스트도 이곳을 추천해 주었고, 많은 블로그에서 이곳에 가볼 것을 권했는데, 솔직히 우리 취향에는 맞지 않는 곳이다.

 점심시간은 한참 지나 있었지만 아줄레주 국립 박물관 근처에 가서 식당을 찾았다. 버스에서 내려 정류장 근처를 돌아다녀 보니 다행히 식당 한 군데가 눈에 띄었다. 마리티마 드 샤브 레가스Marítima de Xabregas라는 식당이다. 매우 넓은 홀에 노부부 두 명이 늦은 점심을 하고 있었다. 워낙 늦은 오후라 점심 식사가 가능한지 물었더니 들어오라고 했다. 식탁에는 하얀 테이블보가 깔려 있었고, 그 위에 식당 이름이 새겨져 있는 고급 접시와 빳빳한 흰색 천 냅킨이 준비되어 있었다. 우리 둘 다 점심 특선인 정어리구이를 주문했는데, 확인해보더니 일인분만 된다고 한다. 남편은 대신

아줄레주 국립 박물관 근처의 식당
마리티마 드 샤브레가스

마리티마 드 샤브레가스의
이름이 새겨져 있는 접시

칠면조 볶음밥을 주문했다. 칠면조 고기와 베이컨, 소시지 등 남편이 좋아하는 재료들을 넣고 밥을 누룽지가 만들어질 정도로 살짝 눌려 만든 볶음밥이다. 남편은 만족스러워했다. 내가 먹은 정어리도 신선하면서 그리 짜지 않아 괜찮았다.

칠면조 볶음밥(좌)과 정어리구이(우)

직원들은 벌써 저녁 장사를 준비하느라고 분주했다. 접대하는 직원들이 모두 나이가 지긋하고 배가 나온 할아버지들이었는데, 다소 투박한 것 같으면서도 진솔하다는 느낌을 받았다. 할아버지가 영어 소통이 안 되어 칠면조를 설명하는데 온갖 제스처를 동원했다. 웃음이 터져 나오는 것을 억지로 참으며 결국 소통에 성공했다. 천 냅킨으로 서비스를 받아본 것도 거의 처음인 것 같다. 와인 포함 37.5유로를 내고 나왔다.

| 아줄레주 국립 박물관

아줄레주 국립 박물관은 리스보아의 동쪽에 위치한 베아투 지구의 강변 부두 부근에 자리 잡고 있다. 16세기 초에 마누엘 양식으로 지어진 마드르드 데우스 수도원Mosteiro dos Madre de Deus(성모 수도원) 건물 내에 설치되어

있다. 15세기 중엽부터 현대에 이르는 포르투갈 장식 타일 예술 및 다른 이베리아 문화권의 타일 예술 작품을 소장하고 있다. 타일 작품뿐 아니라 19세기에서 20세기에 걸쳐 만들어진 도자기도 전시하고 있다. 세계에서 가장 큰 세라믹 전시장 중 하나이다.

전시장에 들어서니 먼저 매우 현대적이고 강렬한 인상을 주는 작품이 보였다. 격렬하면서도 깊은 표정을 짓고 있는 남녀의 얼굴들을 빨강, 파랑, 노랑의 원색으로 표현한 아줄레주인데, 그림이 아니라 사진 같은 느낌을 받았다. '수평선 너머의 희망Esperança Além do Horizonte'이라는 제목의 특별전이었다. 오 그링고O Gringo라고 불리는 프랑스 작가 바스티앙 토마시니Bastien Tomasini의 작품전으로, 사진을 포르투갈 전통문화의 아이콘인 파두 및 아줄레주와 결합한 작품이라고 한다. 작품의 제작 과정은 이렇다. 먼저 아줄레주 박물관에서 아줄레주 조각들을 선택하여 사진 찍고, 사진 작업실에서 두 명의 포르투갈 파두 여가수를 포함한 모델들과 사진 작업을 진행하였다. 남성을 바다로 떠나보내는 여성의 관점에서 사랑 이야기를 만들어, 이 이야기를 일련의 아줄레주 패널에 표현하였다. 그래서 우수에 찬

아줄레주 국립 박물관: 오 그링고의 '수평선 너머의 희망' 아줄레주 작품전

남녀의 얼굴이 강렬하게 묘사된 것이다. 아줄레주가 성경이나 역사를 소재로 하거나 규칙적인 무늬를 표현하는 데 그치지 않고 계속 진화하고 있음을 보여주고 있었다.

아줄레주 작품들은 연대와 장르별로 전시되어 있다. 한 전시실에서는 타일 예술의 역사와 제작 과정을 포함해 아줄레주 전반에 대해 상세하게 보여주는 영상을 상영하고 있어, 아줄레주를 이해하는 데 도움이 많이 되었다. 대지진 이전 리스보아의 풍경이 그려져 있는 23미터 길이의 작품 '리스본의 거대한 파노라마Grande Panorama de Lisboa'도 볼 수 있다. 아줄레주 박물관은 엄청나게 많고 다양한 타일 작품들이 전시되어 있는 곳이므로 시간 여유를 갖고 천천히 관람할 필요가 있다. 이곳에서는 아줄레주 작품 외에 성당과 수도원에 있던 여러 장식들을 본래 배치되어 있던 상태 그대로 관람할 수 있다. 성모 수도원은 국가 기념물로 지정되어 있다.

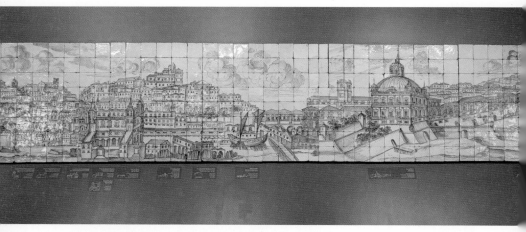

아줄레주 국립 박물관: 아줄레주 작품 '리스본의 거대한 파노라마'

아줄레주 국립 박물관: 다양한 아줄레주 작품들

대중교통을 이용하기는 했지만 더운 날씨에 워낙 많은 곳을 돌아다니느라 파김치가 되었다. 버스를 한 번 갈아타기는 했으나, 다행히 상 조르즈 성입구까지 올라오는 버스를 탈 수 있어서, 남편은 아이스크림을 사 먹고 나는 리스보아 기념품을 살만한 에너지를 남길 수 있었다.

29일차: 6월 2일 금요일

📍 신트라 페나 궁/공원 ··· 📍 시아두 지구에서 점심 식사 ···
📍 카몽이스 광장 ··· 📍 카르무 성당/카르무 고고학 박물관

정식 명칭 **국립 페나 궁/정원**Parque e Palácio Nacional da Pena도 15년 전에 호카 곶과 함께 방문한 적이 있는데, 남편이 전혀 생각나지 않는다고 하여 다시 한번 가보기로 했다. 오전 10시에 입장하는 온라인 입장권을 예매해 놓았다. 호시우 역에서 아침 8시 11분에 출발하는 기차를 타고 신트라 역에서 내렸다. 월요일 헤갈레이라 별장과 무어 성을 순전히 도보로 다녀오면서 너무 고생하여 이번에는 필히 교통수단을 이용하기로 했다. 페나 궁에 가는 434번 버스에 대해서는 1회권은 팔지 않고 1일권만 판다는 정보가 있어, 페나 궁만 다녀오려는 우리는 버스 대신 툭툭을 이용할 계획을 세웠다.

기차역에서 나오자마자 바로 보이는 툭툭 운전기사에게 가격을 물어보니 10유로라고 했다. 10유로 다음에 포르투갈 말로 계속 뭐라고 하는데, 우리는 못 알아들은 채 10유로라는 말만 재차 확인하고 툭툭에 올랐다. 지난 월요일 우리가 무어 성에서 내려와 신트라 기차역까지 걸어왔던 그 지루했던 길을 달려 페나 궁 정문에 도착했다. 10유로를 주니 인당 10유로란다. 이때는 10유로 'each'라고 했다. 타기 전 가격을 물어보았을 때 우리가 못 알아들은 포르투갈 말이 바로 이 each 뜻인 'cada'였던 것 같다. 우리가 처음부터 인당 10유로라는 것을 알았다면 버스표 가격을 자세히 알아보고 버스

를 이용했을 것이다. 사기를 당했다는 불쾌감이 들었지만 어쩌겠는가? 하는 수 없이 20유로를 주고 내릴 수밖에.

현재 페나 궁이 자리한 신트라 산 꼭대기는 16세기에 마누엘 1세의 명에 따라 건립된 제로니무 수도원이 있던 곳이다. 이 수도원은 18세기에 벼락을 맞아 심각하게 손상되었고, 곧이어 1755년 리스본 대지진으로 거의 폐허가 되어, 수십 년 동안 방치되어 있었다. 1838년에 페르디난두 2세는 이 수도원과 그 주변 토지, 무어 성, 그리고 인근의 다른 토지까지 매입하였고, 폐허가 된 수도원을 개조하여 왕족의 여름 거주지 용도의 궁전으로 활용하고 싶어 했다. 그의 명에 따라 왕궁은 낭만주의 양식으로 지어져, 1847년에 완성되었다. 왕과 왕비는 왕궁의 장식에 적극적으로 개입하여, 특히 볼트 아치vault arches와 중세 및 이슬람적 요소들이 포함되도록 주문했으며, 정문 파사드의 화려한 창문을 직접 설계하기도 했다. 이후 이 왕궁은 왕가에서 사용하다가 1889년 국가에서 매입하였고, 공화국 혁명 이후 1910년 국가 기념물로 등록되어 박물관으로 변신하였다. 1995년에는 유네스코 세계문화유산으로 등재되었다.

왕궁을 둘러싸고 있는 공원도 궁전과 함께 조성되었다. 왕의 이국적인 낭만주의 취향이 공원 조성에도 반영되어 북미 대륙과 중국, 일본, 오세아니아 대륙에서 자라는 수종까지 구해다가 약 200헥타르에 달하는 공원에 심었다고 한다.

정문에서 페나 궁까지는 10여 분 걸어 올라가야 한다. 페나 궁까지 가는 셔틀이 있어서 온라인 예매 때 원하는 사람은 셔틀까지 같이 예매할 수 있다. 셔틀 가격은 3유로이다. 그늘진 숲속을 걸어 올라가기 때문에 그리 힘들지 않다는 정보에 따라 우리는 셔틀 대신 걷기를 택했다. 우리의 선택이 옳

| 페나 궁

앉다. 걷는 것이 불편한 사람이 아니라면 셔틀은 필요 없다.

페나 궁은 외관이 회색 일색인 일반 궁전과는 다르게 노란색과 붉은색 벽, 그리고 파란색 타일로 알록달록하게 꾸며져 있어서 동화에 나오는 궁전 같은 느낌을 준다. 그런데 사진과는 달리 실제 색상은 밝지 않고 다소 칙칙하다. 남편은 실망하는 눈치였다. 기다리는 동안 주위에 지도를 보고 있는 사람들이 눈에 띄었다. 우리 바로 앞에 서 있던 미국인 커플에게 어디서 지도를 구했는지 물어보았더니, 정문 입구에서 가져왔다고 하며, 스페인어이기는 하지만 여분의 지도가 있으니 원하면 주겠다고 했다. 우리는 고마워하

| 페나 궁 내부

며 지도를 건네받았다. 포르투갈은 명소에 지도나 설명서가 잘 갖추어져 있
지 않고, 있더라도 눈에 잘 띄지 않는 곳에 놓여 있어, 집어와야 한다는 것
을 잊어버리기 십상이다.

우리가 입장 시간보다 30여 분 일찍 도착했기 때문에 우리 앞으로 기다리
는 사람이 많지 않았다. 시간이 되자 곧바로 입장할 수 있었다. 궁전 내부
는 일반 궁전들과 비슷하게 꾸며져 있어 특히 인상적인 것은 없었으나, 사
용되던 소품들이 잘 보존되어 있었고, 궁전의 건물구조로 인해 풍기는 아기
자기한 맛이 있었다.

페나 궁 공원의 폰트 두스 파사리뇨스

페나 궁 공원의 숲과 호수

내부 관람을 마친 후 공원을 걷기 위해 궁전에서 나왔다. 누군가는 공원이 매우 넓어 서너 시간이 걸린다고 했고, 또 누군가는 길을 잃어 헤매다가 지도를 든 여행객을 만나 간신히 빠져나왔다고 했다. 미국인 여행객에게서 얻은 페나 궁 지도가 없었으면 공원을 관람하기 매우 어려웠을 터여서, 이번 여행에서 우리에게 운이 따른다는 생각을 또 한 번 하게 되었다. 지도를 보면서 무리하지 말고 일부만 보고 가기로 했다. 페나 궁을 한 바퀴 돌아 정원과 '새의 샘'이라는 뜻의 폰트 두스 파사리뇨스Fonte dos Passarinhos, 그리고 호수를 돌아보고, 울창한 숲길을 걸어 공원 후문 쪽으로 내려왔다. 숲이 울창한 것은 좋았으나, 호수도 생각보다 작았고, 헤갈레이라 별장처럼 여기저기 볼만한 건축물이 없어 단조로웠다. 우리는 페나 궁보다 헤갈레이라 별장이 훨씬 더 좋다는 데 의견의 일치를 보았다.

신트라 역으로 돌아오는 것이 문제. 한번 잠깐 타자고 버스 1일권을 사기도 그렇고, 20유로를 내고 툭툭을 타기도 그렇고, 우버는 잡히지 않고. 공원 후문에 도착하니 후문 앞에 툭툭 두 대가 서 있었다. 툭툭 기사로 보이는 사람을 불러 가격을 물어보니 인당 7.5유로라고 한다. 알고 보니 이 사람은 툭툭 기사가 아니라 그 주변을 정리하는 요원이었다. 딱히 대안이 없고 15유로면 지불할 만하다고 생각하여 앞에 보이는 툭툭을 타러 갔더니 이미 탈 사람이 있었다. 정리 요원이 세 명 타고 있는 차 한 대를 가리키며 이들을 시내 중심가에 내려놓고 나서 우리를 기차역까지 데려다 줄 수 있다고 했다. 가격은 동일하게 인당 7.5유로. 일종의 합승이다. 운전기사에게 물어보니, 당연히 타라는 신호. 상대 승객에게 동의를 얻고 승차했다.

이 승객들은 헤갈레이라 별장에 가는 스페인 사람들이었다. 신트라 역→페나 궁→신트라 중심지로 연결되는 도로는 일방통행인 듯하다. 우리가 4일 전 무어 성에서 신트라 역까지 걸어 내려올 때 올라가는 차만 있었을 뿐 내려오는 차가 전혀 보이지 않았던 이유를 알 것 같다. 우리를 태운 차는 다시 페나 궁 정문 쪽으로 올라가서는 돌아 나오지 않고 계속 같은 방향으로 시내 쪽을 향해 내려갔다. 중간중간 교통체증이 대단했다. 특히 헤갈레이라 별장에 승객을 내려놓고 역 쪽으로 돌아 나올 때 외나무다리 위 염소 싸움으로 한참 동안 제자리에서 벗어나지 못했다. 성질 급한 라틴족들이 이 체증을 어떻게 견딜까 하는 의문이 들었다. 운전기사에 의하면 신트라는 여름 성수기에는 숙박시설과 식당을 비롯해 관광 인프라가 턱없이 부족하다고 한다. 그녀는 신트라 시의 행정을 책임지고 있는 사람들이 제대로 일을 하지 못해 관광객들에게 불편을 준다고 불만이 많았다.

사람들로 붐비는 신트라는 점심 먹을 곳이 마땅치 않을 것 같아 리스보아에 돌아와서 늦은 점심을 먹기로 했다. 인터넷에 홍보가 많이 되어 있는 **시아두**의 플로르스 거리에 있는 식당 '타베르나Taberna da Rua das Flores'를 찾아갔다. '선술집'이라는 뜻의 식당이다. 시아두는 서울의 청담동과 같은 세련된 지역이라고 하여 한번 가보려고 했는데 오늘이 기회였다.

호시우 역에서 나와 비탈길을 올라가니 **카몽이스 광장**Praça de Camões이 나왔다. 루이스 바스 드 카몽이스Luis Vaz de Camões는 포르투갈의 문학을 형성한 작가로 알려진 16세기 시인이다. 대표작으로는 바스쿠 다 가마가 인도 항로를 발견하기까지의 과정을 다룬 대서사시인 「우스 루지아다스Os Lusíadas」가 있다. 수감되기도 했고, 무어인과의 전투에서 우측 눈을 잃기도 했으며, 메콩강에서 조난당하기도 하는 등 파란만장한 일생을 보냈다. 역병에 걸려 사망하였으며, 유해는 제로니무스 수도원에 매장되었으나 1755년 리스보아 지진 때 소실되었다. 그가 사망한 날은 '포르투갈의 날'로 지정되어 있다.

| 카몽이스 광장

60대 부부의 포르투갈 한 달 살기

타베르나 식당은 유명세 덕으로 찾아오는 사람들이 많았다. 30분 후에 오라고 하여 대기자 명단에 이름을 올려놓고 시간에 맞추어 갔더니 많은 사람이 우리처럼 대기자 명단에 이름을 올리고 있었다. 직원이 오늘의 메뉴를 적은 칠판을 들고 와서 전채와 주요리에 대해 설명했다. 전채로는 홍합을 주문했고, 주요리로 남편은 햄버거를, 나는 생선과 감자 등 야채를 갈아 섞어 튀긴 일종의 고로케를 주문했다. 음식은 괜찮았지만, 현금만 받고 영수증도 수작업 처리하는 등 별로 신뢰가 가지 않았다. 점심 식사 비용은 탄산수 포함 39.5유로. 우리의 경험으로는 인터넷에서 추천하는 식당보다 우리가 식당 밖에 걸어놓은 메뉴를 직접 눈으로 확인하고 찾아 들어간 식당이 더 나을 때가 많았다.

시아두는 전통적인 쇼핑가이다. 현지 주민과 관광객 할 것 없이 이곳에서 책, 의복, 그릇 등을 구입하고 커피도 마신다. 이곳은 또한 박물관과 극장이 들어서 있는 중요한 문화적 공간이기도 하다. 세계에서 가장 오래된 서점인 베르트란드의 본점이 이곳에 있고, 카페 브라질레이라A Brasileira도 유명하다. 시아두 지역은 알파마 지역과는 분위기가 크게 달랐다. 세련되었지만

| 시아두의 거리

사람들로 더 붐비고 더 어수선했다. 남편은 낙후되었지만 상대적으로 조용한 알파마 지역의 분위기가 더 낫다고 했다.

점심을 먹고 인근에 있는 카르무 성당/카르무 고고학 박물관Igreja do Carmo/Museu Arqueológico do Carmo을 찾아 나섰다. 구글 지도의 잘못된 안내로 방황하다가 다시 호시우 역으로 되돌아와 점심 전에 갔던 길을 그대로 다시 걸어 올라가는 불상사가 벌어졌다. 그러나 덕분에 헤스타우라도르스 광장을 지날 때마다 남편이 관심을 보이던 푸니쿨라 **아센소르 글로리아**Ascensor Glória를 보게 되었다. 남편은 언덕을 오르는 푸니쿨라와 이를 타려고 기다리는 사람들을 보고 저 언덕 위에 뭔가 볼만한 것이 있는 것 같다며 한번 가 봐야 하지 않겠느냐는 말을 여러 번 했다. 언덕이 많은 리스보아는 언덕길만 오르내리는 전차가 있는데, 이 전차를 아센소르Ascensor라고 부른다. 우리는 일반적으로 푸니쿨라라는 용어에 더 익숙하다. 오늘 우연히 이 푸니쿨라가 아센소르 글로리아라는 것과 헤스타우라

| 푸니쿨라 아센소르 글로리아

도르스 광장과 바이후 알투 지구의 상 페드루 알칸타라São Pedro Alcântara 전망대를 연결한다는 것을 알게 되었다. 푸니쿨라 겉면에 3.8유로라고 써 있었다. 리스보아 카드를 소지하면 무료 탑승할 수 있다고 한다. 리스보아 에는 글로리아선 외에 비카 선Ascensor da Bica과 라브라 선Ascensor da Lavra이 있다.

카르무 수도원/성당은 14세기 말에 건립된 수도원/성당으로 대지진 때 수 도원과 성당의 상당 부분이 파괴되었는데, 무너져내린 수도원의 흔적을 그 대로 보존하고 있어 독특한 모습을 보인다. 현재까지 남아 있는 성당 부분 은 고고학 박물관으로 사용되고 있다. 마치 성벽같이 높고 투박한 외관을 둘러본 후, 음료를 마시러 수도원 위쪽에 있는 카르무 루프 탑Carmo Roof Top에 올라갔다. 알고 보니 이곳이 바로 **산타 주스타 엘리베이터/전망대의 승하차장**이었다. 우리가 거의 매일 지나다니는 바이샤의 산타 주스타 엘리 베이터를 타고 올라오면 여기서 내리게 된다. 오늘은 우연히 우리가 미처 보 지 못했던 명물 또는 명소를 보게 되었다.

| 카르무 성당/카르무 고고학 박물관

| 카르무 루프 탑에서 올려다본 산타 주스타 엘리베이터/전망대의 승하차장

아래에서 이 엘리베이터를 타고 올라오려면 줄을 길게 서서 기다려야 하지만 카르무 수도원 위쪽 하차장에서는 기다리지 않고 탈 수 있다. 전망대로 이용하는 것이 목적이라면 카르무 수도원 쪽에서 타고 내려가는 것도 하나의 전략이다. 카르무 루프 탑에서 커피와 맥주 한잔씩 마시고 계단으로 내려오니, 바로 앞에 유명 쇼핑몰 **아르마젱스 두 시아두**Armazéns do Chiado가 보였다. 이 쇼핑몰에는 분명히 엘리베이터나 에스컬레이터가 있을 것 같아 무작정 들어갔다. 우리의 예상대로 엘리베이터와 에스컬레이터가 있어 이 두 수단을 이용하여 1층으로 내려오니 쇼핑몰 앞이 바로 우리가 숙소로 갈 때 이용하는 바이샤 엘리베이터가 있는 거리였다. 이제 우리도 요령이 생겨 리스보아 시내를 내 집 드나들 듯 잘 돌아다닌다. 핑구 도스에서 마지막 장을 보고 귀가했다.

아랍 에미레이트 항공사에서 온라인 체크인하라고 연락이 왔다. 집에 돌아가는 것이 실감 난다. 항공사에서 제공하는 쇼퍼가 우리를 숙소에서 픽업하여 공항까지 데려다주기로 하였는데, 성안까지 들어올 수 있을지 걱정이 된다. 이곳 전문가들이니 상 조르즈 성 지역 출입증이 있는 쇼퍼를 보내겠지.

30일차: 6월 3일 토요일

📍 포르타스 두 솔 전망대 ┈┈ 📍 벼룩시장

| 알파마의 골목길

　포르투갈 체류 마지막 날이다. 오늘은 아침을 먹고 더워지기 전에 아직도 돌아보지 못한 우리 동네를 한 바퀴 돌기로 했다. 우리 숙소 뒤편에서 오는 사람들이 꽤 많아 그쪽에 뭐가 있는가 하여 먼저 뒤편으로 가보았다. 상 조르즈 성의 닫힌 문 외에는 아무것도 없었다. 상 조르즈 성으로 올라오는 길이 이쪽에도 있는 모양이다. 조금 걷다 보니 금방 우리 숙소가 나왔다. 매우 좁은 동네.

　조금 더 걸어 리스보아에서 가장 오래된 전망대라는 포르타스 두 솔 전망대에 가보기로 했다. 알파마 지구는 리스보아의 대지진에서도 살아남은 곳이 많아 골목길을 보존하면서 복구했다고 한다. 제일 오래된 지역이어서

| 포르타스 두 솔 전망대

| 포르타스 두 솔 전망대 앞 리스보아 수호성인 상 비센트 석상

포르투갈의 전통적인 모습을 가장 잘 볼 수 있는 곳이지만 낙후된 것은 어쩔 수 없는 것 같다. 허물어져 가는 집들과 재건축을 진행하는 집들이 공존하고 있다. 알파마 지역 거주자들의 내막은 잘 모르겠으나 겉으로 보면 우리식의 달동네 같다.

　　포르타스 두 솔 전망대는 대성당에서 국립 판테옹으로 가는 도중에 우연히 들렸던 산타 루지아 전망대의 바로 위쪽에 있었다. 전망대 앞에는 리스보아의 수호성인인 상 비센트의 석상이 서 있다. 전망대에서는 알파마 동네, 테주강, 국립 판테옹, 비센트 드 포라 수도원이 한 폭의 그림같이 펼쳐

포르타스 두 솔 전망대에서 바라본 전경

진다. 방향을 조금 돌리면 테주강에 며칠째 떠 있는 크루즈 여객선이 알파마의 붉은 지붕들과 어우러져 또 하나의 그림으로 다가온다. 산타 루지아 전망대보다 더 아름다운 풍경을 보여주고 있었다.

　이른 아침이어서 아직 사람들이 많지 않았다. 전망대 광장 노천카페에서 테주강을 바라보며 커피 한잔씩 마셨다. 포르투를 떠난 이후 오랜만에 가져보는 여유로운 시간이다. 리스보아 일정에 여유가 있었다면 이곳에 자주 내려와 커피나 와인 한잔씩 마시며 아름다운 리스보아 전망을 즐겼을 것 같다. 번잡한 리스보아에 좀처럼 호감이 가지 않았는데, 마음에 여유가 생기니 리스보아가 아름다운 도시라는 것을 새삼 깨닫게 된다. 우리 숙소도 언덕 꼭대기에 있어 힘들다는 생각만 했으나, 리스보아의 주요 관광지가 이곳에 몰려 있어서 조금만 내려오면 가볼 수 있다는 점에서 괜찮은 위치에 있었던 것 같다.

　오늘은 진을 빼지 말고 동네를 잠깐만 돌아본 후, 더워지기 전에 숙소로 돌아와 정리하고 짐을 싸려고 했는데, 욕심이 어디 갈까? 화요일과 토요일에만 여는 벼룩시장 Feira da Ladra이 생각나 들려보기로 했다. 전망대를 내려오니 28번 트램이 줄지어 내려오고 있었다. 우리도 리스보아를 떠나기 전

| 줄지어 내려오는 리스보아의 명물 28번 트램

에 한번 타 보려 했는데, 지금은 이미 관광지를 다 돌아본 터라 별 의미가 없다고 판단했다.

비센트 드 포라 수도원과 국립 판테옹 사이의 광장에서 열리고 있는 **벼룩시장**은 꽤 넓었다. 5년 전 이탈리아 여행 때, 피렌체 근교의 아레초Arrezo에서 매월 첫 번째 일요일에만 여는 벼룩시장에 가겠다고, 도착한 지 며칠 되지도 않아 중세 소도시 탐방에 나섰던 기억이 떠올랐다. 비가 추적추적 오는 날에 지도도 구하지 못한 채 무작정 돌아다니다가, 원래 가려고 했던 식당을 찾지 못해 마음에 들지 않는 점심을 먹고는 언짢은 기분으로 피렌체로 돌아왔던 '웃픈' 경험이 있다. 이곳 벼룩시장에서는 포르투갈이나 리스보아와 관련된 기념품, 골동품, 악세서리, 헌책, 엘피 음반, 찻잔과 접시, 오래된 아줄레주, 오래된 공구 등 온갖 물건들을 팔고 있었다. 남편은 리스보아를 그린 작은 그림 판넬이 직접 그린 그림 같다고 사고 싶어 했는데, 내가 보기에 복사본인 듯싶어 한참 옥신각신했다. 주인이 없어 물어보지도 못하고 결국은 빈손으로 돌아왔다.

오전 10시가 조금 지났는데 벌써 뜨거운 열기가 아침에 전망대에서 맛

60대 부부의 포르투갈 한 달 살기

벼룩시장

보았던 상쾌한 기분을 망가뜨리고 있었다. 돌아오는 길에 다시 포르타스 두 솔 전망대에 들러 이번에는 전망대 아래에 있는 헤스타우란트 & 자르 딩 솔Restaurante & Jardim Sol(레스토랑과 정원 태양)에 들어가 생수와 진저에일ginger ale을 마셨다. 진저에일은 처음 맛보는데, 생강을 주로 하고 레몬, 고추, 계피, 정향 등의 향료를 섞어 캐러멜로 착색시킨 발포성 청량음료라고 한다. 양주를 희석할 때 물 대신 사용하기도 한다. 맛이 괜찮았다.

레스토랑에 앉아 있는 사람들의 표정은 모두 평화로웠으나, 레스토랑에 들어오는 사람들의 얼굴은 벌겋게 달아올라 힘들어 보였다. 남편은 우리가

포르타스 두 솔 전망대 아래 '헤스타우란트 & 자르딩 솔'에서 휴식

리스보아에서 이런 여유로운 시간을 많이 가졌다면 리스보아를 좋아했을 것이라고 했다. 그리고 바이샤나 시아두의 번화한 분위기보다는 알파마의 한적한 분위기가 더 좋다고 또 한 번 말했다.

숙소 근처에 포르투갈 바칼랴우 파스텔 전문점Casa Portuguesa do Pastel de Bacalhau이 있다. 이 전문점은 체인점이다. 카르무 수도원 위쪽의 산타 주스타 엘리베이터 승하차장 옆에도 있다. 포르투갈을 떠나기 전에 그동안 먹어 보지 못했던 음식을 먹어보아야 할 것 같아 숙소 근처에서 바칼랴우 파스텔 두 개를 사가지고 귀가했다. 한 개에 5유로다. 바칼랴우 파스텔은 대구를 갈아 치즈와 섞어 튀긴 일종의 대구 고로케다. 점심은 남은 야채로 샐러드를 만

들고, 대구 고로케와 남은 와인으로 해결
했다. 나는 맛이 괜찮았는데, 남편은 대구
냄새가 너무 심하게 난다고 하며 탐탁지
않아 했다. 대구 요리는 나같이 좋아하는
사람들과 냄새 때문에 싫어하는 사람들
두 부류로 나뉘는 것 같다.

바칼라우 파스텔

오후에는 숙소에서 여행기를 작성하다
가, 남은 음식을 총동원하여 저녁을 준비했다. 미역국에 넣으려고 샀던 냉
동 홍합 반 봉지, 라면 한 개, 조리 김, 전날 해 놓았던 밥, 낮에 만들어놓은
야채 샐러드, 소고기볶음 고추장과 된장이 남아 있었다. 라면에 홍합과 소
고기볶음 고추장을 넣고 끓여 밥과 같이 나누어 먹기로 했다. 반찬은 야채
샐러드와 김. 리스보아에서 마지막 만찬은 훌륭했다.

소화도 시킬 겸 아침에 갔던 포르타스 두 솔 전망대에 다시 나갔다. 집에
서 5분 거리밖에 안 되는 것을 오늘에서야 찾아 나섰고, 오늘만 세 번 들렀
다. 숙소에서 리스보아 대성당, 두 전망대, 국립 판테옹, 상 비센트 드 포라
성당 모두 5분에서 15분 거리 이내에 있다. 리스보아에서는 근교 도시 여행
을 먼저 하느라 바이샤 지구인 헤스타우라도르스 광장과 호시우 역부터 다
니기 시작했기 때문에 막상 내가 머무는 알파마 지구에서는 오늘에서야 커
피 한잔 마실 여유를 찾았다. 저녁이 되니 날이 서늘해지고 테주강에서 전
망대로 불어오는 바람도 시원했다. 테주강에는 크루즈 여객선에 이어 흰색
요트들이 점점이 떠 있었다. 포르투갈에서의 마지막 저녁을 테주강을 바라
보며 이렇게 보냈다.

포르투갈 한 달 살기의 마무리: 테주강을 바라보며

31일차: 6월 4일 일요일

📍 리스보아에서 귀국 길에 오름

리스보아 공항에서 14시 15분 출발이다. 일찍 공항에 나가 있는 것이 나을 것 같아 숙소에서 10시 15분에 픽업하는 쇼퍼 서비스를 예약해 놓았다. 기우를 불식하고 역시 검은 정장 양복을 말쑥하게 빼어 입은 멋진 쇼퍼가 제시간에 집 앞에 도착하기는 했다. 방문 카드를 가지고 있어 성 지역 안까지 들어올 수는 있었으나, 이번에는 차의 크기가 문제였다. 차량이 벤츠 밴이라서 좁은 골목을 통과하기 어렵다고 성벽 밖에 세워놓고 왔다고 한다. 성벽 밖까지 큰 가방은 쇼퍼가 끌고 작은 가방은 남편이 끌면서 내려갔다. 처음 숙소에 올 때 택시가 우리를 내려놓던 장소에서 우리가 기다리는 동안 쇼퍼가 검정 밴을 가지고 올라왔다. 짐을 끌고 내려가는 길은 그리 힘들지 않았지만, 쇼퍼는 연신 양해를 구했다.

공항은 리스보아 시내에서 그리 멀리 떨어지지 않은 곳에 있다. 숙소에서 북쪽으로 30분이 채 걸리지 않았다. 리스보아 공항이 작아 새로운 공항을 하나 더 만들어야 한다는 논의만 벌써 수십 년째 진행되고 있다고 한다. 공항에 들어서니, 교통체증이 심해졌다. 쇼퍼는 지하 주차장에 차를 대고 우리가 엘리베이터를 타고 4층 체크인 장소로 올라갈 수 있도록 편의를 봐준 후, 정중하게 인사를 하고 돌아갔다. 다시 한번 양해를 구한다는 말을 빼놓지 않았다.

아랍 에미레이트 항공사가 블랙레인Blacklane이라는 글로벌 차량 서비스

회사와 계약을 맺고 이 쇼퍼 서비스를 제공하는 모양이다. 쇼퍼 예약 날짜가 다가오면 여러 차례 예약 상황에 대해 이메일로 공지하고, 승차 직전에는 쇼퍼의 이름과 연락처를 문자 메시지로 알려온다. 쇼퍼 이용 후에는 고객이 평가하도록 한다. 그래서 쇼퍼들이 고객의 만족에 더 신경 쓰는 것 같다. 검은 정장을 멋지게 차려입은 쇼퍼의 정중한 대접을 받으면 귀빈이 된 듯한 느낌이 들기도 하고, 한편으로 부담스럽기도 하다.

공항은 매우 복잡했다. 우리는 탑승 수속을 밟고 나서 세금을 환불받아야 한다. 인터넷에 리스보아 공항에서 세금 환불받는 방법을 자세히 써 놓은 블로그가 있어서 미리 열심히 공부했다. 짐까지 다 탑승 수속을 밟은 후 면세품이 들어있는 짐은 부치지 말고 세관원으로 가지고 가야 한다. 온라인 체크인을 했더라도 반드시 종이 탑승권을 받아 89-E 구역으로 가면 세관원과 전자 세관 도장을 처리할 수 있는 기계가 나온다. 물품을 어디서 구입했는지에 따라 절차가 조금씩 다르다고 하는데, 우리처럼 모든 물품을 포르투갈에서 구입한 경우 기계에서 여권과 최종 도착지행 종이 탑승권을 인식시키고 화면에 나오는 지침대로 따라 하면 세관원에 직접 가지 않더라도 처리가 된다. 옆에 도와주는 사람도 있다. 절차가 원만하게 끝나면 탑승 수속을 밟은 항공사 카운터로 다시 돌아가서 짐을 부치라는 메시지가 뜬다. 돌아가서 짐을 부치고 보안검색대를 통과하면 세금 환불 대행사 세 곳이 나온다. 블로그에서는 그중 한 곳에 여권, 탑승권, 면세품 영수증을 제출하면 환불받을 수 있다고 했다. 그러나 우리의 경우에는 대행사 두 곳에서 모두 웨스턴 유니온Western Union이라는 곳에서 환불받아야 한다고 돌려보냈다. 면세점을 다 지나가서 우측에 있는 웨스턴 유니온을 간신히 찾아 세금을 환불받았다. 현금으로 환불받으면 수수료 3유로를 제하고 준다. 카드로 환불받으면 수수료는 없으나 입금될 때까지 며칠 걸린다고 한다. 잘 모르겠으면 안내 센터에 가서 물어보는 것이 제일 좋은 방법이다.

아들, 며느리, 손녀의 코르크 신발
(귀국 후 며느리가 보내온 사진)

다음은 가장 중요한 손녀 선물을 살 차례다. 아들과 며느리 선물로는 포르투에서 코르크 신발을 샀는데, 아동용이 없어서 손녀 신발은 사지 못했다. 마땅히 살 것이 없어서 옷을 살까 돌아보는 중에 용케 아동용 코르크 슬리퍼가 눈에 띄었다. 아들네에게 카톡으로 손녀 발 사이즈를 물었는데, 대답이 없어 눈대중으로 한 켤레 샀다. 나중에 며느리가 보내온 사이즈는 이보다 커서 교환하려고 다시 갔더니, 창고 재고까지 조사해보았는데도 그 사이즈는 없었다. 직원이 자로 재어보니 지금 신기에는 딱 맞을 것 같아 그대로 가지고 왔다. 어느새 발이 이렇게 컸을까? 운 좋게 아들네 세 식구 모두에게 포르투갈의 특산품인 코르크 신발을 사줄 수 있어서 다행이다. 평소에 손녀가 좋아하던 유아용 초콜릿이 초대형 봉지에 들어 있는 것을 우연히 발견하고 그것도 한 봉지 샀다. 손녀의 치아 건강에 신경 쓰는 아들과 며느리는 아마 반가워하지 않겠지.

리스보아 공항에는 아랍 에미레이트 항공사 전용 라운지가 없어서 포르투갈 항공사 TAP 라운지를 이용해야 한다. 점심시간이라 앉을 자리 찾는 것도 쉽지 않았다. 음식은 괜찮았다. 얼마 앉아 있지도 않았는데 벌써 탑승 시간이 다 되어 게이트로 이동했다. 아랍 에미레이트 게이트는 제일 멀리 구석에 있었고, 연결 브리지가 없어 버스로 한참을 이동해야 했다. 포르투갈 공항을 이용하려면 시간 여유를 많이 두고 나와야 할 것 같다.

32일차: 6월 5일 월요일

📍 인천공항 도착

리스보아에서 두바이까지 7시간 35분, 환승 대기 2시간 50분, 두바이에서 인천까지 8시간 20분, 총 18시간 45분 걸렸다. 승무원들이 리스보아 출발 두바이행 항공편에서는 마스크를 착용하지 않았는데, 두바이 출발 인천행 항공편에서는 모두 착용하고 있었다. 한국이 다른 나라에 비해 코로나19에 대해 더 민감한 모양이다. 두 항공편 역시 기내 서비스가 훌륭했다. 배가 불러 먹을 것을 연거푸 거절했더니, 이것저것 계속 가져와 먹겠는지 의사를 물어보았다.

시차를 고려하면 두바이행 항공편에서는 잠을 자고, 인천행 항공편에서는 깨어있는 것이 귀국 후 시차를 극복하는 데 도움이 된다. 그러나 생체시계는 나의 의지와 관계없이 거꾸로 돌아갔다. 두바이행 기내에서는 여행기를 작성하며 보냈고, 인천행 기내에서는 식사도 건너뛰고 잠을 잤다. 귀국 후 시차 조정에 고생했던 이유다.

인천공항에서는 역시 쇼퍼가 대기하고 있었다. 출국장 밖의 한 카운터 근처에 쇼퍼들이 모여 있다가 자신의 담당 승객이 나오면 픽업하는 시스템이다. 카운터 직원에게 이름을 알려주고 초과되는 거리에 대한 비용을 지불하니, 내 담당 쇼퍼를 불러주었다. 집까지 안전하고 편안한 귀환. 드디어 포르투갈 한 달 살기의 대장정이 막을 내렸다.

　포르투는 유럽의 전통적 분위기가 물씬 나면서, 아담하고, 여유롭고, 잔잔한 아름다움이 있는 매력적인 도시다. 사람들이 친절하기까지 하다. 피렌체처럼 역사문화적 의의가 큰 유적이나 작품은 많지 않지만, 그래서 오히려 꼭 가봐야 한다거나 공부해야 하는 부담 없이, 그리고 하루 종일 돌아다니느라 녹초가 되어 귀가할 필요 없이, 더 여유를 누릴 수 있었다. 구시가지 바로 앞에 아름다운 도루강이 흐르고, 조금 더 나가면 푸른 대서양과 고운 백사장이 드넓게 펼쳐지며, 이곳저곳 숲이 우거진 공원과 정원이 많아 휴식처를 찾는 데도 어려움이 없었다. 다만 우리의 기대와는 달리 관광객이 넘쳐나고, 진행되고 있는 공사가 많아, 번잡한 것이 흠이라면 흠이었다.

　쾌청한 날씨는 우리의 '포르투 살기'에 여유로움을 더해 주었다. 구름 한 점 없는 쪽빛 하늘과 따사로운 햇살, 그리고 강변과 바다에서 불어오는 청량한 바람은 '신선놀음'하기에 안성맞춤이었다. 가장 기분 좋은 추억은 명소 관람보다 뜨거운 햇살 아래 강가나 바닷가의 노천카페에서 시원한 바람을 맞으며 커피나 와인을 홀짝이던 시간이다. 5년 전 우기인 11월에 떠난 이탈리아 여행 때 차분한 분위기가 여행의 맛을 더해 준다고 생각했었는데, 밝고 화창한 날씨를 접하고 보니 여행의 맛은 역시 5월의 햇살 아래에서 더 감미로워지는 것이 틀림없다. 그러나 5월 하순에 접어들면 햇살이 뜨거워 한낮에는 돌아다니기가 힘들어지고 그늘을 찾게 된다. 아침·저녁과 낮, 그리고 양지와 그늘 간 기온 차가 크므로, 항상 겉옷을 준비해 다니는 것이 좋다.

포르투는 주변 도시를 탐방하기 위한 거점 도시로서도 훌륭했다. 남쪽으로 아베이루와 코스타 노바, 북쪽으로 브라가와 기마랑이스 등 주요 도시들을 완행열차로 한 시간 남짓이면 방문할 수 있다. 남쪽으로 더 멀리 떨어져 있는 코임브라도 급행열차를 이용하면 두 시간이 채 걸리지 않는다. 모든 도시에서 명소가 밀집된 구시가지는 넓지 않으므로, 기차역에 도착한 후에는 대부분 걸어서 탐방할 수 있었다.

근교 도시들은 모두 각각 특색이 있었다. 기도의 도시라고 불리는 브라가의 봉 제주스 두 몬트 성소는 특히 인상적이었다. 무엇보다 기하학적으로 설계된 흰색 벽의 긴 계단이 압도적으로 다가왔다. 코스타 노바 석호를 마주하고 조성된 줄무늬 가옥 마을도 참으로 예쁘고 평화로웠다. 포르투갈 건국의 역사를 간직한 기마랑이스는 고풍스러운 건축물과 아름다운 조경으로 단정하고 깔끔한 느낌을 주는 아기자기한 도시이다. 페냐 산자락 언덕에 자리 잡은 페냐 성소, 그리고 두 개의 첨탑이 솟아 있는 위로의 성모 성당과 함께 아름다운 풍광을 빚어내는 브라질 헤푸블리카 광장의 화단도 기마랑이스에 대한 호감을 높이는 데 한몫한다. 포르투 남쪽으로 완행열차 25분 거리에 있는 미라마르 마을의 해변과 백사장, 해변의 암석 위에 세워진 붉은 지붕의 아담한 예배당이 어우러진 풍광도 잊지 못할 것이다. 다만 코임브라는 다소 실망스러웠다. 우선 장거리이므로 시간을 절약하기 위해서는 급행열차를 이용해야 하고, 따라서 기차 요금이 많이 든다(가능하면 방문 일정을 일찍 결정하고 급행열차를 일찍 예매해서 할인된 기차표를 사는 것이 좋다). 코임브라의 주요 관람지는 코임브라대학교인데, 관람지의 비싼 입장료에 비해 관람 인프라는 관람객 친화적이지 못했다. 큰 기대를 했던 코임브라의 하이라이트 조아니나 도서관 3층 '고귀한 홀'에서는 사진 찍는 것조차 금지되어 있어 유감스러웠다. 아마 우리를 많이 지치게 했던 뜨거운 날씨와 짜증 나게 했던 구글 지도의 엉뚱한 길 안내도 코임브라에 대한 인색한 평가에 영향을 미쳤을 것이다.

리스보아는 포르투보다 훨씬 더 큰 대도시이다. 당연히 관광객도 더 많고, 더 번잡하다. 포르투에서는 많이 볼 수 없었던 아시아계 여행객도 자주 눈에 띄었다. 남편은 옆에서 들려오는 다양한 언어들의 폭포수 속에서 바벨탑이 연상된다고 했다.

머무는 동안 안정된 느낌이 들었던 포르투와 달리, 리스보아에서는 스쳐 지나가는 이방인이라는 느낌이 강하게 들었다. 체류 기간이 상대적으로 짧았고, 그나마도 근교 도시 여행에 시간을 많이 할애했기 때문이라는 이유도 중요하게 작용했을 것이다. 리스보아에서는 '살기'보다 '관광'에 치우쳤던 것이 사실이다. 더불어 보다 본질적인 이유를 찾아본다면, 포르투의 구시가지는 전통적인 모습으로 일관성을 지니고 있어 심리적으로 그 안에 스며들기 쉬웠던 반면, 리스보아의 경우 좁은 골목길로 이어져 있는 알파마처럼 전통적 색채가 강한 지역과 넓은 광장 및 거리가 들어서 있는 바이샤처럼 현대적인 색채를 띤 지역이 뒤섞여 있어 정합성이 없고 이질적이라는 점, 그래서 그 안에 심리적으로 안착하기 어려웠다는 점 때문이 아닐까 싶기도 하다.

그러나 리스보아 역시 아름다운 도시임이 분명하다. 높은 언덕이 많아 어디서 보아도 붉은 지붕과 성당의 종탑, 그리고 테주강이 어우러진 아름다운 리스보아의 파노라마가 펼쳐진다. 시간이 없어서 가보지는 못했지만, 에두아르두 7세 공원이나 몬산투 공원Parque Florestal de Monsanto과 같은 녹지 공간도 많다. 아마 우리가 리스보아에서 더 오래 머물렀다면 리스보아에 대한 호감도가 더 높아졌을 것이다.

리스보아도 근교 도시를 방문하기에 좋은 위치에 있다. 우리는 리스보아 북쪽에 위치한 파티마, 나자레, 오비두스, 서쪽의 신트라, 그리고 동쪽 알렌테주의 에보라와 몬사라스를 방문할 수 있었다. 시간이 촉박하여 신트라를 제외하고는 소그룹투어를 이용했지만, 개별 차량으로 이동한다면 모두 리스보아에서 출발해 짧은 기간 내에 가볼 수 있는 근교 도시들이다. 성모 발현을 기념하는 파티마의 경건한 성소, 해안 절벽에서 내려다본 나자레의 아름다운 바다와 마을 풍경, 오비두스의 예쁜 성벽 마을, 끝없이 펼쳐지는 알렌테주의 포도밭과 올리브나무와 코르크나무, 에보라의 특색있는 성당과 예배당, 그리고 로마 유적 모두 우리의 눈을 호강시켰다. 특히 사랑스럽고 예스러운 마을 몬사라스에 들려 대형 와이너리의 와인 숍 테라스에서 스페인 국경을 바라보며 와인을 시음했던 시간은 참으로 여유롭고 평화로웠다. 마법의 동화 속에 나올 것 같은 저택과 고풍스러운 건축물, 녹음이 우거진 숲과 정원이 아름답게 어우러져 있는 신트라의 헤갈레이라 별장도 무척 인상적이었다.

아줄레주, 칼사다 포르투게자, 탈랴 도라다는 포르투갈 문화예술의 정수를 보여주었다. 우리는 방문한 모든 도시에서 역사적 사건이나 성서에 나오는 이야기를 그림으로 표현한 장식 타일 아줄레주를 쉽게 만났다. 성당이나 궁전과 같은 특별한 건물뿐만 아니라 식당이나 기차역, 골목길의 담벼락 같은 일상적인 공간에서도 아줄레주를 볼 수 있었다. 특히 가장 보편적으로 볼 수 있는 푸른색 아줄레주는 그 독특한 신선함이 나의 마음을 단번에 사로잡았다. 5년 전의 피렌체 여행에서 성당 벽화를 장식했던 은은한 프레스코화에 매료되었다면, 이번에는 청량감으로 다가온 푸른 아줄레주에 마음을 단단히 빼앗겼음을 고백해야겠다. 15세기 후반부터 현대까지의 포르투갈 장식 타일 예술작품이 소장되어 있는 리스보아의 아줄레주 국립 박물관에는 수많은 아줄레주 작품들이 연대기별로 전시되어 있어 아줄레주에 관심이 있는 사람들은 반드시 방문하기를 권하고 싶다. 우리가 찾아갔을 때는 특별전으로 사진과 결합한 아줄레주 작품이 전시되고 있었다. 덕분에 아줄레주가 현대에 이르러 어떻게 진화하고 있는지를 엿볼 수 있었다. 한편 포르투갈에서는 광장이나 보도에 들어서면 바닥도 예술작품 같다는 생각을 하게 된다. 작은 돌조각으로 규칙적인 무늬를 넣어 모자이크 형태로 포장한 칼사다 포르투게자 때문이다. 물결이 너울대는 모양을 비롯해 독특한 무늬로 포장한 광장과 길의 바닥도 포르투갈의 훌륭한 문화적 자산이다. 또한 나무 조각물에 금박을 입힌 탈랴 도라다는 포르투갈 성당 장식의 화려함의 극치를 보여준다. 많은 성당이 탈랴 도라다로 장식되어 있지만, 특히 포르투의 산타 클라라 성당은 그 아담한 공간 전체가 온통 반짝이는 금박으로 장식되어 있고 금박의 반짝임이 타의 추종을 불허하여 눈부시게 화려하다. 피렌체의 성당들이 저명한 화가들의 은은한 프레스코화와 색 대리석 장식으로 화려함을 은근하게 드러내고 있었다면, 포르투갈의 성당들은 반짝이는 금박 장식에 기대어 화려함을 '노골적으로' 뽐내고 있었다.

포르투갈은 유럽에서 물가가 가장 저렴한 도시에 속한다. 유럽이나 북미 지역에서 포르투갈로 여행을 많이 오는 이유 중 하나도 바로 상대적으로 저렴한 여행비용일 것이다. 특히 시장 물가는 상당히 저렴하다. 즉, 집에서 음식을 해 먹으면 생활비가 많이 들지 않는다. 그러나 최근 들어 포르투갈에서도 물가가 많이 올랐다고 한다. 특히 외식 물가는 고공행진 중이다. 포르투보다 수도인 리스보아의 물가가 당연히 더 높다. 국민소득이 1만 달러 정도 더 높고 최근 물가가 많이 오른 우리나라와 절대적으로 비교해서도 음식 가격이 결코 낮은 편이 아니다. 숙박비도 5년 전 이탈리아 여행 때와 비교해 보면 비싼 편이고, 대중교통비도 우리나라보다 비싸다(대신 버스나 트램은 매우 깨끗하고 쾌적하다). 명소 입장료도 최근에 모두 올랐고, 무료였던 곳도 유료로 전환되었다. 관광 수입을 높이려고 안간힘을 쓰는 듯한 느낌이 들 정도였다. 우리가 유로 환율이 최고점에 도달한 시점에서 환전한 것도 물가가 비싸게 느껴지게 하는 데 일조한 바 있기는 하다. 단, 커피는 카페 마제스틱 같은 특별한 곳을 제외하고는 상당히 싸고, 와인 또한 저렴하다.

아침 식사와 저녁 식사는 주로 집에서 해 먹고, 점심 식사는 밖에서 사 먹었다. 아침 식사는 서울에서와 같이 과일과 빵, 달걀, 우유, 요구르트, 치즈 등으로 해결했다. 저녁은 서울에서 가지고 간 기본 식재료에 마트에서 사온 고기나 생선, 해물, 야채를 섞어서 한국식으로 해 먹었다. 거의 밖에서 사 먹은 점심의 경우 포르투갈 토속 음식을 가능하면 많이 먹어보려고 애썼다.

포르투갈 음식은 대부분 우리 입맛에 맞았다. 대구, 문어, 정어리, 아귀, 돼지고기, 송아지고기, 닭고기, 해물 등 각종 식재료를 사용한 포르투갈 토속 요리는 많이 짰던 일부 음식을 제외하고는 대체로 맛이 좋았다. 특히 대구는 다양한 방식으로 만든 여러 가지 요리를 먹어보았는데, 모두 맛이 괜찮았고 해물 밥과 해물 스튜 등 해물 요리도 훌륭했다. 이 모든 음식은 와인과 함께 먹어야 제맛이 난다. 우리는 포르투갈 음식을 먹을 때는 거의 빠짐없이 와인을 마셨다. 집에 와인을 사놓고 밖에서 와인을 건너뛴 날에는 집에서라도 한두 잔씩 마셨다. 서울에서는 레드 와인을 마시곤 했는데, 포르투갈에서 주로 생선이나 해물 요리를 먹다 보니 화이트 와인에 맛을 들이게 되었다.

포르투갈 커피는 값도 쌀 뿐 아니라 맛도 좋다. 진하고 중후함이 느껴지는 맛이다. 거의 매일 커피를 사 마셨는데, 한두 번을 제외하고는 가격과 관계없이 어디서 먹든지 맛이 좋았다. 아메리카노를 시키면 구정물 같은 커피를 내오던 이탈리아와는 대조적이었다. 이곳에서는 메뉴에 아메리카노를 '에스프레소 더블'로 표기해 놓은 곳이 꽤 많다. 즉 이러한 카페나 식당에서 아메리카노는 양이 두 배인 에스프레소의 개념이고, 따라서 매우 진하고, 가격도 에스프레소보다 비싸다.

우리는 인터넷에서 긍정적 평가를 받은 식당보다 우리가 돌아다니다가 메뉴를 보고 선택해서 들어간 식당에 만족스러워한 경우가 더 많았다. 평가가 좋은 식당의 음식은 어딘지 국적 불명의 퓨전 음식 같은 느낌이 드는 경우가 드물지 않았다. 물론 우리와 달리 이런 스타일의 음식을 좋아하는 여행객에게는 좋은 선택지가 될 것이다. 가장 좋기로는 우리가 애용했던 바헤트 잉카르나두 식당처럼 숙소 근처 또는 접근성이 좋은 곳에 가성비 좋은 단골 식당을 만들어놓고 수시로 이용하는 것이다. 우리의 경험으로는 관광객을 상대로 하는 식당보다 현지인들이 많이 가는 식당이 더 신뢰할만하다. 그런데 현지인들이 많이 가는 식당은 주말에 문을 닫는 곳이 많다는 단점이 있으며, 주말에 문을 여는 식당은 많은 경우 관광객 대상의 식당이다.

길거리에서 영어는 잘 통하지 않는다. 리스보아보다 포르투에서 더 그렇다. 나이 든 사람은 말할 것도 없고 젊은 사람도 영어를 잘 못한다. 그러나 큰 식당이나 상점에서는 적어도 직원 한 명은 손님을 상대할 수 있을 정도의 영어를 구사할 줄 안다. 인도나 파키스탄계처럼 보이는 직원이 일하는 기념품 가게나 식당이 많은데, 그 이유가 이들이 영어를 잘하기 때문인 듯하다. 그래도 제스처, 눈치, 구글 번역기에 의존하여 한두 번을 빼놓고는 의사소통에 실패한 적이 없으니, 영어 때문에 자유여행을 두려워하는 사람들에게는 주눅 들지 않고 다닐 수 있다는 점에서 오히려 더 좋은 여행지일 수 있다.

마지막으로 여행경비에 대해 언급하려고 한다. 여행경비를 국내 지출 경비와 현지 지출 경비로 나누어 보면, 국내 지출 경비에는 항공료, 해외여행자보험료, 로밍 요금이 포함되고, 현지 지출 경비에는 숙박비, 교통비, 식비, 입장료, 유심칩 구입비, 기념품 및 선물비가 포함된다. 우리는 2인 기준으로 교통비 720유로, 식비 1,200유로, 유심칩 구입비 25유로, 입장료 240유로 정도를 지출했다. 교통비에는 두 건의 소그룹투어 경비 360유로가 포함되어 있다. 나머지 항목은 개인의 기호와 형편에 따라 차이가 날 것이므로 우리의 사례에 대한 정보를 제공하는 것은 큰 의미가 없을 것이다.

이탈리아 여행 때처럼 이번 여행에서도 기획은 내가, 집행은 남편이 한 셈이다. 내가 언제 어디를 갈지 계획을 세우고 방문지에 대한 정보를 수집하면, 남편은 식당을 정하고 교통편을 확인하고 길을 찾았다. 40년 전 소대장 출신인 남편은 아직도 '나를 따르라' 식으로 길을 안내하여 이따금 충돌하기도 했지만, '길치'에 가까운 나로서는 남편에게 많이 의존한 것이 사실이다. 더욱이 이번에는 매일 방문지, 식사한 식당과 먹은 음식 이름, 지출한 경비까지 상세히 정리해 주어 이 책을 집필하는 데 많은 도움이 되었다.

미리 일정을 세부적으로 짜놓고 출발했던 이탈리아 여행 때와는 달리, 이번에는 사전에 큰 윤곽만 잡아놓고 그때그때 형편과 기분에 따라 유연하게 일정을 잡았기 때문에, 내가 기획했더라도 남편과 자료를 공유하고 상의하는 시간을 많이 가졌다. 한 사람이 주도하기보다 둘이 적절히 역할 분담하여 협업하는 부분이 많을수록 둘 다 여행에 깊이 관여하게 되어 여행에서 얻는 것이 많아진다. 다만 이 경우 언쟁의 소지가 커지므로 의사소통의 묘가 필요하다.

포르투에서 22박 23일, 리스보아에서 8박 9일, 총 31박 32일간의 '포르투갈 한 달 살기'를 성공리에 마쳤다. '성공리에 마쳤다'는 말에는 아프지 않고 건강하게 일정을 소화했다는 의미가 담겨 있다. 그만큼 건강에 신경을 많이 썼다. 다행히 준비해 간 상비약을 하나도 먹지 않고 여행을 마칠 수 있었다. 돌아와서 근육량과 체지방을 측정해 보았더니, 하체 근육량이 늘었고, 체지방, 복부지방, 내장지방이 모두 줄었다. 기초대사량도 늘었고, 신체 점수도 올랐다. 상체 근육량이 다소 감소한 것을 제외하고는 신체 상태가 모두 개선된 것이다. 하루도 빠짐없이 포르투와 리스보아의 언덕길을 걸어서 오르내린 덕분일 것이다. 포르투갈의 건강 식단도 한몫했을 것이다.

5년 만의 장기 해외여행이라 떠나기 전에는 과연 건강과 체력이 뒷받침해 줄 수 있을지 상당히 염려했다. 그러나 이번 여행을 통해서 떠나기 전의 걱정은 기우였고, 우리 부부는 여전히 건강하고, 활기차고, 새로운 삶에 도전할 자세가 되어 있다는 것을 확인할 수 있었다. 벌써 포르투 마토지뉴스 해변의 고운 백사장과 바다로부터 불어오던 청량한 바람, 구름 한 점 없는 파란 하늘에서 내리쬐던 따가운 햇살, 이 황홀한 자연을 마주하고 테라스 카페에서 마시던 진한 커피가 아련해진다. 이 책은 우리의 귀중한 포르투갈 한 달 살기의 체험을 영구히 간직할 수 있도록 해 줄 것이다. 아울러 이 책을 통해 포르투갈 한 달 살기를 희망하는 사람들이 우리의 체험을 공유할 수 있다면 이 책을 집필한 보람이 무척 클 것이다. 다음에는 어디에서 한 달 살기를 해 볼까 궁리하며, 다시 한번 꿈을 키워 본다.

60대 부부의

PORTUGAL

한 달 살기

포르투와 리스보아, 그리고 근교 소도시

초판 1쇄 발행   2023. 9. 20.

지은이   김영화
펴낸이   김병호
펴낸곳   주식회사 바른북스

편집진행   김재영
디자인   양헌경

등록   2019년 4월 3일 제2019-000040호
주소   서울시 성동구 연무장5길 9-16, 301호 (성수동2가, 블루스톤타워)
대표전화   070-7857-9719 | **경영지원**   02-3409-9719 | **팩스**   070-7610-9820

•바른북스는 여러분의 다양한 아이디어와 원고 투고를 설레는 마음으로 기다리고 있습니다.

이메일   barunbooks21@naver.com | **원고투고**   barunbooks21@naver.com
홈페이지   www.barunbooks.com | **공식 블로그**   blog.naver.com/barunbooks7
공식 포스트   post.naver.com/barunbooks7 | **페이스북**   facebook.com/barunbooks7

ⓒ 김영화, 2023
ISBN   979-11-93341-36-0 03920